中证中小投资者服务中心
CHINA SECURITIES
INVESTOR SERVICES CENTER

投资者

INVESTOR

第5辑
（2019年2月）

郭文英　主编

法律出版社
LAW PRESS · CHINA

卷首语

2018 年年末中央经济工作会议分析了当前经济形势并部署了 2019 年经济工作。对 2019 年资本市场发展而言，会议指出“资本市场在金融运行中具有牵一发而动全身的作用，要通过深化改革，打造一个规范、透明、开放、有活力、有韧性的资本市场，提高上市公司质量，完善交易制度，引导更多中长期资金进入，推动在上交所设立科创板并试点注册制尽快落地”。为进一步保护资本市场投资者特别是中小投资者的合法权益，《投资者》向海内外专家学者、实务专业人士征稿，共同探讨。第 5 辑共设 5 个栏目，收录文章 18 篇，与读者共享。

【理论探究】收录了 4 篇文章。

曹兴权的《证券经营机构投资者教育行为法律调整的二元路径》认为，证券服务机构投资者教育的私法义务仅仅是对教育行为私法效应的被迫回应，并非直接依据某个法律规定、法律原理而创设，重在设置消极要求以达到有效抑制教育行为主体不当利用利益冲突的效果，不宜对该类义务在提升投资者教育监管政策实效上有太高期待而提升义务水平，宜按合同法附随义务原理构建并将其处理为附属于随附义务的私法义务。

郑彧的《论金融市场基础设施纠纷专属管辖的基本逻辑》认为，由于我国法律传统深受“民商合一”理念的影响，现有的立法体系、司法体系遵循民法体系的基本逻辑，金融市场基础设施日常运行过程中诸如终止净额清算有效性、结算最终性和保证金可执行性等内部规则在事实上存在与现有“物权法定”“债权相对性”“禁止流质”“破产别除限制”等法律规定的冲突。因此，该文拟从金融市场基础设施的重要性出发，探讨上海金融法院对金融市场基础设施进行专属管辖的必要性及其基本逻辑。

蒋学跃的《中国存托凭证主动退市过程中的投资者保护问题研究——基于境外

相关制度比较的视角》认为,由于离岸红筹架构存在监管套利的特殊问题,因此,当这些公司以中国存托凭证方式实现境内上市时,不宜盲目学习美国经验,给予较多的豁免,反而应该给予更多的监管和约束,特别是在进行主动退市过程中应该作相应的制度安排。文章具体从保护方式、保护机制、保护力度及保护的具体路径等方面进行了的探讨。

吴凌畅的《控股股东滥用关联交易的司法救济与诉权配置》一文从会计的角度进行分析,控股股东滥用关联交易不仅会造成从属公司的损失,也会在现行资产评估方法下经由所有者权益对少数股东的利益造成实际影响。结合域外对股东直接诉讼的限制放宽趋势,提出可在侵权法框架下构建滥用关联交易股权侵权的一般构成要件及免责条件,同时还须在公司法领域内对股东直接诉讼的后果进行特别考量。最后,如承认滥用关联交易可适用股东直接诉讼,还须厘清其与现有股东派生诉讼之间的诉权关系。

【市场实务】收录了3篇文章。

杨宏、唐茂军、傅祥民的《证券虚假陈述案投资者损失计算软件的运行逻辑》阐述了中证中小投资者服务中心作为中国证监会直属的证券金融类的公益性投资者权益保护机构,在深度研究既往判例和总结证券虚假陈述支持诉讼经验的基础上,以审判需求为导向,委托专业的金融软件开发机构开发了一套专业、智能、灵活的证券虚假陈述案件投资者损失计算通用软件,为司法机关以及相关市场主体计算确认投资者损失,提供了高效便捷的专业工具。

黄江东的《苏某某涉嫌内幕交易案二审判决若干法律问题探讨》认为,法院对行政执法机关调查程序只应作合法性审查,具体采用哪些调查行为应由行政机关根据案件具体情况自主裁量,法院不应过多干预。本案证据已达到了足以证明殷某某为内幕信息知情人的程度,法院不应苛求行政机关"穷尽调查手段"。在基于联络接触推定的情况下,交易特征须达到"高度吻合"程度。对涉密证据,也应进行质证,审查证据的"三性"。

阎维博的《操纵市场民事责任因果关系认定:类型化分析与利益衡量》认为,从虚假陈述案件中构建起的"欺诈市场理论"并不完全适用于操纵市场,操纵市场案件中实行因果关系推定的正当性应当从法政策层面利益衡量角度找寻,并因此需要配套严格的赔偿数额计算规则以调适利益平衡。因果关系认定中的定量层面涉及赔偿范围的确定,应当在个案中把握操纵市场行为特殊的致损逻辑以准确界分投资者损失范围。

【投教园地】收录了4篇文章。

李红柳、盛峰英的《新挑战　新思路　新作为——上海辖区投资者教育保护工作实践》阐述了上海证监局深入贯彻落实党的十九大精神，坚持以保护投资者特别是中小投资者的合法权益为工作的落脚点和出发点，不断开拓思路，完善工作制度，创新方法、主动作为，精准“画像”投教服务重点人群，以发展的理念积极应对，提升投教服务的精准度和有效性，切实履行投资者教育保护工作职责，推动辖区投资者保护工作做深做实。

石家强、唐姝、刘丁一的《中国金融衍生品国民教育探索与实践——“中金所杯”全国大学生金融知识大赛》从中国金融期货交易所在金融国民教育方面的积极探索和实践出发，描述近几年来以大学生知识竞赛的形式探索出一条金融衍生品国民教育之路，并取得了积极成效。未来，拟进一步提高大赛级别，并依托大赛平台探索联合期货公司等市场机构与高校开展学分课程、专题讲座、基础研究、仿真交易、师资培训等方面的合作，进一步深化金融衍生品国民教育。

吉薇、杨华的《立足互联网战略　开启投资者教育新模式——中国银河证券投教工作互联网化初探》介绍了中国银河证券结合公司战略和互联网优势，对投资者教育工作进行全方位转型，努力探索“互联网+投教”新模式，进一步拓宽投资者教育工作思路；以互联网投教基地为核心，通过对宣传体系、宣传产品、宣传活动三方面的模式创新，打造银河特色投教品牌，增强投教宣传影响力和覆盖面，让“理性投资　从我做起”的理念深入人心，扎牢投资者权益的“保护网”。

熊锦秋的《进一步完善和落实“示范诉讼+委托调解”机制之我见》从2018年11月有关部门联合发布《关于全面推进证券期货纠纷多元化解机制建设的意见》第13条提出的“示范诉讼+委托调解”机制出发，就进一步完善和落实“示范诉讼+委托调解”机制提出若干建议，包括要打造好示范诉讼案件的标杆判例，增强示范诉讼后适用调解方式的强制性，推动证券调解组织实行统一管理等。

【案例探析】收录了5篇文章。

本辑案例探析收录了2018年12月1日，最高人民法院证券期货纠纷多远化解十大典型案例中投服中心参与的5个典型案例，分别是《投资者与上市公司虚假陈述赔偿纠纷案例》(一)(二)、《投资者与期货公司交易系统故障纠纷案例》、《公证提存化解投资者与证券公司理财产品业务纠纷案例》、《首例适用小额速调机制纠纷案例》。

【域外视野】收录了 2 篇文章。

曾斌的《上市公司股份回购制度——理论目标与制度比较》通过对研究文献的梳理,分析了关于上市公司股份回购的政策目标,着重探讨了股份回购对短期和长期股价影响、替代分红以及公司长期价值提升等影响;通过对美国、日本、德国以及我国台湾地区等市场的回购制度分析,从股份回购的基本规范、库存股取得事由、股份回购后的处理以及股份回购的违规处置等四个方面进行了比较;最后结合我国股份回购制度的演进,对股份回购新规中的相关问题进行了分析,期望能对下一步股份回购制度的完善提供一定借鉴。

王超的《中国持股权益披露制度:法律移植与比较研究》系统比较了中国和美国、日本、韩国、新加坡、中国香港特区和中国台湾地区的披露规则。该文提出一系列国情因素来解释中国的制度特点,如国家战略、股权结构、利益集团等,并在此基础上提出了完善建议。

目　　录

理论探究

市场实务

投教园地

CONTENTS

Overseas Observation

I 理论探究

INVESTOR

证券经营机构投资者教育行为法律调整的二元路径

曹兴权*

摘　要:投资者教育义务在本质上属公法义务,证券经营机构基于证券市场公共监管机制的承担行为并未改变此属性;因与营业服务活动发生内在联系,证券经营机构开展投资者教育的行为会产生私法效应。因此,应坚持公法与私法的二元路径对证券经营机构的投资者教育行为展开法律调整。鉴于证券经营机构投资者教育义务缘于法定的受托,规则设计应坚持区分策略、谦抑策略、结合策略,即将该义务明确界定为公法义务而与私法义务隔离,不得就投资者教育事宜对证券经营机构提出过度的监管要求,应当适当处理积极义务与消极义务的关系以便同时满足提供行为指引与行为边界的双重需求。对于私法属性义务的设计,宜坚持反射效应、消极要求、功能辅助、随附属性的立场。即证券服务机构投资者教育的私法义务仅仅是对教育行为私法效应的被迫回应,并非直接依据某个法律规定、法律原理而创设,重在设置消极要求以达到有效抑制教育行为主体不当利用利益冲突的效果,不宜对该类义务在提升投资者教育监管政策实效上有太高期待而提升义务水平,宜将按合同法附随义务原理构建并将其处理为附属于随附义务的私法义务。

关键词:投资者教育　证券经营机构投资者教育义务　公法义务　私法义务

一、问题的塑造

投资者保护是证券监管的最终目标,而证券投资者保护水平被认为是评价证券

---

*　西南政法大学民商法学院教授。

法律制度的终极性指标。[①] 可以认为,证券法的所有制度都是以保护投资者为目的而存在的。基于各种原因,专门强调证券投资者保护已经成为现代各国和地区证券市场监管者的共识,我国也如此。投资者保护或者消费者保护已经纳入金融监管机关的重要工作,为此还成立了投资者保护部门。此次证券法的修改,特别引入强化证券投资者保护的专门制度,诸如保护基金、集团诉讼、证券投资者教育。

相较于资本市场与证券制度,投资者教育是一个新事物,其正式化的历史差不多才30年。考察历史可以发现,投资者教育的提出和兴起与金融市场危机之间存在某种联动关系。[②] 金融危机爆发的原因很多,金融机构、金融资本的贪婪可能是其一。此种联系让人浮想联翩:既然我们可以将金融危机当作资本主义、金融资本主义的危机,[③]那么金融投资者或者证券投资者教育乃是拯救金融资本主义的一种手段了。既然金融机构、金融资本的贪婪是危机的一个重要原因,治理危机就应当限制其贪婪、限制其无限度创新。但是,利用制度去实现这种目标可能比较困难,公共管理者另辟蹊径,将目光转向投资者:之所以受骗、面临损失,是因为你的投资能力不足。创新无罪、贪婪无罪,提升你的谈判能力即可。因此,提倡、推动投资教育成为治理与预防金融危机的重要机制。政治推动下的投资者教育运动,似乎成为拯救金融资本主义、降低对金融权贵的责难的一个美丽借口;至于其效果如何,政治家可能并不在意。[④] 事实上,我们可能也怀疑投资者教育的实效。[⑤]

当然,上述问题不会也不可能发生在中国。所以,我们可以保持美好的预期:中国的投资者教育将真正落到实处,将真正成为金融监管的有效政策工具。不过,我们应当关注相关制度的构建问题。因为,在法律人的眼中,任何政策行为的推动最终将

---

① 法律金融学的核心观点。参见[美]拉菲·拉波塔、弗洛伦西奥·洛佩·德·西拉内斯、安德列·施莱弗、罗伯特·W.维什尼:《法律与金融理》,载《经济导刊》2002年第1期。

② 在美国,2003年12月4日颁布《公平准确的信用交易法案》(Fair and Accurate Credit Transactions Act of 2003),该法案的第5项明确提出设立"金融扫盲和教育促进委员会",建立面向美国国民的金融教育。该项政策到了2008年金融危机爆发后才引起大爆发。在2008年金融危机后推出了"一揽子"旨在提高证券投资者保护的法案,包括2009年6月17日美国政府的《金融监管改革——新基础:重建金融监管》;2009年10月22日、12月11日,美国众议院先后表决通过《金融消费者保护机构法案》和《华尔街改革与消费者保护法案》。根据这些法案,设立消费者金融保护署,由该署设立金融教育办公室,为消费者提供金融产品和服务知识;设立社区事务部门,指导购买金融产品和服务。美国根据2010年的《多德—弗兰克华尔街改革和消费者保护法案》,在金融消费者保护局内设立金融教育办公室,作为实施金融教育战略最重要的组织者和推动者。

③ [印]拉古拉曼·拉詹:《从资本家手中拯救资本主义》,余江译,中信出版社2004年版,第2页。

④ 在美国,此种声音早就存在。

⑤ 参见庄小欧:《投资者教育与证券市场稳定研究——基于非理性行为视角的分析》,载《财会通讯》2010年第15期。

落实到具体的制度规范上。在整个投资者教育的监管政策与机制中,证券经营机构开展教育活动是重要的一环。证券经营机构应当承担其投资者教育义务,不仅成为社会甚至成为业界的共识,而且被转化为一系列监管制度。[①] 为达到推动证券经营机构承担起投资者教育义务的监管预期,不仅要设计出完备的义务体系,以为证券经营机构以明晰的行为指引,而且要构建适宜的约束与机理机制,以确保这些主体感受到足够的法律压力与市场压力,并尽量将这些负担行为的履行转化为自觉的行动。如何设计证券经营机构的投资者教育义务规范,将是投资者教育监管政策实现的一个关键环节。

在展开对义务设计的具体讨论之前,我们不妨作一个关于法律规范运行的假设:假设证券经营机构违反了投资者教育义务,要被追究法律责任。此刻,要解决的问题是:应承担何种责任,是民事责任,还是行政责任?谁有权去追责?如果是行政责任,当然是由监管机关去追责,处罚证券经营机构。如果是私法责任,当然是由与证券经营机构进行交易的投资者去追责。但问题在于,两种责任可否同时存在?如果能够,追究民事责任的依据是什么?监管机关的监管,能否成为私权诉讼的依据?因为按照法治逻辑,承担民事责任的前提是违反民事义务。证券经营机构所承担的投资者教育义务基于监管而产生,该义务是否是民事义务?这是第一类问题,涉及法律后果。第二类问题涉及义务的具体内容:按照义务的实质是一方主体必须按照要求另一方主体的要求去作为或者不作为的法律理论,义务包括必须作为的积极义务与不得作为的消极义务。根据该逻辑,证券经营机构在从事投资者教育行为时,必须作为什么、不得作为什么?这种必须作为与不得作为,是与哪个主体发生关系而产生的?因此,在设计证券经营机构的投资者教育义务时,应当基于法律规范的构成理论去深入探讨行为模式与法律后果。[②] 其中,行为模式的意义在于提供行为指引,而法律后果的意义在于提供压力。

在设计行为模式与法律后果时还必须首先界定证券经营机构投资者教育法律义务的属性。在开展投资者教育活动时,证券经营机构将同时面临两种主体:监管机关

---

① 重要文件诸如:证监会于2001年发布《证券市场各方责任教育纲要》以及实施细则、《关于开展明确证券市场各方责任教育的通知》,于2007年发布《关于进一步加强投资者教育、强化市场监管有关工作的通知》(证监发〔2007〕69号)、国务院办公厅发布《关于进一步加强资本市场中小投资者合法权益保护工作的意见》(国办发〔2013〕110号)、《关于进一步促进资本市场健康发展的若干意见》(国发〔2014〕17号);《证券投资基金法》以专章的形式对基金行业协会的性质、权力机构、章程和职责予以规定,"开展行业宣传和投资人教育活动"成为基金业协会的法定职责。

② 参见谢晖、陈金钊:《法理学》,高等教育出版社2005年版,第100~101页。

与投资者。关于前者,开展投资者教育活动是监管机关对证券经营机构经营行为提出的监管要求。这层关系中的问题在于,监管机关如何对证券经营机构设定投资者教育义务?关于后者,开展投资者教育活动发生在证券经营机构与投资者之间的市场活动中,无论是在产品宣传、合同签订与履行、售后服务等具体营销活动中开展,还是在专门的投资教育课堂中开展,证券经营机构都将直接面对投资者,与投资者发生关系。这对关系中的问题在于:产品宣传、合同签订与履行、售后服务等具体营销活动中开展的投资者教育,是否构成对投资者的特别私法义务?如果是,那么是什么?专门的投资者教育课堂中开展时,证券投资机构与投资者之间的权利义务关系的属性是私法的还是公法的?

证券经营机构开展的投资者教育活动很多内生于经营活动中,必然与投资者之间的私法关系产生诸多牵连,此种内生与牵连,是投资者教育产生实效的内在保障,当然也可能成为监管机关强调甚至强化证券经营机构承担投资者教育义务的原因。就此而言,让证券经营机构的在投资者教育活动中承担某种私法义务则是促使公法属性义务落实的现实路径。为将私法义务作为公法义务的推动因素,有效实现监管目标,存在将公法意义的教育义务转化为私法义务的可能,甚至还存在强化私法义务、私法责任的可能选项。问题在于,制度构建的可能选择并不意味着公共管理者在立法中的必然选择。这涉及立法政策判断与选择了。① 也就是说,公共管理者在构建证券经营机构投资者教育义务时,还须斟酌下列问题:是否有必要让其承担私法责任?可否降低承担私法责任的门槛?此种选择背后,基于何种已经是社会共识的法理基础?或者,为了避免中国的投资者教育政策口号化或者产生异化,是否有必要去创造新的私法理论以利于完成这种转化?

关于证券经营机构投资者教育义务制度的设计,须从多方面去关注法律的技术逻辑与法律制度运行的社会政策逻辑。为此,本文拟从公法与私法二元的路径展开讨论。

---

① 法律具有政策与技术的双重属性。虽然我国《民法总责》删除了《民法通则》关于政策作为法源的规则,但我们不得忽视政策之于法律的意义。法律本身是离不开政策的。罗纳德·德沃金认为,任何复杂的立法案一般既需要原则又需要政策这两方面的考虑。参见[美]R.德沃金:《法律帝国》,李常青译,中国大百科全书出版社1997年版,第134页。

二、证券经营机构投资者教育义务的双重属性

(一)证券经营机构投资者教育的公法义务本质

1. 投资者教育义务的公法属性

“授人以鱼,不如授人以渔”,是投资者教育的意义所在。实质的交易公平以交易主体的理性判断为前提,但普通投资者在复杂的金融产品和金融市场面前,缺乏产品和市场知识,缺乏风险意识,难以进行理性判断,此种公平难以实现。投资者教育将减少投资者的非理性操作,并有利于市场的稳定。在资本市场发达的国家,投资者教育已经被纳入国家战略,并作为金融监管改革的一项重要措施。我国也如此。证监会历来重视证券投资者教育。在投资者教育方面,2007 年可以说是一个标志性年份。是年证监会发布《关于进一步加强投资者教育、强化市场监管有关工作的通知》(证监发〔2007〕69 号)。根据该文件,证监会各派出机构相继成立“投资者教育工作领导小组”,上海证券交易所、深圳证券交易所和中国证券投资者保护基金公司先后于 2008 年 2 月、3 月和 9 月成立了投资者教育中心(部),专门负责履行本单位投资者教育职责。2011 年,证监会成立投资者保护局,专门负责证券期货市场投资者教育的统筹规划、组织协调和检查评估,以及教育活动的开展。2013 年国务院办公厅发布的《关于进一步加强资本市场中小投资者合法权益保护工作的意见》(国办发〔2013〕110 号)明确提出,强化中小投资者教育,加大普及证券期货知识力度,提高投资者风险防范意识。

显然,投资者教育是由监管机关推动甚至主要由监管机关执行的活动。对证监会投资者保护局而言,统筹、规划乃至开展投资者教育活动等职责的履行背后,都有诸多考量。比如,在统筹时,是否有权统筹证券经营机构?这与上述问题有关。是否有权统筹证券行业协会、交易市场?如果有权,这些机构承担教育义务的基础是什么?国办发〔2013〕110 号文也明确提出“将投资者教育逐步纳入国民教育体系,有条件的地区可以先行试点”。如何统筹国民教育机构?在履行该项职责时,应当推行哪些政策以及可推行哪些政策?这些追问的背后,涉及对投资者教育义务法律属性的反思与定位。

特定法律关系中,权利与义务呈现对应关系。从消费者保护、金融消费者保护、投资者保护的这三个概念的推演逻辑看,提出投资者受教育权的概念不存在政策正

当性的障碍。在投资者教育法律关系中,投资者享有受教育权,相对的主体则承担实施教育活动的义务。在一定意义上,投资者享有受教育权的法律性质可以决定相对方投资者教育义务的性质。关于投资者受教育权的法律定性,可从消费者受教育权开展推演。消费者受教育权是建立强化消费者保护的理念后而发展出来的一种消费者权利。提出消费者受教育权,是在向国家、向公共管理机关施加特定义务。因此,消费者的受教育权应当归属经济人权性权利的范畴,并且是无法被纳入私法领域的人权。也正是在这个意义上,消费者权益具有复合性,①不能够简单被认为属于民法上的权利。②

投资者保护,在某种意义上讲可被定性为为投资者提供知识救济,这种救济显然难以纳入市场交易考量的范围。一则,投资者的数量大、社会阶层差异大,需要将教育活动设计为复杂和庞大的社会工程。二则,知识救济属于投资者发展权的范畴,相关的交易成本难以被纳入交易和服务契约中。三则,知识救济的目的在于帮助投资者了解相关金融服务和产品的属性、了解自身享有的合法权益、了解主张权益的合法途径,这种知识救济权利被侵犯时因难以评估损失而无从谈及民事赔偿。

投资者教育虽然可以被理解为系针对个人投资者所进行的一种有目的、有计划、有组织的、系统的社会活动,需要监管部门、行业协会、金融机构以及资本市场民间组织的协同配合来实现,但投资者教育在本质上是一种公共性质的社会活动,其最终实现必须依赖于公共机关履行公共管理义务。与消费者受教育权可以当作一项特别的人权一样,③投资者受教育权也应当属于一种新型人权。

事实上,监管机关早已认识到投资者教育活动的公共性。2001年2月7日,证监会一位负责人就开展投资者教育答记者问中就提道,已经将投资者教育列为证监会的重要工作之一,并且安排专门的机构负责组织实施。该负责人还强调,“我们所说的投资者教育……不同于社会上一些机构和个人开办的以营利为目的的培训班及投资咨询活动”。“进行投资者教育活动是非营利性的,监管部门将投入必要的人、财、

---

① 钟瑞华:《论消费者权利的性质》,载方流芳主编:《法大评论》(第4卷),中国政法大学出版社2005年版,第121页。

② 关于消费者权利性质的讨论,参见张严方:《消费者保护法研究》,法律出版社2003年版,第564页;李昌麒、许明月:《消费者保护法》,法律出版社1997年版,第76~77页;梁慧星:《消费者运动与消费者权利》,载《法律科学》1991年第5期;杨紫烜:《经济法》,北京大学出版社1999年版,第195页;吴宏伟主编:《经济法》,中国人民大学出版社2003年版,第209页。

③ 参见杨紫烜:《经济法》,北京大学出版社1999年版,第195页;吴宏伟主编:《经济法》,中国人民大学出版社2003年版,第209页。

物，如考虑设立投资者教育基金，以确保投资者教育活动的顺利开展。”[①]投资者教育坚持非营利性原则，是境外比较成熟证券市场的经验。[②]

2. 证券经营机构投资者教育的公法渊源

由国家以及国家自己承担的投资者教育义务属于公共义务、公法义务，并无争议。但根据监管机关要求而由证券经营机构承担的投资者教育义务又是何种义务呢？

证监发〔2007〕69 号文要求，各证监局和自律性组织应当从资本市场发展的全局出发，在进一步增强对做好投资者教育和强化市场监管工作重要性认识的基础上，督促证券期货经营机构增强开展投资者教育工作的自觉性和主动性。该文件特别强调了针对经营机构投资者教育活动开展“专项现场检查”的监管措施。根据该表达的逻辑，投资者教育似乎是经营机构的义务，而监管机关的职责在于监督。

国办发〔2013〕110 号文提出，“将投资者教育逐步纳入国民教育体系，有条件的地区可以先行试点。充分发挥媒体的舆论引导和宣传教育功能”。显然，这两项措施的推行不是市场主体的民事义务，而是公共义务。虽然该文件强调了经营机构的义务、自律组织的义务，但毕竟已经提及公共义务。因此，相较于证监发〔2007〕69 号文，国办发〔2013〕110 号文的立场有明显变化。

无论如何，证券投资者是基于国家监管要求而承担的此项投资者教育义务。基于监管活动，国家监管机关与证券经营机构之间产生管理与被管理的关系。从该公共管理关系看，本来由国家承担的投资者教育义务基于国家监管活动而转为服务机构的特定义务。也即，该义务本来应当由国家承担，但经监管机制被转为由证券经营机构承担。如果服务机构未能履行或者不当履行该义务，监管机关有权进行处罚。就此而言，证券经营机构承担投资者教育义务的法源基础是公法。基于公法而产生，证券经营机构承担投资者教育义务应当属于公法义务。

（二）证券经营机构投资者教育义务的私法效应

1. 证券经营机构投资者教育活动与市场行为的联系

帮助投资者了解证券市场、产品与服务以及交易规则，了解资本市场法律规定，树立风险意识，了解权利救济路径，在此基础上提升他们的投资决策能力、资产配置

---

① 中国证监会有关负责人回答记者提问，载《中国证券报》2002 年 2 月 27 日，第 9 版。

② 《投资者教育是监管工作的重要内容：中国证监会副主席史美伦在全国投资者教育工作会议上的讲话》，载《中国证券报》2001 年 7 月 21 日，第 9 版。

能力、权益保护能力,[①]应当是投资者教育的最终目的。从效果上判断,证券公司、基金管理公司以及证券咨询机构等金融经营机构的很多活动都具有此类效果。如果从活动效果去定性和界分,那么这些机构的投资者教育有多种方式。这些方式,在中国证券业协会发布的《证券公司营业部投资者教育工作业务规范》中有详细表达,证监会在多个场合也有不同程度的强调。

(1)单纯的教育活动

《中国证券业协会会员投资者教育工作指引(试行)》(以下简称《指引》)第10条要求会员单位采取多种形式的教育活动,诸如,在营业场所设立投资者园地,在本单位网站设立投资者教育专栏,与新闻媒体合作举办各类宣传教育活动,举办投资者教育讲座、培训,通过在交易委托系统中设置风险提示程序、发放风险揭示书等方式提示投资风险,利用邮件和短信提供咨询。当然,这些活动也可能与经营机构的具体业务发生联系,并且最终转化为非单纯的投资者教育。

(2)业务推介活动中的投资者教育

金融经营机构开发某类产品或者服务时,与特定投资者签订合同之前通常要开展一般性宣传推荐活动。《指引》第21条就涉及证券公司的介绍活动。该条规定,证券公司应当采取多种方式向投资者介绍各类证券业务与投资产品的基础知识、业务或产品特点、投资风险与收益形式等内容,介绍的内容应当包括:股票、基金、债券、权证、股指期货等证券投资产品的特点、投资风险与收益形式,及其与储蓄、保险等其他投资手段、投资产品的差异;融资融券、集合理财等新业务的特点、投资风险与收益形式,及其与其他证券业务的差异;其他与客户有关的市场常识和业务特点。因与特定产品和服务发生联系,此类宣传介绍活动的投资者教育效果比一般意义纯粹教育活动的效果要好。

(3)服务合同的签订及履行中的投资者教育

在签订具体合同时,金融经营机构与投资者之间将发生涉及证券投资者教育有关信息的互动,投资者会主动询问具体信息,金融经营机构将按照业务规范要求在履行业务开展特定义务的过程中对投资者提供某种形式的教育。金融经营机构实施风险提示规则、投资者适当性制度、客户服务制度以及投诉处理制度等相关业务制度的过程,均具有投资者教育的效果,《指引》也将其视为投资者教育。《指引》第20条就

---

① 顾海峰:《我国证券市场个人投资者教育体系的设计探讨——功能视角下体系内容的首次系统性建构》,载《证券市场导报》2009年第9期。

规定,证券公司应当了解自己的客户,对新开户的客户原则上至少要通知其参加一次投资者教育讲座或培训;第 22 条规定,证券公司会员应当严格执行各项业务规范,在为投资者开立证券账户和资金账户等各项业务操作时,要认真履行风险揭示义务,指导客户阅读风险揭示书,提示客户不在非法营业网点从事证券交易,不购买非法证券产品;第 12 条规定,会员单位应当建立健全客户服务机制,可以通过交易委托系统、电话、传真、电子邮件、信函等方式为投资者提供服务;会员单位的客户服务电话要有专人接听,及时解答投资者的询问;第 13 条规定,会员单位要认真做好投资者投诉的受理与处理工作,向投资者公布投诉电话等具体的投诉途径和方式,对投资者的投诉和意见建议要认真处理,及时向投资者反馈处理结果,并做好记录。

虽然投资者教育活动应当被限定在公共服务、非营利性的领域,但除了开展的单纯活动外,证券经营机构将其与日常业务活动高度融合。《证券公司营业部投资者教育工作业务规范》第 3 条明确要求,“营业部在开展投资者教育工作中应遵循长期性、实用性、有效性的原则,把投资者教育有机融入各项业务环节”。这些环节既包括客户开(销)户、资金存取、证券交易、客户信息管理、客户咨询、客户投诉、客户回访、应急反应等日常业务,也包括客户风险评估、营业部业务推广等内容。

2. 证券经营机构投资者提供教育义务的私法影响

(1)投资者理性的提升与注意义务的提高

提高投资者的交易能力与风险理解能力是投资者教育政策的基本目标。为投资者提供的教育服务涉及的教育内容,应当包括:第一,证券投资基础知识,除股票市场、债券市场、封闭式基金、开放式基金等基础知识外,对于拟投资高风险证券产品的投资者还应着重提供衍生品方面的知识。第二,解释和宣传证券期货监管方面新的政策法规。第三,风险提示和风险教育,提示投资者关注新型产品的特别风险。第四,投资者保护权益知识,包括如何防止证券欺诈、争端解决途径等。通过投资教育服务,投资者对市场与产品的理解能力、风险辨别与控制能力、谈判能力等交易能力得以提升。此点变化在合同交易中具有影响确定交易主体注意义务水平的意义。此种效果,一般不会构成对证券经营机构施加私法属性投资者教育的充分理由。不过,如果不积极履行此等公法属性的义务,因投资者的交易能力与水平本应得以提升但未能够实现的,投资者可能提出证券经营机构违反注意义务的私法诉讼。因此,在考虑是否对证券经营机构设置私法属性的积极性教育义务时,还须多方权衡。

(2)利益冲突

从某种角度讲,金融服务提供者是最适宜开展投资者教育活动的主体。其一,与特定产品及服务与投资者教育相联系,将市场与产品知识获取、信息收集与判断技能训练、风险意识与判断能力培养的活动在融入交易过程的教育效果是最佳的。其二,我国资本市场中投资者数量庞大,仅靠公共机关、公共机关委托的交易场所与行业中介组织以及其他投资者教育专业机构开展投资者教育活动,无法满足现实需求。其三,投资者教育的目的在于提升投资者投资方面的认知能力、风险意识和判断能力,不同投资者的教育需求因基础有差异而有显著不同,因材施教、尽量提供点对点的个别指导是提高投资者教育实效的必要措施。对于该需求,只有金融服务经营者才能够提供。

但是,我们应当对这种适宜性的判断之外的利益冲突问题保持高度的警惕。公法义务的非营利性与市场服务活动的营利性冲突,是证券经营机构开展证券投资者教育活动中最大的障碍。根据国际证监会组织提出的基本原则,"投资者教育不能也不应等同于投资咨询","投资者教育应该是公正、非营利的,应避免与市场参与者的任何产品或服务有明显的联系"。根据前者,证券经营机构的投资咨询可能具有教育的某种效果,似乎意味着它们可能开展其他专门教育活动。根据后者,如果可能与市场参与者的任何产品或服务有明显的联系,证券经营机构则不得在这些产品和服务的推荐或者经营活动中开展投资者教育。金融机构能够在产品和服务的推荐经营之外开展单纯的教育活动吗?这是值得怀疑的。事实上,如果允许经营服务机构开展甚至施加义务,要斩断这种利益联系是困难的。就此而言,对证券经营机构施加投资者教育法定义务也比较困难。

在实务中,如果证券经营机构以开展公法属性的证券投资者教育活动的名义实施了欺诈投资者行为的,投资者可能发动民事赔偿诉讼。在民事诉讼中,证监会要求证券经营机构承担教育义务的监管属性是否影响民事责任的认定?如果影响,又在何种程度上产生影响。对于这些问题,制度设计者及执行者均应予以高度关注。

三、证券经营机构投资者教育公法义务的规范策略

(一)证券经营机构投资者教育公法义务的体系定位

结合证监发〔2007〕69号文以及国办发〔2013〕110号文,证券投资者教育展开,将

以国民教育与非国民教育的方式展开。纳入国民教育体系的，证券投资者教育的国家义务事实上是国家委托国民教育序列的各级学校承担；在国民教育体系之外展开的投资者教育，则由证监会、行业组织、交易所市场以及证券经营机构实施。

1. 证券监管机关的原生性义务

对于国民教育序列之外的一般性投资者教育活动，应当有专门机关来组织、指导甚至开展。就他国的经验和专业分工的常识判断，国家将该类公共行为指定由证券市场监管者来实施是适宜的选择。因此，保障实现投资者受教育权的首要途径在于证券市场监管机关的特别公法义务。因此，证券监管机关保障投资者受教育权的义务是原生性义务。

同时，此种义务还具有积极性、服务性的特征。投资者接受教育的权利的实现，以国家积极提供教育资源、条件的义务为前提，证券监管机关保障投资者受教育权的义务是积极性的义务。在投资者教育中，请求提供者提供教育、自己接受教育在本质上属受益性行为，投资者享有法律上的选择权。① 因此，投资者教育的公共管理活动属于纯粹的服务行为，在其中证券监管机关对投资者而言无权力可言。

2. 自律组织的受托性义务

由于投资者教育义务在本质上属于公法义务，义务的原初主体在于国家或者国家机关。因此，自律组织及交易市场承担的义务并非原生性的。从法律基础判断，证券业协会的投资者教育义务源自公共机关的委托授权或者协会自身的承诺。

证券业协会是证券业的自律性组织。根据《证券法》的规定，证券业协会并无开展投资者教育的法定职责。对此，《中国证券业协会章程》第 6 ~ 8 条有明确反映。这三条分别规定了依据《证券法》、依据行政法规及中国证监会规范性文件规定、依据行业规范发展的需要从事自律管理三方面的职责。“推动会员开展投资者教育和保护工作，维护投资者合法权益”的职责被明确规定在 2017 年《中国证券业章程》第 8 条。协会章程是协会成员起草的基础性法律文件，该章程不仅约束成员本身，也约束协会。协会章程关于开展投资者教育职责的规定，赋予了协会自主开展投资者教育活动的法律基础。协会违反该章程条款的，并不对其他主体承担法律后果。因为在仅存在协会章程规定的情况下，投资者教育义务属于自我承诺义务的性质。当然，在章程的自我承诺的基础上，证券监管机关可以将投资者教育的公共服务义务委托给协

① 当然，对于投资者是否具有接受教育的法律义务的问题尚有待探讨。诸如，投资者是否承担必须接受投资者教育的法律义务、如果必须承担则如何设计违反该义务的法律后果。

会承担。如果存在证券监管机关的委托,行业协会的投资者教育义务就从单纯的契约义务转化为公法上的受托义务。因基于接受公共机关的委托而承担投资者教育义务,若协会违反就将面临公法后果,即对证监会承担违反委托义务的公法后果。对投资者承担的责任,比照证监会义务去设计。

3. 交易市场的受托性义务性质

根据《证券法》,证券交易所是为证券集中交易提供场所和设施,组织和监督证券交易,实行自律管理的法人。设立证券交易所必须制定章程,章程是交易所存在和运行的基础性文件。以《上海证券交易所章程》为例,2016 年版章程第 6 条规定了 9 大项职能。从文字表述看,章程没有明确规定投资者教育,交易所并不负担允诺性的投资者教育义务。虽然该条第 9 项规定“法律、法规规定的以及中国证监会许可或授权的其他职能”。根据该项兜底条款,在法律、法规规定的以及中国证监会许可或授权开展的情况下,交易所则有开展投资者教育的义务。不过,需要对“许可或授权”的表述作灵活性解释。由于 2016 年章程没有规定提供投资者教育服务的职能,证监会对交易所施加该义务的做法并不符合证券法以及交易所章程。鉴于投资者教育虽然在本质上属于公共服务行为,公共监管机关开展该项活动无所谓权力或权利而言,但从广义上讲,还是与权力有一定联系。在此意义上,即使没有法律或者行政法规的明文规定,证监会也可以将投资者教育以许可或者授权的名义委托给交易所行使。此时,交易所的投资者教育义务则归属委托性质的公法义务。值得关注的是,无论是证监发〔2007〕69 号文还是国办发〔2013〕110 号文,都没有对交易所的投资者教育义务作明确规定。

当然,该问题在 2018 年的章程修订中得以解决。2018 年的章程增加了交易所的多项职能,其中就包括“(十二)开展投资者教育和保护”。与之相对应,该章程第 34 条规定了“(十二)审定重大投资者教育和保护工作事项”的理事会职权,并且在第 22 条中将“对客户进行适当性管理,开展投资者教育”作为会员义务。基于这些规定,交易所不仅要承担通过契约机制而设定的投资者教育义务,而且还要承担起督促会员开展投资者教育的监管义务。

4. 证券经营机构的法定受托义务

我国现行投资者教育体制具有下沉的明显特性。如前所述,承担投资者教育原初性义务的证券机关开展的具体投资者教育活动偏少,行业自律机构和交易市场主要从事一些组织、指引和监督职责,开展的具体投资者教育活动相对较少,以至于具体的投资者教育活动几乎由金融服务机构实施。之所以这些服务机构能够担负提供公共服务的如此重任,除与其业务与投资者的天然联系外,还与接受监管的法定性、基于接受监管而受托推进公共服务的受托性有关。

公共服务的提供者应当是国家,并且由具体公共机构负责执行。当然,国家或者公共机构也可以将公共服务委托给其他组织实施。基于证券市场的监管关系,国家监管机关事实上将那些本应由自己主导实施的教育活动委托给了证券服务业机构。基于该委托关系,如果某个证券公司提供的公共服务出现问题,侵犯了投资者的受教育权或者其他相关权利,发生的诉讼应当是行政诉讼。

同时,该委托性质的投资者教育义务又是法定的。此法定性缘于证券服务市场的公共监管。基于该监管机制,提供投资者教育服务转化为必须由证券经营机构承担的业务,证券经营机构不得推脱该类委托。

综上,在投资者教育公共服务义务的提供主体中,证券经营机构处于最末端。但该末端地位并不意味着由证券经营机构提供教育的公共服务不重要。一方面,受托的法定性强化了证券经营机构在投资者教育服务中的作用;另一方面,证券经营机构与投资者之间天然联系的事实再次强化了证券经营机构在投资者教育服务中的作用。

当然,证券经营机构与投资者之间的天然联系对投资者教育作用的强化,可能与受托法定性的强化之间产生事实上的冲突。毕竟,服务活动的营利性与投资者教育活动的非营利性之间是冲突的。因此,如何有效防止该种冲突,将成为证券经营机构投资者教育义务制度设计的重点;并且就行为要求而言,不仅涉及必须作为的内容,还应当包括不得作为的内容。

(二)证券经营机构公法性投资者教育义务的施加思路

1. 公私法义务的明确区分

鉴于投资者教育需要金融经营机构大力参与,可以对证券经营机构施加投资者教育义务,但该义务应明确为公法义务。要求开展投资者教育活动,是作为市场监管机关对金融经营机构的监管要求而存在的。金融经营机构违反该要求,不履行或者履行不符合要求的,应当承担公法上的不利后果。证监发〔2007〕69 号文要求,各证监局要对证券公司等各类经营机构开展投资者教育的情况进行专项现场检查;对于投资者教育存在问题的证券公司和营业网点提出整改要求;对问题严重或整改不力的,要采取限制业务等监管措施。

按照合同法原理与规定,经营机构在销售产品、提供服务的过程中,应当履行信息披露义务、适当性义务甚至特别的风险提示等私法义务。这些私法义务的履行过程也是证券经营机构与投资者就市场信息、交易规则、产品信息、风险信息、法律规则等进行交流的过程。如何定性这些行为呢?按照证券业协会的《指引》,只要具有投资教育的效果,就属于投资者教育活动。从不同角度界定某个特定事物,我们可以得到不同的结论。混淆不同性质义务,可能对法律责任的追究带来一定影响。在营销过程中违反特定私法义务的,证券经营机构能否提出仅属于违反投资教育义务的抗辩?从事投资者教育时主观之善能否成为减轻甚至豁免其违反私法义务本应承担的私法责任的理由?在确立经营机构的投资者教育的场合,如果不容易区分义务的公私属性,那么在责任的追究中将出现诸多困惑;即使能够区分义务的公私属性,履行公法义务对违反私法义务的影响也难以进行裁量。

鉴于该义务在本质上属于公法义务,与私法义务发生的牵连性较少,证券经营机构违反投资教育要求并不直接带来私法上的责任;公法监管要求,当然也不宜直接构成追究私法责任的依据。

2. 监管要求施加的谦抑性

虽然公共监管机关、行业自律组织乃至社会都将证券经营机构履行适当性义务、信息披露义务等私法义务过程中的知识提供、风险观念养成的活动当成投资者教育,但投资者教育的效果是衍生而来的。对于证券经营机构履行适当性义务、信息披露义务等私法义务过程中的知识提供、风险观念养成等活动具有投资教育的衍生效果,监管者可以在投资教育的政策场域中被动地接受,但为推动投资者教育的目的而去主动推动这些私法义务履行方式的做法则并不理性。因此,不宜在投资教育的场合去过度宣扬那些履行特定私法义务的行为,也不宜将履行私法义务的行为过度地解读为投资者教育活动。

在英国,投资者教育的组织实施由政府和监管部门主导、行业协会和独立的专职教育机构承担社会性教育的主要职责、各类金融服务和中介机构各自开展的教育活动三个层次构成,其中企业承担的教育义务属于社会责任的范畴,政府及监管当局倡导金融企业将公众的理财能力教育纳入其社会义务中,辅助的监管要求是信息披露。① 这种处理值得我国借鉴。证券监管机构、证券自律性组织和证券经营机构都成

① 中国证监会投资者教育办公室《关于英、法两国开展投资者教育情况的研究报告》。

为个人投资者的教育者显然是不合理的。即使这些市场参与者都可以成为个人投资者的教育者,但它们对个人投资者教育的内容也应进行合理分工。①

3. 积极作为与消极限制的结合

基于公法义务的特性,在提供公共性的教育服务时,证券经营机构理应开展积极活动。因此,公法属性的鉴于证券经营机构在产品或者服务推介、合同签订及履行的营销过程中所从事的所谓投资教育活动,违背了教育本身的利益冲突规避原则,在投资教育的政策场域中,我们应当对此类教育行为进行限制。如果要将这些行为视为投资者教育,那么应从投资教育的特别角度去防止利益冲突。甚至,我们可以从投资者教育的视角出发,对证券经营机构的这些行为加以特别限制。也就是说,如果证券经营机构的投资教育义务在公法上为积极性义务,那么该特殊公法义务则转化为对特别私法行为的特别限制了。

四、证券经营机构投资者教育私法义务的规范策略

(一)私法义务的法律性质

1. 反射型的私法义务

投资者受教育权的基础法律关系是公法性质的关系,未能给投资者受教育权实现有效保障的法律后果,至多是公法责任。按照该类逻辑,如果对证券经营机构施加该义务,那么该义务也应当是公法义务,其实质是公共管理机构有权要求并且监督金融机构开展投资者教育活动。在现实中,证券经营机构面对投资者开展投资教育,投资者是金融服务客户或者潜在客户。在证券服务关系中,服务机构与其客户之间是平等的,由私法加以规范。金融服务机构违反义务的,将对投资者承担私法上的责任。如果对金融经营机构施加针对投资者的教育义务,那么就可能因两类义务之间性质完全不同而难以设计、判断义务违反的性质以及法律后果。金融机构违反投资者教育义务的,对投资者承担私法上的赔偿责任吗?此类问题将成为持续的思维困扰。总之,如果能够区分公法效果与私法效果,则存在对证券经营机构施加公法义务的可能,但几乎不存在证券经营机构对投资者承担私法性质的投资者教育义务的太大可能。

---

① 胡双发:《中国证券市场教育体系构建研究》,载《当代经济管理》2017年第5期。

但是,由于证券经营机构在负担公法属性的投资者教育义务并且付诸实施时,确实会产生私法上的效应。因此,我们不得不根据这些效应而对证券经营机构的教育行为设置某种限制。就此而言,证券经营机构投资者教育私法义务是反射型的义务,并非直接依据某个法律规定、法律原理而创设。

2. 消极性的私法义务

一方面,针对证券经营机构设置投资者教育方面的私法义务的目的在于防范服务机构借助于公共服务活动谋取不当利益、侵害投资者权益,因此不得不对这些主体设置不得为的行为规则。这些规则,基于诚信原则的忠实义务原理产生,属于消极型行为规范。

另一方面,即使证券经营机构未能积极开展投资者教育活动也可能给投资者带来某种不利,但也不适宜将违反投资教育义务作为请求权基础,赋予投资者赔偿请求权。在操作上,赔偿追责可以依据其他义务的违反而展开。比如,未进行必要的解释或者风险提示的,证券经营机构没有及时了解客户、评估客户或者向投资者推荐的产品与投资者不匹配或者没有遵守适当性义务的其他要求的,在合同签订过程中没有对投资者说明产品信息、向客户提示风险以及通过其他方式提供披露信息的,投资者有权依据设定这些特定义务的规定去追究经营者的私法责任。

3. 功能辅助性的私法义务

虽然投资者教育的私法义务在某种程度上可以作为督促证券经营机构有效开展公法性投资者教育服务的机制,但我们不应当对其有过高的期待。即使存在这种价值,该督促的功能也应当定位于辅助性,而非独立性。其根源在于利益冲突。

投资者教育活动在本质上是利益单向的社会活动。该特征也是难以将投资者教育义务转化为私法义务的一个重要原因。利益单向性、社会性等特征表明,投资者教育应当坚持投资者利益绝对优先的原则,不应当承担对该原则构成不利影响的利益冲突。正是在这个意义上,国际证监会组织才明确提出将“公正、非营利”以及“避免与市场参与者的任何产品或服务有明显的联系”作为投资者教育的基本原则。为体现该原则,投资者教育理应由非营利性机构负责,以确保教育活动与营利性机构为推广自己的服务产品而开展的经营活动相区别。证券经营机构开展的所谓投资者教育,很多是在产品推介或者具体交易活动中开展的。在产品推介中的投资者教育在很大程度上可能与产品和服务发生明显联系;在具体交易活动中的教育,肯定与产品和服务发生明显联系。主要由证券经营机构开展投资教育活动本来就是投资者教育制度的异化。如果继续对其施加私法属性的教育义务,则是在强化这种非理性的异化。

4. 附随性的私法义务

在合同法理论体系中,合同法中合同当事人的义务除合同义务外还有附随义务。合同给付义务基于当事人的合意或者由法律明文规定而产生,而附随义务不是当事人约定的也不是法律明确规定的,依据社会的一般交易观念被强制创立。因此,违反给付义务的法律后果是承担违约责任,而违反附随义务的法律后果是承担法定责任。附随义务不是独立产生的,必须依附于给付义务;同时,附随义务也不是自合同法制度开始就产生的,而是基于维护交易公平、保护弱者利益的需要以及特定社会政策产生的。"盖此类义务,并非如给付义务之自始确定,而系随着债之关系的发展,于个别情况要求当事人之一方有所作为或不作为,以维护相对人之利益,于任何债之关系(尤其是契约)均可发生,固不受特定债之关系类型之限制也。"①附随义务的范围涉及合同的订立、履行、变更和终止的整个过程,具体包括先合同义务、合同履行中的附随义务、后合同义务等不同类型,这些义务具体表现为告知、通知、保密、协助等,具体要求则依据合同的性质、目的和交易习惯并基于诚信原则来判断。我国《合同法》第39条关于格式条款使用人的说明义务的规定,第42条关于合同缔结过程中不得从事违背诚实信用原则的行为的规定,第43条关于当事人必须保守合同缔结过程中知悉的对方的商业秘密的规定,第60条关于当事人应根据合同的性质、目的和交易习惯履行通知、协助、保密等义务的规定,第92条关于合同的权利义务终止后当事人应当根据交易习惯履行通知、协助、保密等义务的规定,都属于此类附随义务。

在从向投资者进行产品宣介,到与个别投资者初步接触并提供咨询与推荐,到与投资者进行合同磋商与签订,到履行投资者服务合同或者提供售后服务,再到合同解除的所有阶段,证券经营机构都必须按照合同法、证券法等法律的具体规定履行可能涉及的附随义务。在这些具体阶段中,证券经营机构均可能开展投资者教育活动或者从事具有投资者教育效果的活动。显然,从私法的角度衡量,这些投资者教育行为,无论是显性还是隐性,均不是合同的给付义务,应被归属为附随义务的范畴,除非服务合同本身已经将这些行为有明确表述而将这些法律意义的附随义务转化为合同给付义务。

证券经营机构开展的投资者教育行为与合同法的附随义务发生牵连后,这些行

① 王泽鉴:《民法学说与判例研究》,中国政法大学出版社1998年版,第99~100页。

为的私法效应被正式地私法化。也就是说,在证券经营机构投资者就市场信息、交易规则、产品信息、风险信息、法律规则等进行交流的过程中若出现了背离诚信原则、背离交易目的与交易习惯的行为,将依据合同法承担相应法定责任。比如,在产品宣传、产品推荐、产品咨询、风险测试、风险提示等过程中的所谓投资者教育活动存在欺诈,投资者有权根据《合同法》第42条的规定,追究证券经营机构的缔约过失责任。

5. 附属于附随义务的私法义务

在证券经营机构违反投资者交易义务时投资者能否直接以违反该义务而追究前者的私法责任呢?这涉及基于投资者教育私法效应在多大程度上能够独立的问题。在合同法的理论与制度体系中,附随义务虽然依附于合同给付义务但依然具有某种独立性。在合同不成立、合同不生效、合同终止的情形,也存在大量的附随义务。证券经营机构是否承担独立性较高的私法性投资者教育义务,或者关于投资者教育的独立附随义务呢?这涉及制度创新的法律技术考量与技术考量的问题。

保守,是法律的基本特征,这既表现在法律介入社会生活的场合,也表现在法律变革的场合。当法律难以适应社会需求时,只有在满足下列条件的情况下,修改法律、创新规则才是适宜的:第一,社会变革真正发生,以致法律与社会的某种脱节;第二,无法通过对现有法律规则解释的方法来解决社会问题;第三,难以找到其他的替代性制度;第四,基于创新的规则本身是明晰的、具有可操作性;第五,规则的创新具有充分的正当性。

就私法属性的投资者教育义务的独立而言,这些前提条件可能难以满足。一方面,通过解释现有的附随义务制度能够解决现实问题,公法责任在一定意义上也可能发挥功能替代的效果。在证券经营机构的投资者教育服务行为出现不当时,投资者可以依据相应的附随义务规则去维权,而监管机关的执法机制也可以发挥显性的约束效应。另一方面,要将此种义务独立,将面临法律技术与社会政策的双重难题。如果独立,如何进行规则的表达?此种规则,如何与其他规则进行体系的协调?如果独立,是否会不当加重证券经营机构的负担?这些问题,我们必须考虑。

(二)公法要求转化为私法义务的法理逻辑

即便证券经营机构对投资者教育行为的私法义务是我们不得不施加的结果,而该类义务也是附属性的、附随性的、辅助性的、消极性的,但依然可以归入私法义务的范畴。根据证券监管机关的监管要求而开展证券投资者教育的私法效应,是产生这些义务的前提。问题在于,这些公法要求转化为私法义务的法理逻辑在哪里?这是法院在裁判时必须考虑的问题。

1. 诚信原则

如前所述,合同法上的附随义务产生的基础在于诚信原则。《法国民法典》第1134条第3款关于附随义务规定就明确表达了该意思:"契约应以善意履行之。"善意是诚信的当然内容。我国《合同法》第42条与第60条关于附随义务的规定,直接"诚实信用原则"的术语。其他附随义务的条款虽然没有直接使用该术语,但附随义务的基础为诚实信用原则已经是理论共识。

在一方当事人对另外一方当事人产生合理信赖时,被信赖的一方当事人要对另一方当事人承担一定的诚信义务;[①]如果还存在利益冲突关系,这种信赖基础上的诚实信用义务应当更多。[②] 在证券市场知识、风险识别、权利维护、谈判能力方面,证券经营机构相较于投资者有显著优势;基于二者之间的利益冲突关系,投资者对证券经营机构产生了事实上的信赖。在按照证券监管机关的要求履行公法意义上的投资者服务义务时,投资者可能善意地相信证券经营机构在从事利于自己的行为。就此而言,必须对证券经营机构施加特定私法义务,否则将背离诚信原则。

2. 习惯法源

在追究证券服务机构违反投资者教育私法义务的民事责任时,法院的裁判将面临确定请求权基础、寻找裁判依据的难题。任何裁判活动,都离不开三段论式逻辑推理,都应当指明所依据的法律条文。之所以出现此类私法纠纷,源于证券监管机关的监管要求。因此,能否直接将这些监管要求作为推理前提、作为裁判依据,就成为现实问题。根据《合同法》第52条、《公司法》第22条关于民事法律行为效力判断依据的规定,民商事法律的法律渊源应当是法律与行政法规,只有在特殊场合可能包括地方性法规、自治条例、单行条例。

显然,依据法治原则,证券监管机关的监管文件不是民商法的渊源。但是,我们也不能够忽视这些监管文件所提出的具体行为模式与行为指引在民事裁判中的积极意义。一方面,它们可以事实证据的面貌出现,在判断证券经营机构的投资者教育行为的理性时,法院可以将这些可能被市场主体接受的行为标准作为抽象标准。在某种意义上讲,监管机关的主张代表着某种正义,这些要求具有相当高的公信力,可以成为权威证据。另一方面,这些规定中的具体行为模式也可能转化为法源性的习惯。

① 参见于飞:《公序良俗原则与诚实信用原则的区分》,载《中国社会科学》2015年第11期。
② 参见徐国栋:《诚实信用原则二题》,载《法学研究》2002年第4期。

《民法总则》第10条规定,“处理民事纠纷,应当依照法律;法律没有规定的,可以适用习惯,但是不得违背公序良俗。”对于监管文件描述的行为模式,所涉及的不论是服务合同的具体内容还是合同的结果还是其他,只要针对当事人行为并且可以成为行为指引,那么都可能构成法源性的习惯。当然,这些行为规则要真正成为法源习惯还必须具备之所以成为习惯的条件,即被本领域的市场主体广泛认可并且自愿接受。① 监管机关提出的监管要求,只要符合当时的市场条件、不背离正当性原则,在本质上属于对理性的市场规律的总结与表达,就能够被市场主体认可,证券经营机构也会自愿接受。此刻,法院当然可以借助于《民法总则》第10条,将这些监管文件当作成文的习惯,直接作为裁判依据。

(三)作为与不作为的具体要求

如前所述,如果证券经营机构未能够积极开展投资者教育活动、侵害了投资者的受教育权,将被监管机关追究公法责任,投资者可以通过其他私法依据而追究证券经营机构的私法责任,不必赋予其以单独依据投资者教育私法义务寻求救济的权利。并且,之所以引入私法对证券经营机构的投资者教育行为加以规范,意在解决利益冲突问题。从诚信原则的法理逻辑看,利益冲突的解决涉及行为人的忠实义务,而忠实义务是义务主体的消极义务。根据投资者教育私法义务本质上是消极义务的逻辑,证券监管机关应当在监管指引中强调证券经营机构投资者教育行为的禁止或者限制规则,而裁判者也应当根据法理逻辑去寻找或者构建这些禁止或者限制性规则。

根据国际证监会组织提出的基本原则,“投资者教育应该是公正、非营利的,应避免与市场参与者的任何产品或服务有明显的联系”。监管机关早就指出,“建立必要的制度,把投资者教育活动与市场营销活动适当分开,防止对投资者产生误导,避免利益冲突”。② 这些禁止或者限制性规定,也可以从其他监管文件中寻找线索。证监会于2012年发布的《证券公司代销金融产品管理规定》规定,证券公司向客户推介金融产品时,除需要详细介绍产品信息、回答客户咨询外,还应当在了解客户、评估客户的基础上确保该类产品适于客户投资;当认为客户购买金融产品不适当或者无法判断适当性的,不得向其推介。这些禁止性或者限制性规定的目的就在于,不得借教育之名,行不公平交易之实。

---

① 参见王利明:《论习惯作为民法渊源》,载《法学杂志》2016年第11期。

② 《投资者教育是监管工作的重要内容:中国证监会副主席史美伦在全国投资者教育工作会议上的讲话》,载《中国证券报》2001年7月21日,第9版。

具体而言,这些消极性义务主要包括:

1. 投资者教育活动与市场营销活动适度分开

一般性企业宣传、产品推介,由于不涉及具体客户,是在营销活动中开展投资者教育的较好形式。但是,如果涉及与某个特定客户的接触,则应当避免同时开展投资者教育。在与确定客户进行沟通的过程中的所谓风险提示、知识传授本身构成交易磋商的内容,可能被说明义务、适当性义务、推荐义务等私法义务涵盖,即使具有提升客户知识与能力的效果,也是反射性的,不应当直接处理为投资者教育。

也就是说,证券经营机构适宜开展单纯的投资者教育活动。在英国,基于国家及监管机关的倡导,各金融服务和中介机构除积极参与政府和监管当局的教育战略、给予相应的人力和资金支持以外,还资助独立的中介教育组织开展专业的教育普及计划,同时结合各自业务开展各有特色的投资者教育活动。也就是说,证券经营机构的投资者教育义务存在多种路径,要么提供人力物力支持,要么对开展专门投资者教育活动的独立中介教育组织提供资助,还可以结合各自业务开展各有特色的投资者教育活动。即便结合业务开展,也并非在具体的经营业务活动中开展。获得投资者教育项目亚太教育奖的保诚集团(M&G),针对中小学生和年轻人开展理财教育活动,并把公司利益与开发新客户、培养潜在客户有机结合。①

从这个角度看,中国证券业协会发布的《证券公司营业部投资者教育工作业务规范》的指导思想可能存在严重偏差,应予修正。当然该规范第10条的规定值得肯定。该条明确列举了很多可以单纯地开展投资者教育活动的具体形式,诸如在营业场所设立投资者园地、与新闻媒体合作举办各类宣传教育活动、在营业场所举办投资者教育讲座或者培训、在营业场所张贴宣传资料、向投资者发放各类宣传材料。

2. 结合场景下的禁止隐瞒与误导规则

与特定客户直接接触过程中的交流,虽然不应当被处理为投资者教育,但这并不能够排除证券经营机构做如此安排。在向专业顾问提供咨询、接受专业顾问服务的过程本身就是接受风险教育的过程,这已经成了行业共识。② 保证投资者知情权的行为在一定意义上可被解读为投资者教育行为。知情权保障的履行行为本身也涉及市场或产品知识传播、风险信息提示。西北政法大学金融法研究中心起草的《金融消费

---

① 中国证监会投资者教育办公室《关于英、法两国开展投资者教育情况的研究报告》。

② 中国证券业协会还以此为原则来制定《证券公司营业部投资者教育工作业务规范》,要求证券公司营业部以该原则构建营业部的投资者教育制度。

者保护法草案(建议稿)》第12条直接以知情权为标题将金融消费者知情权与金融机构的说明义务、解惑义务与提供知识培训的义务合并规定。根据该建议条款的注释说明,“金融消费者知情权的范围包括并不限于金融商品投资运行模式、投资风险及收益情况等方面,除非为其他法律所禁止,金融消费者有权获知有关金融商品和金融服务信息的权利”。① 采广义的知情权立场,一般性教育义务所涵盖的信息涵盖了说明义务。此刻,证券经营机构能否以合同法上的说明义务履行行为来作为投资者教育行为而向监管机关报备,或者在投资者投诉说明欺诈时以开展教育而进行抗辩。这种结合立场下的利益冲突是显然的。

为消除利益冲突,在这种结合的立场,应赋予证券经营机构特别的说明义务,强调不得隐瞒、不得误导。比如,按照《证券公司营业部投资者教育工作业务规范》第10条,证券公司营业部可以将在交易委托系统中设置风险提示的有关内容的做法处理为投资者教育活动。此刻,就应当承担特别的忠实义务,避免利益冲突;同时,应当主动披露比一般要求更多的信息,以显示自己的公平与公正。

五、结　束　语

证券投资者教育是有效的。“投资者对公允价值的认知水平的变化能够显著影响股价信息含量,说明加强投资者对于市场环境的认识有助于提高投资者的理性水平,从而有助于增强我国证券市场的有效性。”②基于业务活动之于投资者教育活动的内化属性,证券经营机构可能是从事投资者教育活动的最有效主体。但是,这种效应本身并不能够作为要求证券经营机构承担大量公法性投资者教育义务的正当性基础,当然也无法由此推导出应当强化它们的私法义务。制度的有效性评价,不应当是单向度的。至少,就实际效果而言,我们除关注投资者教育制度的作用外,还应当关注其他私法制度,比如投资咨询服务制度、合同法的随附义务制度、金融法中的适当性义务制度、金融产品销售推荐规则等;就对投资者的影响来看,我们除了赞誉投资者教育的积极效应外,还应当考虑由证券经营机构实施时可能产生的不利效应。当然,要理性构建投资者教育制度,我们还是应当回到法理逻辑。失去理性理论支持的法律制度

① 西北政法大学金融法研究中心中国金融消费者保护立法研究课题组:《〈金融消费者保护法〉草案(建议稿)及说明》,载郭锋主编:《金融服务法评论》(第3卷),法律出版社2012年版,第517页。

② 庄学敏:《投资者教育能提高投资者理性水平吗?》,载《证券市场导报》2012年1月10日,第19~24页。

的正当性本身是会遭受质疑的。既然投资者教育义务在本质上属于公共义务,那么强制要求证券经营机构承担该义务的做法并不能够弱化或者消除该义务的公共属性;既然证券经营机构开展投资者教育的行为具有不可忽视的利益冲突效应,那么就应从私法角度对这些不利影响加以有效回应。因此,从公法与私法的二元路径去调整证券经营机构的投资者教育行为是必要的。而这些分析也表明,针对投资者教育的义务,无论是公法的还是私法的,在对证券经营机构施加负担时我们都应当保持谦抑性。

论金融市场基础设施纠纷专属管辖的基本逻辑

郑　彧*

摘　要:金融市场基础设施越来越成为金融市场不可或缺的稳定性工具,特别是以统一、净额为特征的中央结算方式有利于消除"一对一"对手交易所带来的违约后的传导风险。为确保这种统一、净额结算方式而制定的金融市场基础设施的内部规则原本应具有超越传统"契约"性质而具有对无论是否为市场参与人的所有主体的"准法律效力"。但由于我国法律传统深受"民商合一"理念的影响,现有的立法体系、司法体系遵循民法体系的基本逻辑,金融市场基础设施日常运行过程中诸如终止净额清算有效性、结算最终性和保证金可执行性等内部规则在事实上存在与现有"物权法定""债权相对性""禁止流质""破产别除限制"等法律规定的冲突。因此本文拟从金融市场基础设施的重要性出发,探讨上海金融法院对金融市场基础设施进行专属管辖的必要性及其基本逻辑。

关键词:金融市场基础设施　专属管辖　法律保护

一、金融市场基础设施面临的法律冲突

(一)金融市场基础设施法律地位不明导致规则效力不明

虽然金融市场基础设施的主要功能都是为金融产品提供交易、登记、存管、结算平台并进行自律监管,从而促进金融市场的发展。但通过对国内各类金融市场基础设施设立现状的梳理,我们发现,虽然国内主要金融市场基础设施设立的依据不尽相

* 华东政法大学国际金融法律学院副教授,法学博士,中国证券法学研究会理事,美国宾夕法尼亚大学法学院国际访问学者。

同，各自所采取的组织形式也不尽相同，但各类金融市场基础设施都面临着一个共同的基础性问题，即现有各类金融市场基础设施多以“公司”形式存在，而以公司组织颁布的内部规则的“排他性”效力并无明确的法律保障(参见表1)。

表1　我国主要金融市场基础设施存续形式类型

设施名称	类型	批准/主管机关	有无法律明确授权
中国证券登记结算有限责任公司(以下简称中国结算)	有限责任公司	证监会	证券法
中央国债券登记结算有限责任公司(以下简称中央结算)	有限责任公司	中国人民银行	无
银行间市场清算所股份有限公司(以下简称上海清算所)	股份有限公司(非上市)	中国人民银行	无
中国信托登记有限责任公司	有限责任公司(国有控股)	原中国银监会	无
中国金融期货交易所股份有限公司	股份有限公司(非上市)	中国证监会	无
上海保险交易所股份有限公司	股份有限公司(非上市、自然人投资或控股)	原中国保监会	无
上海票据交易所股份有限公司	其他股份有限公司(非上市)	中国人民银行	无

表1中这些以“公司”形式存在的金融市场基础设施的最大问题就是其可能合法成立并存续，但由于大多数金融市场基础设施是依据公司法而设立的“企业法人”，在法理上面临企业法人如何对外行使“管理”职责的问题：

第一，依据我国《公司法》，公司在法律性质上是属于“企业法人”类型。虽然《公司法》没有进一步解释什么是“企业法人”，但依据民法与商法的“一般法与特别法”观点，[①]在《公司法》没有明确界定的情况下，对于“公司”这种企业法人的定义需要回到民法中寻找答案。《民法总则》虽没有“企业法人”的提法，但却将法人分为“营利法人”和“非营利法人”，其中“营利法人包括有限责任公司、股份有限公司和其他企

① 参见李建国：《关于〈中华人民共和国民法总则〉的说明》，载《人民日报》2017年3月9日，第5版。

业法人等”。[①] 问题由此产生:在现有民事主体关系框架下,公司作为一种非公益性的“营利性”组织,其与第三方主体处于平等的民(商)事关系,如果没有得到法律的特别授权,缺少法律对其自身“管理”功能的特别确认,任何以“公司”这一组织形式所发布的那些意图约束其他民(商)事主体或者要求无法是否市场参与者均应服从于金融市场基础设施规则的做法首先就会面临其权力来源合法性的挑战。

第二,基于我国现有金融行业“分业经营、分业监管”的格局,各个金融市场基础设施分别归属证监会、保监会、银监会[②]或者央行主管。虽然《证券法》第120条、第167条分别规定“证券登记结算机构为证券交易提供净额结算服务时……在交收完成之前,任何人不得动用用于交收的证券、资金和担保物。结算参与人未按时履行交收义务的,证券登记结算机构有权按照业务规则处理前款所述财产”,但《证券法》的发行与交易只是适用于“股票”“公司债券”“其他国务院依法认定的其他证券”这三类特定证券品种,前述有关股票、公司债券的“交易规则最终性”和“交收规则优先性”的法律保障无法直接适用于以其他形式出现的“证券”品种,这也决定了事实上只有中国结算的业务规则的“对世”效力在理论上可以享受法律的承认与保护,而为那些以“短期融资券”“中期票据”“企业债”等形式出现但本质上乃是“有价证券”提供交易清算、交收服务的其他金融市场基础设施的内部规则在法源上无法享有同中国结算所制定的结算规则同等的“效力优先权”。[③]

第三,虽然中国人民银行办公厅曾以银办发〔2013〕187号文件要求在其系统内部贯彻实施《金融市场基础设施原则》,但问题在于:首先,《金融市场基础设施原则》中所提供的“结算最终性”原则只是一个宣示性的技术性原则,其尚未经过国内法的转换而无法真正“落地”成为我国全部金融市场基础设施可普遍享受的法律原则;其次,这个文件只是中国人民银行办公厅的一个行政性文件,其作为法律规范的效力级别过低,在实践中只是作为针对中国人民银行所辖范围内的金融机构的行政管理性文件而非普遍适用的法律规范,因而其对金融市场基础设施效力的承认无法在现有法律体系项下被司法机关广泛援引、参照或者认定。

---

① 《民法总则》第76条规定:“以取得利润并分配给股东等出资人为目的成立的法人,为营利法人。营利法人包括有限责任公司、股份有限公司和其他企业法人等。”

② 中国银监会和中国保监会现已重组为中国银行保险监督管理委员会。

③ 从我国的金融市场实践上看,由于《证券法》对于证券定义的界定过窄,这导致《证券法》无法涵盖其他诸如中期票据、金融债等被其他金融监管机构同样认定为“有价证券”的证券品种。

(二)金融市场基础设施的所有权变动规则与传统民法要求存在冲突

根据我国物权法的相关规定,可以产生物权变动的方式主要分为三类:(1)不动产物权的设立、变更、转让和消灭,经依法登记,发生效力;未经登记,不发生效力。(2)动产物权的设立和转让,自交付时发生效力。(3)其他由于特殊原因导致物权设立、变更、转让或消灭的,以其特定区域或行业所普遍认可的权利外观为准发生效力。传统物权变动的规则通过所有权占有的公示为物权交易赋予连续的、不间断的权利外观,使交易变得明晰可见,以增加权利人和社会公众对交易的安全感。① 这也就意味着,物权的变动除需要达成物权变动合意以外,还需要以"公示"作为物权变动的生效要件,如果未公示,物权则不发生变动的效果,物权仍属于原当事人没有特定化的财产,可以被执法机关冻结、扣押。而"物权公示"最主要的特征就是登记(不动产)和交付(动产)。其中,就动产的交付而言,除所有权保留安排以外,动产所有权的转移应以让渡人在转移所有权的意思表示下将动产转让给受让人并由受让人实际控制该等动产之时起发生。按照传统物权法规定,证券和资金属于民法项下的"动产"类别,有关其物权设立、转让也应自交付时发生效力。

在金融市场基础设施中,由于交易量的巨大,证券有别于传统的"一对一"的市场交易行为,它的交付往往是在交易完成之后由统一、集中的后台结算系统完成最终的交收,因此目前绝大部分金融市场基础设施都采取持续净额清算交收的方式提供交收服务。② 这种交收方式可以减少整个市场交易的交收成本,有效地减少在交收过程中因交易量过大而造成的交收错误风险。但问题也会由此产生:由于交收是在交易结束后的净额结算与交收,这导致在交易时段客户之间的买卖交易在本质上因交收未最终完成而处于"待交付状态"。虽然名义上《证券法》第 167 条的规定看似界定了有关证券所有权的转移时间(交收完成之时)以及交收完成之前的"担保状态",③ 但问题在于此条规定只是限定现有的二级结算④机制中作为一级净额结算过程中的券商交付责任,并没有明确在二级结算过程中客户对于券商的证券交付时间及交付是否存在"担保状态"的问题。在此背景下,如果按照民法与商法的"特别法与一般

---

① 参见常鹏翱:《物权公示效力的再解读》,载《华东政法学院学报》2006 年第 4 期。

② 作为重要的金融市场基础设施之一的人民币跨境支付系统(CIPS),根据实际调研情况获知,其一期建设采取的是实时全额清算方式。并非全部金融市场基础设施业务都采取净额清算的方式。

③ 该条规定"证券登记结算机构为证券交易提供净额结算服务时,应当要求结算参与人按照货银对付的原则,足额交付证券和资金,并提供交收担保。在交收完成之前,任何人不得动用用于交收的证券、资金和担保物"。

④ 所谓"二级结算"是指券商通过结算登记机构与其他券商之间就各自自营和经纪的交易量总和所进行的结算("一级结算")和券商与其客户之间就当天交易所进行的结算("二级结算")。

法”的解释路径,传统民法的所有权转移规则是“标的物的所有权自标的物交付时起转移,但法律另有规定或者当事人另有约定的除外”,[①]这也意味着在民法的解释方法论下,即便客户在证券交易阶段的交易已经得到确认(相当于合同已经订立),但在证券交收完成前(相当于货物交付之前),卖方的证券所有权并没有实际发生转移,已达成交易但尚处待交收状态下的证券仍有可能被视为卖方的财产而被司法机关追及。[②] 由此产生的问题是:为了确保证券交易订单的可执行性,证券交易订单一旦被系统撮合交易成功,除在证券交收阶段的“银货两讫”外,在以中央对手方为交收保证的证券交易过程应该是呈现一种交易不可逆的结果,即对于已经确认交易但尚未过户的证券必须确保已经达成交易结果的证券交付的确定性,而这种确定性又不能用现有的以“交付”作为权属和风险转移的“所有权规则”进行界定和适用,传统民法的所有权变动解释规则和所有权追及规则已经明显不适应证券交易中的双方平衡保护功能。遗憾的是,对于这种所有权变动规则的特殊性,目前并无司法上的明确保护,最高人民法院仅是通过司法意见在司法执行层面确认“对被执行人的证券交易成交后进入清算交收期间的证券或者资金,以及被执行人为履行清算交收义务交付给登记结算公司但尚未清算的证券或者资金人民法院不得冻结、扣划”,并没有进一步明确是否在证券交易中可以突破现有传统的民法所有权归属判断规则。

(三)金融市场基础设施对“证券”的出质、质押登记并无法律效力

在我国现有的担保规则下,金融市场基础设施对于“证券”的质押原本也应遵循“物权法定”的原则,即须遵守《担保法》第63条、第75条[③]和《中华人民共和国物权法》(以下简称《物权法》)第209条有关出质物应属于“未被禁止转让的动产以及法律、行政法规规定可出质的权利”的要求。可见,《担保法》和《物权法》对于可用于出质的权利要求是:其一,必须是私法上的财产权;其二,必须具有可让与性;其三,必须是有权利凭证或有特定机构管理的财产权。这是《担保法》和《物权法》对权利质权

---

① 《合同法》第133条。

② 由于证券交易必须确保已经成交的交易进入交收,所以证券交易中所有权转移规则也不能解释为《合同法》第134条的“所有权保留”,因为在所有权保留规则项下对于已经达成交易且拟进行付款的买方而言担保交易的效力不足。

③ 《担保法》第63条规定:“本法所称动产质押,是指债务人或者第三人将其动产移交债权人占有,将该动产作为债权的担保。债务人不履行债务时,债权人有权依照本法规定以该动产折价或者以拍卖、变卖该动产的价款优先受偿。前款规定的债务人或者第三人为出质人,债权人为质权人,移交的动产为质物。”第75条规定:“下列权利可以质押:(一)汇票、支票、本票、债券、存款单、仓单、提单;(二)依法可以转让的股份、股票;(三)依法可以转让的商标专用权,专利权、著作权中的财产权;(四)依法可以质押的其他权利。”

所作的特别规定。[①] 在此法律框架下,目前仅有“债券”“股份”“基金”符合《物权法》第224条和第226条的规定,[②]在金融市场基础设施的业务实践中已经出现的其他具有担保价值的权利(如保单、账户、各类收益权等)不是法律授权的可用以质押的权利类型,[③]这导致以这些权利进行质押突破了现行“物权法定”的基本原则,权利质押的效力容易受到市场参与主体的挑战。

与此同时,根据《物权法》第224条的规定,有权利凭证的债券自交付时设立质权,无权利凭证的债券自在有关部门办理出质登记时设立质权,依此诸如国债、金融债券、企业债券、股票等债券采取登记生效模式,即这些金融产品在中央结算或者中国结算办理出质登记时质权合法设立。[④] 同时,《物权法》第226条进一步细化基金和股权质押采用的是登记生效模式,即质权自在证券登记结算机构办理出质登记时设立。[⑤] 因此,就现有的金融市场基础设施而言,仅有中央结算和中国结算具备对特定金融产品的权利质押登记资格,其他金融市场基础设施在开展质押登记业务过程中,其对“质押品”所进行的质押登记的效力及其合法性就处于争议之中:因为这些机构所进行的“质押登记”一来其所登记的质押品并不是法律所明确涵盖的担保物;二来其本身也不是法律授权的质权登记机关,并不天然具备质权登记后的对抗或者公示效力。

(四)金融市场基础设施对质物的快速处置效力并无法律授权

现有金融市场基础设施在发生结算参与人违约情况之时普遍采用快速处置方式对质押物进行处置,其特点是通过事先的协议与出质人进行约定,要求出质人事先同意金融市场基础设施按照其颁布实施的业务操作规则对质押物进行快速处置或者要求出质人承诺认可金融市场基础设施快速处置的后果。在该种快速处置模式下,质

---

① 参见最高人民法院物权法研究小组编著:《〈中华人民共和国物权法〉条文理解与适用》,人民法院出版社2007年版,第655页。

② 《物权法》第224条规定:“以汇票、支票、本票、债券、存款单、仓单、提单出质的,当事人应当订立书面合同。质权自权利凭证交付质权人时设立;没有权利凭证的,质权自有关部门办理出质登记时设立。”第226条第1款规定:“以基金份额、股权出质的,当事人应当订立书面合同。以基金份额、证券登记结算机构登记的股权出质的,质权自证券登记结算机构办理出质登记时设立;以其他股权出质的,质权自工商行政管理部门办理出质登记时设立。”

③ 参见王磊:《我国无形资产质押融资的可行性及存在问题研究》,载《经济界》2009年第3期。

④ 《物权法》第224条规定:“以汇票、支票、本票、债券、存款单、仓单、提单出质的,当事人应当订立书面合同。质权自权利凭证交付质权人时设立;没有权利凭证的,质权自有关部门办理出质登记时设立。”

⑤ 《物权法》第226条规定:“以基金份额、股权出质的,当事人应当订立书面合同。以基金份额、证券登记结算机构登记的股权出质的,质权自证券登记结算机构办理出质登记时设立;以其他股权出质的,质权自工商行政管理部门办理出质登记时设立。基金份额、股权出质后,不得转让,但经出质人与质权人协商同意的除外。出质人转让基金份额、股权所得的价款,应当向质权人提前清偿债务或者提存。”

押物本身不是属于处置人(抵押权人),且对于质押物的处置也不是在主合同违约后双方经过协商程序进行的"折价"或"变卖"手续,其唯一的处分依据是相关参与人在事先签署的质押协议中约定违约交收情况下的直接处分约定。很显然,这种快速处置在道理上有利于保护交易对手方,有利于金融市场的稳定、有效,但在某种程度上,由于法律立法理念和修法的滞后性,这种安排与现有物权法有关"禁止流质"的传统规定存在不小的冲突:由于我国采用广义的流质概念,包括禁止流质和禁止流押,即不允许在债务履行期限届满之前或者未发生当事人约定的实现质权(或者抵押权)的事由前,质权人(或者抵押权人)与债务人直接约定"当发生到期不能清偿债务时将出质物(或者抵押物)的所有权直接归于质权人(或者抵押权人)",这是一种"时间要素+内容要素"的禁止模式。在金融市场基础设施对质押物的快速处置过程中,虽然双方当事人在合同中不是直接约定质押权人在债务人违约时将质押物收归其所有并进行处置,但通常在这些金融市场基础设施处置规则中的"有权直接处置"的功能间接地验证了质押权人以质押物"所有权人"身份进行处置的默示条件,这就使金融市场基础设施对质押物的快速处置本质上与流质无异:因为金融市场基础设施在质押申请人进行质押申请之时就与其签订事先协议或者要求其签订承诺函承认金融市场基础设施对质押物有快速处置的权利或者必须认可其对质押物快速处置的结果,这就已经符合流质的时间要素。其次,在快速处置模式下,金融市场基础设施无须质押人任何形式的许可或者同意就可以根据内部的业务操作规则对质押物进行处分,如果不是事先约定在履约不能之时将所有权转移给金融市场基础设施,至少在我国现行的法律体系下是解释为何无法在履约不能发生时金融市场基础设施无须出质人的任何授权就能对质押券进行处分的原因,也即金融市场基础设施的快速处置是立足于取得所有权的基础之上,其与禁止流质的内容要素相符。

(五)金融市场基础设施的提前终止净额结算规则缺少法律保护

金融衍生品交易已成为金融市场上一大核心业务,除了具有较强的投资获利能力,独特的风险管理价值也是其广受欢迎的重要原因。伴随着科技与金融市场的发展,交易主体间的联系越来越紧密,由于衍生品交易的杠杆效应其所造成的违约后果不仅会令交易方面临倒闭的危机,而且还会因为交易方的巨量违约导致整个金融市场陷入连锁违约的危险。为了减少此类危机的发生,金融市场基础设施在实践中往往通过在自身结算规则中采用"提前终止净额结算"制度来规避因为交易对手方违约而产生的交收风险。根据提前终止净额结算机制,当衍生品交易一方出现合同约定的风险事件(如ISDA[1]主协议中具体载明的各类违约事件和终止事件)时,交易对方有权立即指定一个日期终止主协议项下全部未完成履行之交易(或全部受影响交易),或全部未完成交易根据双方事先的合同约定于特定违约事件发生的当时被视为立即终止,并在终止后按合同约定方式计算每个终止交易的终止金额即盈亏头寸,然后将所有这些盈亏头寸进行总括性的冲抵或轧差,以求得一个最终的净余额。只有这个净(余)额,才是双方在全部交易项下应付或应收的金额,而非各个单个合同项下的各自合同金额为逐一结算的金额。因此提前终止净额结算项下的支付金额是一个单向支付而非多向支付的金额。[2] 提前终止净额结算制度看似复杂,但它在法律性质上仍是属于一项合约安排。理论上,按照合同法的原则,双方通过自愿协商在合同中约定的内容,只要不违反法律的强制性规定以及社会的公序良俗,就是合法有效理应得到法律保护与执行的,因此从合同法的角度,提前终止净额结算作为一项合同约定对于合同缔约方具有法律上的有效性与可执行性。但是,由于提前终止净额结算的触发事件往往是交易参与人自身陷入破产或者资不抵债的情形,此时,诸如破产法等意在平等保护所有破产债权人的法律条款将适用于陷入破产境地的交易参与人,此时如果没有明确的法律说明,则适用公平偿债理念的破产法作为特别法就会优先于作为适用当事人意思自治的合同法,其结果就是使提前终止净额结算条款与破产法强制性规定产生冲突。

提前终止净额结算条款与破产法之间的矛盾冲突在本质上可被视为合同法与破产法之间的矛盾冲突。破产法的价值追求在于给予破产申请人一定程度上的保护以使其有重生的机会,因此注重尽可能保存甚至扩展破产申请人的财产权利和资产价值,当最终不可避免需要对其进行破产清算时,也注重对所有破产债权人都享有的破产债权以公平的保护,以确保各类破产债权得到公平有序的清偿。破产法追求之法律价值为公平保护破产人和破产债权人双方的利益;而提前终止净额结算条款的设计目标在于,降低单个交易者的交易风险并从整体上降低整个金融衍生品市场的系统性风险,提高市场运行的整体效率,其追求的价值是降低金融市场系统风险和提高金融市场运行效率,即使这样的清偿会有损于陷入破产危险的单个交易者的其他相对方的利益。很显然,两项制度设计的价值取向和目标存在较大差异。由于提前终

① 国际互换和衍生工具协会(International Swaps and Derivatives Association,ISDA)。

② 参见陶修明:《国际金融衍生品交易终止净额结算法律制度研究》,对外经济贸易大学2007年博士学位论文,第26~33页。

止净额结算目前在我国仍只是合同法项下的合同约定,受合同法的保护,而破产法是针对破产行为的特别法,按照"特别法优于一般法"的传统,现有金融市场基础设施在格式合同中所设计的提前终止清算条款在作为一般法的合同法保护框架下并无法对抗作为特别法的破产法的有关破产的普适性规定。

二、金融市场基础设施纠纷司法管辖的现状与特点

从实体法上看,虽然金融市场基础设施在国民经济中的地位已经如此重要,但由于我国并没有一部完整包含对于金融市场基础设施保护的法律或者行政法规,《证券法》虽对"证券结算机构"设有专章规定,但由于"证券"定义的分割使该法项下的"证券结算机构"也仅指向中国结算,并不能涵盖本文所指向的全部金融市场基础设施。此外,即使是在现有的证券法项下,对于证券结算机构在结算过程中的特殊保护仍显逻辑漏洞,比如《证券法》第167条为保护证券结算机构的"净额交收安排"试图做出一项基础性的制度安排,其规定"证券登记结算机构为证券交易提供净额结算服务时,应当要求结算参与人按照货银对付的原则,足额交付证券和资金,并提供交收担保。在交收完成之前,任何人不得动用用于交收的证券、资金和担保物。结算参与人未按时履行交收义务的,证券登记结算机构有权按照业务规则处理前款所述财产"。但在实践中,目前的规定并没有得到很好的理解与执行,反而出现不少司法机关对金融基础设施所"保管"备付的证券或资金的强行司法干预。这里面的原因在于:第一,依据《证券法》第157条,证券登记结算机构的职能包括证券交易的清算和交收,而该法第167条在字面上表述局限于"交收"层面,从结算规则本身而言,交收仅是指清算完成的下一阶段,因此"交收完成前"的证券("待交收的证券")从逻辑上只能是针对"清算已经完成而未交付的证券",不应包括"未清算完成的证券"。由此在清算完成之前已交易未交付的证券存在被司法冻结的风险。现实生活中也存在基层司法机关以"赃物"之名要求证券结算登记机构冻结、查封相关证券资产的实例。第二,虽然《证券法》第167条明确"结算参与人未按时履行交收义务的,证券登记结算机构有权按照业务规则处理前款所述财产",但在实务中往往是结算参与人的客户无法履行合约导致无法交收,由于此时待处置证券在传统民法上的物权归应属于客户而非结算参与人所有,因此证券登记结算机构直接处置客户财产的行为存在"越权"嫌疑,此其一。其二,《证券法》第167条虽然允许证券登记结算机构有权按照业务规则处置财

产,但一来该条并没有明确规定如果出现财产处置权利冲突时(比如司法裁定或第三人权利),证券登记结算机构对于标的处置权利的优先性,二来证券登记结算机构内部发布的业务规则在现有的法律效力层次框架内效力层级太低,因此在大多数情况下,基层人民法院或者人民检察院多会援引上位法的法律而否认证券登记结算机构依据其规则行使处置权的权利。在实体法缺失的背景下,司法裁判部门只能根据传统的民法规定和民事法律思维对涉及金融市场基础设施交易的司法纠纷进行裁判和认定,这就在某种程度上对金融市场基础设施交易规则的效力埋下了司法隐患。

而从程序法上看,目前也没有专门涉及金融市场基础设施的专门管辖的规定,最高人民法院等虽有针对证券账户的查封、冻结、划拨及指定管辖出台相关意见,但其管辖对象非常局限,仅针对证券法项下作为证券登记结算机构而存在的中国结算,其他的金融市场基础设施均未被涵盖在内。

表 2　最高人民法院现行对于金融市场基础设施相关的司法意见

意见名称	发布时间	发布单位	所涉及的金融市场基础设施	主要内容
《最高人民法院关于冻结、划拨证券或期货交易所证券登记结算机构、证券经营或期货经纪机构清算账户资金等问题的通知》	1997 年	最高人民法院	证券或期货交易所、证券登记结算机构、证券经营或期货经纪机构	证券经营机构清算账户上的资金是投资者为进行证券交易缴存的清算备付金。当投资者为债务人时,人民法院对证券经营机构清算账户中该投资者的相应部分资金依法可以冻结、划拨。 证券经营机构在证券交易所、证券登记结算机构的债券实物代保管处托管的债券,是其自营或代销的其他投资者的债券。当证券经营机构或投资者为债务人时,人民法院如需冻结、提取托管的债券,应当通过证券交易所查明该债务人托管的债券是否已作回购质押,对未作回购质押,而且确属债务人所有的托管债券可以依法冻结、提取

续表

意见名称	发布时间	发布单位	所涉及的金融市场基础设施	主要内容
《最高人民法院关于冻结、扣划证券交易结算资金有关问题的通知》	2004 年	最高人民法院	证券登记结算公司	人民法院在执行中应当正确处理清算交收程序与执行财产顺序的关系。当证券公司或者客户为被执行人时,人民法院可以冻结属于该被执行人的已完成清算交收后的证券或者资金,并以书面形式责令其在 7 日内提供可供执行的其他财产。被执行人提供了其他可供执行的财产的,人民法院应当先执行该财产;逾期不提供或者提供的财产不足清偿债务的,人民法院可以执行上述已经冻结的证券或者资金。对被执行人的证券交易成交后进入清算交收期间的证券或者资金,以及被执行人为履行清算交收义务交付给登记结算公司但尚未清算的证券或者资金,人民法院不得冻结、扣划
《最高人民法院关于中国证券登记结算有限责任公司履行职能相关的诉讼案件指定管辖问题的通知》	2007 年	最高人民法院	中国证券登记结算有限责任公司	根据《民事诉讼法》第 37 条和《中华人民共和国行政诉讼法》第 22 条的有关规定,指定中国证券登记结算有限责任公司及其分支机构所在地的中级人民法院分别管辖以中国证券登记结算有限责任公司或其分支机构为被告、第三人的下列第一审民事和行政案件……

续表

意见名称	发布时间	发布单位	所涉及的金融市场基础设施	主要内容
《最高人民法院　最高人民检察院　公安部　中国证监会关于查询、冻结、扣划证券和证券交易结算资金有关问题的通知》	2008年	最高人民法院、最高人民检察院	证券登记结算机构（中国结算）	五、证券登记结算机构依法按照业务规则收取并存放于专门清算交收账户内的下列证券，不得冻结、扣划： （一）证券登记结算机构设立的证券集中交收账户、专用清偿账户、专用处置账户内的证券。 （二）证券公司在证券登记结算机构开设的客户证券交收账户、自营证券交收账户和证券处置账户内的证券。 六、证券登记结算机构依法按照业务规则收取并存放于专门清算交收账户内的下列资金，不得冻结、扣划： （一）证券登记结算机构设立的资金集中交收账户、专用清偿账户内的资金； （二）证券登记结算机构依法收取的证券结算风险基金和结算互保金； （三）证券登记结算机构在银行开设的结算备付金专用存款账户和新股发行验资专户内的资金，以及证券登记结算机构为新股发行网下申购配售对象开立的网下申购资金账户内的资金； （四）证券公司在证券登记结算机构开设的客户资金交收账户内的资金； （五）证券公司在证券登记结算机构开设的自营资金交收账户内最低限额自营结算备付金及根据成交结果确定的应付资金。 七、证券登记结算机构依法按照业务规则要求证券公司等结算参与人、投资者或者发行人提供的回购质押券、价差担保物、行权担保物、履约担保物等担保物，在交收完成之前，不得冻结、扣划。 十、证券登记结算机构受理冻结、扣划要求后，应当在受理日对应的交收日交收程序完成后根据交收结果协助冻结、扣划

续表

意见名称	发布时间	发布单位	所涉及的金融市场基础设施	主要内容
《最高人民法院执行局关于法院能否以公司证券登记结算地为财产所在地获得管辖权问题的复函》	2010年	最高人民法院	中国证券登记结算有限责任公司	证券登记结算机构是为证券交易提供集中登记、存管与结算服务的机构,但证券登记结算机构存管的仅是股权凭证,不能将股权凭证所在地视为股权所在地。由于股权与其发行公司具有密切的联系,因此,应当将股权的发行公司住所地认定为该类财产所在地。深圳中院将证券登记结算机构所在地认定为上市公司的财产所在地予以立案执行不当

从前述意见可见,第一,在适用的对象上,只有中国结算作为证券结算机构在证券结算服务过程中才能享有特殊的司法保护规则。比如,《最高人民法院关于冻结、划拨证券或期货交易所证券登记结算机构、证券经营或期货经纪机构清算账户资金等问题的通知》明确"为了维护证券、期货市场的正常交易秩序,现对人民法院在财产保全或执行生效法律文书过程中,冻结、划拨证券或期货交易所、证券登记结算机构、证券经营或期货经纪机构清算账户清算资金等问题,作如下通知";《最高人民法院 最高人民检察院 公安部 中国证监会关于查询、冻结、扣划证券和证券交易结算资金有关问题的通知》中规定"为维护正常的证券交易结算秩序,保护公民、法人和其他组织的合法权益,保障执法机关依法执行公务,根据《中华人民共和国刑事诉讼法》、《中华人民共和国民事诉讼法》、《中华人民共和国证券法》等法律以及司法解释的规定,现就人民法院、人民检察院、公安机关查询、冻结、扣划证券和证券交易结算资金的有关问题通知如下……"这些意见及通知只适用于中国结算,均未将同是金融市场基础设施的中央结算和上海清算所等单位包括在内。第二,现有的意见及通知并不是将所有涉及中国结算的案例全部进行指定管辖,因为《最高人民法院关于中国证券登记结算有限责任公司履行职能相关的诉讼案件指定管辖问题的通知》中只是指定中国证券登记结算有限责任公司及其分支机构所在地的中级人民法院分别管辖"以中国证券登记结算有限责任公司或其分支机构为被告、第三人"的民事和行政案件,并不是所有的与证券交易清算、交收有关的纠纷都归属于指定法院进行管辖,这即意味着如果结算参与人与非结算参与人之间就在金融市场基础设施所提供服务的交收产生纠纷,其他基层法院仍有机会因具备传统诉讼法项下的管辖权而对相关金融市

场基础设施所提供服务的标的进行司法审查或者执行裁定。在我们调研的过程中也已经发现有部分基层法院或基层检察院简单依据传统民法、刑法的原理对于金融市场基础设施所提供服务的标的采取司法措施,有些甚至还影响金融市场基础设施对于其他市场参与者的交收义务,增加了市场交易的不稳定性,由此导致金融市场基础设施内部规则的有效性无法得到充分的司法保障。

三、金融市场基础设施纠纷实施专属管辖或指定管辖的必要性

(一)金融市场基础设施所越来越多样化、专业化的服务需要统一的、可被市场合理预期的审判机制

表3罗列了现有主要金融市场基础设施的服务范围,从中不难看出现有金融市场基础设施所服务的对象越来越呈现多样化、专业化的趋势。在越来越多样化、复杂化的金融交易背景下,看似越来越复杂的金融交易反而需要越来越简单、透明、可预期的交收规则以确保以最低的成本、最小的出错率完成金融交易。所以,从金融制度实施的效率与成本角度考虑,如果能够将所有金融市场基础设施所发生的交易、交收、纠纷统一在一个集中性的法院进行管辖和审理,这就有可能最大限度保证有关涉及金融市场基础设施的纠纷得到统一的判决,有利于市场参与者对于交易结果的预期,从而保证金融市场基础设施依据其规则所提供服务的确定性、稳定性和可执行性。

表3 在沪主要金融市场基础设施的服务范围

设施名称	涉及的服务
中国证券登记结算有限责任公司	(1)为上海、深圳证券交易所及全国中小企业股份转让系统公司全部上市或挂牌的证券提供登记、清算和交收服务;(2)为上海、深圳证券交易所上市的股票期权等金融衍生品提供清算、交收服务;(3)为沪港通等跨境证券交易提供登记、存管、清算、交收服务;(4)为内地发行的开放式基金产品、证券公司资产管理产品及陆港基金互认产品提供登记、清算、交收及托管服务;(5)为中国证券金融公司转融通业务提供登记结算服务;(6)为中国金融期货交易所上市国债期货提供实物交割服务;(7)为非上市公众公司提供集中登记存管服务;(8)为境外上市公司(主要在香港)非境外上市股份提供集中登记存管服务;(9)为债券在证券交易所市场与银行间市场流动提供转托管(转登记)服务
中央国债登记结算有限责任公司	债券发行、登记托管、交易结算、付息兑付、企业债券评估、担保品交割、债券指数、信托登记流转

续表

设施名称	涉及的服务
中国信托登记有限责任公司	(1)集合信托计划发行公示;(2)信托产品及其信托受益权登记,包括:预登记、初始登记、变更登记、终止登记、更正登记等;(3)信托产品发行、交易、转让、结算等服务;(4)信托受益权账户的设立和管理;(5)信托产品及其权益的估值、评价、查询、咨询等相关服务;(6)信托产品权属纠纷的查询和举证;(7)提供其他不需要办理法定权属登记的信托财产的登记服务;(8)国务院银行业监督管理机构批准的其他业务
上海保险交易所股份有限公司	为保险、再保险、保险资产管理及相关产品的交易提供场所、设施和服务,制定并实施相关业务规则,协助委托人选择保险经纪公司、保险公司、再保险公司等保险机构及办理相关手续,代理销售保险及相关产品并代理收取费用,提供保险、再保险、保险资产管理的支付、结算,提供信息安全咨询、信息技术外包服务,提供与保险、再保险市场相关的研究咨询、教育培训及数据信息服务,开展与公司业务相关的投资,法律法规允许的其他业务
上海票据交易所股份有限公司	票据信息登记、票据托管登记、票据质押与保证、票据清算与结算

(二)金融市场基础设施服务对象所呈现的专业性和创新性需要有统一的司法认知和司法保障

如前述,金融市场基础设施的服务是伴随着金融交易产品的存在而被需求,不断创新的金融产品也使金融市场基础设施所提供的服务呈现有别于传统交易方式与交易规则的特点。比如,金融市场基础设施为金融交易市场提供了诸如股票/债券质押回购、买断式回购(在本质上类似于不被传统民法所接受的“让与担保”)、融资融券项下的“客户信用交易担保证券账户”、信托受益权的登记与让与、保单质押的登记(抵押财产的不确定性)等登记、托管、清算和交收服务,这些服务的内容、方式虽然是以金融市场基础设施各自发布的结算规则得以体现,但在现有“下位法需遵从上位法”“合约不能突破法律规定”的执法理念下,对于金融市场基础设施所采取的这些规则或措施需要有正确且统一的司法认知,防止不同的司法部门对于这种形式上呈现的有别于传统民法的规则要求作出不同的判决,出现“同案不同判”的问题。

(三)金融市场基础设施的纠纷往往存在“牵一发而动全身”的传导效应,对法官的审判能力和专业能力有着更高的要求

即便是在已经初步建立社会主义法制体系的背景下,我国经济法律建设在改革开放以来取得了巨大的发展和进步,法学教育经过近40年的建设也培养了大量优秀法律人才。但总体而言,基于对大陆法系民法理论和体系的熟悉和理论继承,我国大

多数的法律制度在法律传承上单方面地参照并延续了大陆法系的民事法律制度,无论是立法机关还是司法审判机关的立法思路或审判思维都带有深深的民法思维的逻辑烙印。不可否认,这种民法思维的传承在我国经济体制改革过程中对于确定“人”(包括自然人和法人)的“私权保护”(无论是人身权还是财产权)具有举足轻重的作用。但在具有中国特色的社会主义市场经济建立和发展过程中,越来越多的国际商业规则和商业惯例被引入中国,这些新型的商事行为和商业活动在行为特征上越来越多地突破传统的民事规则而凸显商事(包括金融)活动特有的行为规律与行动准则。在实践中,如何解决这些商事规则和市场创新过程中所出现的纠纷则存在一种很明显的矛盾:由于目前的法官多深受传统民法理论的熏陶,其在对待商业活动纠纷时多以民法的思维和民法的基本理论来解释商业主体的商业创新活动,而不太保护商业活动过程中商业主体特有的制度设计和制度安排,由此造成商业实践的诉求与法律实践保障之间的沟壑。在多数的商业争议案件中,以民法思维处理案件看似符合诸如“公平”“等价”“有偿”的要求,但却可能在更大程度上损害商业活动的正常流转和商事主体对交易自由设定的需要。因此基于商事法律对于商主体在从事商业活动过程中所应遵守的行为、准则、规范存在其特殊性,由此作为反映此等商事法律运用的商法思维就会呈现有别于以产权的“静态保护”和主体地位“平等保护”为特征的民法思维,因此在对待金融市场基础设施这类纠纷时,我们就需要法官具备法律、金融的基础知识,能够正确认识商事交易和金融交易的木质,区别金融产品与普通商品在交易规则方面的差异性,从而才能正确地审理涉及金融市场基础设施的纠纷案件。

四、余　论

从世界现有的国际金融中心的发展历程来看,一个高效、低成本运转的金融市场必定伴随着运行可靠的金融法制保障体系。以金融市场基础设施法律保护为例,金融市场基础设施涉及大规模、程序化、大金额的金融交易,因此在其演进过程中产生了有别于“一对一”的商事交易或者“一对一”的金融交易的规则体系,越来越呈现“内部规则强制化”“交易结果不可逆”“交易对手优先保护”的商事外观主义理念。身处“判例法系”的英美国际金融中心,前述集中、统一、程序化的服务规则优先于个体交易的理念在不断演进的判例中得以加深和巩固,形成了对这些金融基础设施“功能优先”的倾斜保护,即个体交易的纠纷必须服从于为保护整个金融交易体系效率的内部规则;而对于诸如法兰克福这样身处“成文法系”的金融中心,在“民商分立”的法律体系下,金融基础设施运行过程中的金融规则作为商法项下的特殊保护规则也有别于作为民法的一般交易规则,因此诸如“外观主义”“禁止反言”等商事交易原则都可适用于金融基础设施所提供的交易。但反观我国,我国法律传统深受“民商合一”理念的影响,现有的法律体系遵循民法体系的基本逻辑,强调对个体交易的“公平保护”,强调“意思自治”“等价有偿”,因此民法体系禁止双方当事人在担保过程中事先设定“债务人无法清偿债权时,担保物所有权自动归属债权人”的“流质条款”,也不承认那种以“先卖后买”的交易形式所实现的实质上的“让与担保”。因此,如何在我国既无法像英美判例法系那样创立新例,也无法像德国那样在“民商分立”模式下由商法独立规范商事交易的背景下,在我国现有的民法、刑法法律框架下合理解决金融市场基础设施规则在执行金融交易、提供金融服务的过程中可能遇到的法律纠纷则原本应是上海金融法院设立所需要解决的问题,即通过对此类特殊性案件的集中、统一管辖,通过专业性的审判确立起对于金融商事交易的特殊性审判规则。上海金融法院的成立是上海国际金融中心建设过程中的一个具有标志性意义的战略布局,它的设立传递出了党中央、全国人大对于提升金融法制建设的决心与信心。由此,我们应该更有义务和责任以科学的方法和长远的眼光共同把这样具有前瞻性的战略布局落实到位,真正实现上海金融法院的历史使命。

中国存托凭证主动退市过程中的投资者保护问题研究

——基于境外相关制度比较的视角

蒋学跃*

摘　要：由于离岸红筹架构存在监管套利的特殊问题，因此，当这些公司以中国存托凭证方式实现境内上市时，不宜盲目学习美国经验，给予较多的豁免，反而应该给予更多的监管和约束，特别是在进行主动退市过程中应该作相应的制度安排。具体而言，保护方式上，侧重于证券法的保护；保护机制上，侧重于行政监管和自律监管方面的保护；保护力度上，应该与A股保持一致性，不宜设置过多的豁免性规定；在保护的具体路径上，可以借鉴台湾地区经验，规定发行人的境内经营实体、控制人和执行董事必须承诺回购；在主动退市程序中恢复一股一权表决权机制。

关键词：存托凭证　管辖权　投资者保护

国务院办公厅在2018年3月30日转发证监会《关于开展创新企业境内发行股票或存托凭证试点的若干意见》(以下简称《若干意见》)，证监会于2018年6月6日和8日分别发布《存托凭证发行与交易管理办法(试行)》《试点创新企业境内发行股票或存托凭证并上市监管工作实施办法》(以下简称《监管工作实施办法)》，深圳证券交易所于2018年6月15日颁布了《试点创新企业股票或存托凭证上市交易实施办法》(以下简称《上市交易实施办法》)。至此，我国存托凭证(以下简称CDR)的发行交易与监管制度已经基本建立完毕，但《若干意见》中要求："发行存托凭证的，应确保存托凭证持有人实际享有权益与境外基础股票持有人权益相当，由存托人代表

---

*　法学博士，深圳证券交易所法律部副主任研究员。

本文仅代表个人观点，与所在单位无关。

境内投资者对境外基础股票发行人行使权利。投资者合法权益受到损害时,试点企业应确保境内投资者获得与境外投资者相当的赔偿”,对CDR的投资者保护提出了较高要求,也成为未来工作的重点。

由于投资者保护涉及诸多方面,相对于欺诈发行和虚假陈述等方面,主动退市目前讨论得较少,为此,我们以主动退市为线索,以境外相关制度的比较视角,对此问题做初步研究。此外,由于未来相当长的一段时间内,在境内发行中国存托凭证的主体主要是已经在境外上市且注册地在境外(下文主要以开曼为主要研究对象),但主要运营实体在境内的公司(以下简称红筹公司),因此,我们以此类公司为讨论对象。

一、几个前提性问题

(一)四类投资者类别

本文涉及四种类型投资者:注册在开曼群岛的红筹公司在美国发行存托凭证的持有人(以下简称ADR持有人);在我国台湾地区发行的存托凭证持有人(以下简称TDR);在我国香港地区发行的存托凭证的持有人(以下简称HDR持有人);注册在开曼群岛的红筹公司在中国境内发行存托凭证的持有人(以下简称CDR持有人)。

(二)法律(规则)适用

1. 证券法适用发行与交易地法律

根据国际私法的一般原理,证券法采取行为标准,即证券的发行与交易适用发行地与交易地的法律。以ADR为例,根据美国1933年《证券法》第2条规定,属于证券的范围。因此,ADR的发行和交易适用1933年《证券法》和1934年《证券交易法》以及美国证券交易委员会(The Securities and Exchange Commission,SEC)根据《证券交易法》授权颁布的相关规章和规则。美国《证券交易法》对外国私人发行人(foreign Private issuer)规定了部分豁免。这些豁免是通过两种方式实现的:一是《证券交易法》明文规定,如《证券交易法》第10C(a)1条规定,外国私人发行人如果每年向股东披露其未设立独立薪酬委员会原因,就可以不遵守设立独立薪酬委员会的要求;二是《证券交易法》授权SEC通过制定规则的形式作出豁免,如《证券交易法》第3(a)12条规定,SEC可以制定相关规则对豁免作出规定,因此,SEC制定了3(a)12-3规则,豁免外国私人发行人遵守《证券交易法》关于报送季报、征集投票权和短线交易的相关规定。

具体而言,ADR 的发行人可以享受如下豁免:一是无须披露季报 10 – Q 文件;二是无须遵守《证券交易法》第 14(a)条有关征集投票权的信息披露要求;三是无须遵守《证券交易法》第 16(a)条关于短线交易及其收益上缴的规定。阿里在报送给 SEC 的招股说明书也对此作了披露:“我们的高管、董事和大股东无须遵守证券交易第十六章有关短线交易报告和上缴收益的规定。《证券交易法》对我们披露定期报告的要求,相较于美国公司,在频率和时效性上都较为宽松。”①

而对于 CDR,根据证监会发布的《存托凭证发行与交易管理办法(试行)》第 2 条规定:“存托凭证的发行和交易,适用《证券法》《若干意见》、本办法以及中国证监会的其他规定。”从具体规定内容来看,除了表决权差异化安排以外,其他部分基本上保持与 A 股一致。

2. 公司法采取属人原则

根据国际私法的一般原理,涉及公司法的相关问题通常适用公司注册地的法律,如我国《涉外民事关系法律适用法》第 14 条规定:“法人及其分支机构的民事权利能力、民事行为能力、组织机构、股东权利义务等事项,适用登记地法律。”因此,如果存托凭证持有人对注册在开曼群岛的公司(发行人)提起诉讼,则必须适用开曼群岛《公司法》。

3. 证券交易所的自律监管适用上市的交易所相关规则,但交易所可以对境外发行人做出豁免

证券交易所可以通过自律规则对发行人的信息披露和公司治理作出要求,以保护投资者的利益,但交易所也会对部分发行人如外国私人发行人作出豁免性规定。以下我们仅用阿里上市的交易所——纽交所相关规则为例,对相关问题进行分析。

纽交所对外国私人发行人豁免遵守纽交所规则是通过两种方式作出规定的:一是明确外国私人发行人必须遵守的部分,其他部分可以豁免遵守,如《上市公司手册》303A 规定,外国发行人只需遵守《上市公司手册》中“公司责任”中的 303A. 06、303A. 11、303A. 12(b)和(c)的四个规定;二是明确外国发行人豁免遵守相关要求,如《上市公司手册》第 313 条规定,外国私人发行人无须遵守双重股权架构的相关要求。② 具体而言,外国公司可以豁免遵守以下规定:(1)定期召开由非执行董事出席

① 参见阿里报送给 SEC 的 F – 1 报告文件,载美国证监会网站:http://www. sec. gov/Archives/edgar/data/1577552/000119312514184994/d709111df1. htm,最后访问日期:2018 年 9 月 1 日。

② 参见纽交所《上市公司手册》相关规定,载纽交所网站:http://wallstreet. cch. com/LCMTools/PlatformViewer. asp? selectednode = chp% 5F1% 5F9&manual = % 2Flcm% 2Fsections% 2Flcm% 2Dsections% 2F,最后访问日期:2018 年 9 月 1 日。

的董事会会议;(2)董事会的多数必须是独立董事;(3)设立完全由独立董事组成的公司治理委员会和薪酬委员会;(4)设立完全由独立董事构成的薪酬委员会;(5)设立完全由独立董事组成的审计委员会;(6)对高管的股权激励方案必须由股东批准;(7)制定《公司治理指引》和《商业行为与道德准则》;(8)上市公司的 CEO 每年都必须向交易所确保他不知道上市公司违反了纽交所公司治理上市标准的规定;(9)双重股权架构的相关要求,纽交所允许外国私人发行人采取任何表决权架构的公司上市,只要是其满足注册地国法律的要求或没有禁止。

外国发行人必须遵守:(1)召开年度股东大会会议,根据纽交所《上市公司手册》第 302 条规定,在纽交所上市的所有公司必须在每个会计年度内召开一次年度股东大会会议。(2)设立审计委员会,但无独立董事人数的要求。(3)应当披露其所遵循的注册地法律在公司治理方面与纽交所规定之间的差异,但纽交所在注释中特别强调,上市公司不需要逐条对比二者差异,也无须得出孰优孰劣的结论性意见,因为美国投资者自然会意识到上述实质性的差异。(4)上市公司的 CEO 应当在有公司高管察觉到公司违反纽交所公司治理相关要求时,及时书面通知纽交所。(5)上市公司应当每年向纽交所提交公司治理年度合规承诺函(an executed Written Affirmation),并按照纽交所的要求提交临时合规承诺函(an interim Written Affirmation)。年度合规承诺函需要披露三个方面的内容:①审计委员会设立情况;②根据纽交所《上市公司手册》第 11 条要求的公司治理差异对比;③审计委员会成员的信息,包括成员的简历及是否持有公司股票等情况。临时合规承诺函的要求是,当发行人涉及审计委员会成员独立性变化、成员增减、豁免范围变化等情况,必须向纽交所报送遵守 SEC10A－3 规则相关规定的情况,如果涉及审计委员会成员独立性丧失的,必须报送该成员的姓名;如果是新增成员,则必须披露其简历、持有的股份、与公司之间存在咨询业务关系、是否是公司的关联人或者子公司的关联人。(6)纽交所的《上市公司手册》第 304 条对分类董事会(Classified Boards of Directors)作出三项要求:①分类董事会中的类别不能超过三种;②不同类别的董事会人数要相同;③每一类董事任期不能超过三年,否则纽交所将拒绝其上市申请。(7)股份回购的要求。为了确保公司在股份回购中,特别是私有化退市过程中保护公平保护投资者利益,纽交所在上市协议中就与发行人约定,发行人不能随意选择回购特定的证券,而是面向所有投资者全部或按比例回购。(8)外国公司必须遵守股东批准的规则。《上市公司手册》第 312 条规定,无论其注册地法律如何规定,在纽交所上市的公司,在涉及下列事项时,必须召开股东会议,由参会的股东作出批准:①董事和高管的股权激励事项;②向董事、高管及其关联人发行股份;③对外发行超过现有股份总额20%的;④发行股份可能会导致发行人的控制权发生变动的。(9)双重股权架构的相关要求。纽交所《上市公司手册》第313条规定,纽交所允许上市公司采用双重股权架构,包括超级表决权、无表决权股和优先股等制度。对于无表决权股的上市交易,上市公司必须确保无表决股股东的其他合法权益,如无表决权股东虽然没有表决权,但是必须确保其能够收到表决权股东在表决权征集过程中获得实质性资料与信息;优先股股东在发行人逾期支付一年半的股息时,有权选任两名董事成员。如果上市公司存在一股多权的超级表决权股票,则公司可以继续发行,但不能新发行超级投票权的股份。此外,纽交所还规定,如果公司拟采用双重股权架构或类似效果的其他做法,最好与纽交所事先沟通。(10)关联交易的审查要求。《上市公司手册》第314条要求上市公司所有的关联交易必须经过上市公司内部的适当机构进行审查和评估,纽交所建议审计委员会或承担类似职能的机构从事上述工作。

阿里在其招股书中披露:"基于阿里的外国私人发行人身份,阿里可不适用部分纽交所有关美国公司治理的要求,未必能充分保护ADR持有人以及公司基础证券持有人的权益。不遵守由独立董事占多数的审计委员会的要求。"①

相对ADR而言,CDR获得豁免较少。根据深圳证券交易所发布的《上市交易实施办法》的规定,CDR的信息披露和上市交易基本上与A股保持一致。

(三)管辖权

1. 证券法司法管辖权

以ADR为例,美国《证券交易法》第27(a)条规定,美国联邦法院对违反本法或者其项下规则和条例的行为以及为执行本法或者其项下的规则和条例创设的任何责任或者义务提起的一切衡平法诉讼和普通法诉讼应当享有专属管辖权,由此确立美国联邦法院对证券案件的管辖权。此外,美国联邦法院通过判例确定了行为标准和效果标准,前者是指只有相关行为发生在美国境内,美国法院就拥有管辖权;后者是指即使行为发生在美国境外,但行为影响到了美国境内,如美国投资者购买了外国发行人欺诈发行的证券,美国法院也拥有管辖权。② 因此,如果ADR的发行人是违反了

① 参见阿里报送给SEC的F-1报告文件,载美国证监会网站:http://www.sec.gov/Archives/edgar/data/1577552/000119312514184994/d709111df1.htm,最后访问日期:2018年9月1日。

② 参见彭岳:《美国证券法域外管辖的最新发展及其启示》,载《现代法学》2011年第6期。

证券法上的信息披露义务,投资者有权在美国联邦法院起诉发行人承担民事责任,美国司法部也有权追究其刑事责任。2003 年 12 月,中国人寿在美国纽交所以 ADR 发行上市,2004 年 1 月 30 日,中国国家审计署公布的 2003 年年度审计报告披露,中国人寿的前身中国人寿保险公司存在重大违法违规行为,各类涉嫌违规资金约 54 亿元人民币。2004 年 3 月,美国投资者在纽约南区联邦地方法院提起集团诉讼,称中国人寿及其高管在中国人寿上市时隐瞒了违规行为,违反《证券交易法》构成欺诈,但 2008 年 9 月美国纽约南区联邦法院地方法院作出简易判决,认定在香港联交所购买中国人寿股票的外国投资者不具有管辖权,对于在美国纽交所购买中国人寿股票的美国投资者,虽然具有管辖权,但是没有发现原告诉称的因果关系以及被告的虚假陈述事实,因此判决驳回诉讼。①

相对而言,我国涉外证券诉讼属于新兴事物,《民事诉讼法》仅第 265 条规定了"因合同纠纷或者其他财产权益纠纷",并没有确定是"涉外证券纠纷",而现有《证券法》对此也缺乏明确规定,这将导致未来证券民事诉讼管辖权的困难,如究竟采取行为标准还是效果标准都值得进一步探讨。② 但是如果具体到发行人因为退市违反了我国《证券法》的相关规定,CDR 的持有人在境内法院对发行人提起民事诉讼是不存在疑问的,唯一问题就是未来判决执行的问题。

2. 公司法司法管辖权

一般而言,如果投资者依据公司法起诉发行人的话,这属于"对人诉讼"的管辖标准(In Personam Jurisdiction),根据国际私法的一般原理,发行人注册地的法院是具有管辖权的,但发行人注册地以外的法院有时也会依据特定标准确立管辖权,如美国加州的《民事诉讼程序法》规定:"本州法院可以在符合美国和州宪法的基础上行使管辖权",司法实践中一般要求被告在该州有住所、在该州有连续的及实质性的商业行为、同意在该州诉讼、诉讼请求源于与该州的最低联系等要求。③ 所以,2014 年分众传媒(注册地在开曼群岛)的 ADR 持有人在加州法院对发行人的私有化方案提起了民事诉讼,法院也受理了。

相对而言,我国《民事诉讼法》第 265 条没有明确我国法院是否可以对境内投资

---

① 参见郭雳:《美国证券域外纠纷诉权新解》,载《证券市场导报》2011 年第 11 期。

② 李婷:《美国涉外证券民事诉讼管辖权制度研究》,载曾令良主编:《武大国际法评论》(第 14 卷,第 2 期),武汉大学出版社 2011 年版,第 71 页。

③ 王学棉:《美国民事诉讼管辖权探究——兼论对 Personal Jurisdiction 的翻译》,载《比较法研究》2012 年第 5 期。

者依据《公司法》起诉发行人的民事诉讼行使管辖权，但依据第265条关于对人诉讼的规定“诉讼标的物在中华人民共和国领域内，或者被告在中华人民共和国领域内有可供扣押的财产，或者设有代表机构，可以由标的物所在地、可供扣押所在地、侵权行为地或代表机构所在地人民法院管辖”，我国法院对退市过程中损害投资者利益的民事诉讼案件拥有管辖权。

3. 证券行政管辖权

行政管辖是指证券监管机构对证券发行与交易的行政监管管辖权。根据国际法的一般原理，行政管辖通常实行属地管辖，如果要跨境执法，必须获得有权机关的同意，否则将侵害到该国主权。[①] 因此，SEC可以对ADR的发行和交易进行行政监管，并采取相关行政处罚，如罚款、吐出非法获利以及向法院寻求禁令等。2014年12月，SEC也针对中国人寿的首次公开发行进行调查，于2006年6月终止调查，做出不采取行动的声明。

相比较而言，中国证监会也有权对CDR的发行人进行行政监管，同时由于红筹公司的主要经营实体及董监高在境内，因此对跨境执法的需求并不迫切。

(四)不同的退市方式

基于不同的证券市场的监管差异，境内外主动退市的方式存在较大的差异。以美国为例，主要是直接合并退市和要约收购退市，前者通常是大股东吸收合并目标公司，或者是大股东设立的新公司吸收合并目标公司；后者是收购方（通常大股东）向全体股东发出全面要约收购，借此获得发行人90%的股份，再做无须召开股东大会的合并决议。[②]

我国境内的主动退市则有更多不同方式，如深圳证券交易所《上市规则》第14.3.1条规定了7种主动退市的方式，但主要可以归纳为发行人直接主动退市、发行人因合并退市、发行人回购或第三人收购退市等三种主要方式。2015年，沪市上市公司＊ST二重先后采取大股东要约收购和直接主动退市两种方式，第一次因要约收购条件未满足而失败，第二次通过股东大会决议直接退市最终实现了我国A股市场上的第一个主动退市的案例。

(五)四种保护措施

在主动退市过程中，投资者可以分别获得来自证券交易所自律监管的保护、证券

---

① [英]蒂莫西·希利尔：《国际公法原理》，曲波译，中国人民大学出版社2006年版，第119页。

② 参见郭雳：《上市公司私有化交易的审查标准与利益平衡》，载黄红元、徐明主编：《证券法苑》（第12卷），法律出版社2014年版，第89页。

监管机构的行政监管保护、公司法上基于股东权利的保护(公司治理范畴)、依据制定法上民事诉讼权利的保护(以下简称民事责任机制)。

1. 证券交易所的自律监管保护主要是指交易所通过制定相关业务规则对主动退市的公司治理做出相关要求,如涉及管理层主导的主动退市,此时涉及关联交易,根据纽交所的规则,此时需要遵守《上市公司手册》第314条“上市公司内部的适当机构应当对关联交易进行审查和评估”。通常而言,如果上市公司违反交易所的规则,交易所可以对上市公司进行停牌、退市和公开谴责等纪律处分,但投资者无法对此提起民事诉讼。

2. 证券监管机构的行政监管保护是指监管机构对违反证券法的相关违规行为给予行政处罚,如SEC可以对违反证券法的当事人给予没收违法所得、罚款以及向法院申请禁止令,以实现对投资者的保护。

3. 公司法上的保护是指《公司法》赋予了股东的相关权利,如主动退市中股东可以享有表决权反对退市,以保护自己的相关权益。

4. 民事责任保护是指股东根据法律的规定对违规当事人提起民事诉讼的权利,以保护自己的合法权益。民事诉讼权利的依据主要有两个来源:一是证券法上的相关规定,如美国《证券交易法》就赋予了股东对于信息披露存在欺诈和误导的当事人提起民事赔偿的权利;二是公司法上的相关规定,如美国《特拉华州公司法》赋予了股东对退市中受到的损害可以控股股东或董事违反信托责任为由对其提起民事诉讼,也允许股东对合并的对价过低而请求法院提高收购价提起诉讼。

二、ADR退市中的投资者保护

(一)直接退市

1. 公司法保护。因为ADR的基础证券发行人的注册地是开曼群岛,根据开曼群岛《公司法》规定,只有在发行股份、合并等有限的几种情形,发行人才需要召开股东大会,如果仅仅是ADR发行人主动退市,ADR持有人无法获得公司法上的保护。

2. 证券交易所的保护。纽交所对于上市公司主动退市条件的规定存在变化。在2003年之前,纽交所的《规则》(Rules)第500条规定,主动退市必须经过出席股东大会的非关联股东持股2/3以上通过,且反对股东的表决权不能超过10%。但在2003年,纽交所废除了上述规定,转而适用《上市公司手册》第806.02条规定:(1)向交易所提交董事会主动退市的决议复印件，并且该复印件必须由发行人秘书（the secretary of the issuer）鉴证；（2）遵守SEC根据《证券交易法》第12d条授权制定12d2－2（c）规则。总体上而言，证券交易所对于主动退市的要求是非常简单的，主要依赖于SEC的保护。

3. SEC的保护。由于美国州法及其判例对上市公司的董事及控股股东规定了退市中对中小股东的信义义务，即中小股东可以退市方案损害了其权利而对上市公司及其董事、控股股东提起民事赔偿诉讼。因此，SEC对退市中的投资者保护只是补充性的，主要建立在信息披露方面。[①]《证券交易法》第12d条规定，发行人可以根据SEC关于保护投资者的规定撤回或取消上市，并授权SEC制定具体规则。SEC根据这一授权制定了12d2－2（d）规则。

SEC在12d2－2（d）规则中规定，发行人申请主动退市的，应当提前10日向SEC提出申请，SEC将申请退市的报告在《联邦公报》中公布，任何利害关系人有权对此提出异议，SEC有权就此异议举行听证。在历史上，SEC仅在1944年对一家主动退市的发行人施加了必须召开股东大会进行表决的要求，其他情况下仅以发行人的信息披露存在遗漏要求补充而将申请退市的时间往后推迟。[②]

4. 民事责任。投资者可以依据证券法上主动退市中存在信息披露违规向发行人及其董事提起民事赔偿诉讼。根据美国理论界的认识，如果发行人在报送SEC的主动退市信息披露中存在欺诈或重大遗漏，投资者可以向联邦法院提起民事赔偿诉讼。但到目前为止，美国还没有出现类似案例，主要原因是实践中采用这种直接主动退市的案例很少发生，因为直接退市只是不在交易所上市交易了，但根据美国证券监管的要求，如果股东人数超过一定数量如500人，仍然必须履行“报告公司”的信息披露义务，因此实践中很少采用这种直接主动退市方式。

（二）发行人（及其控股股东）回购股份的退市

1. 公司法上的保护。根据开曼群岛《公司法》第37条规定，公司董事会可以在章程的授权下决定自由赎回股份，而在开曼群岛注册的公司通常都在章程中作了类似授权，因此上市公司回购无须召开股东大会。同样，如果是上市公司的控股股东收购其他股东的股份，开曼群岛《公司法》也没有在程序上作特别的要求。

---

① ［美］托马斯·李·哈森：《证券法》，张学安等译，中国政法大学出版社2003年版，第543页。事实上，SEC在1975年颁布的13e－2规则中曾经要求发行人在主动退市过程中，不仅需要履行信息披露义务，还对发行人退市的实质公平性做出了要求，但在1979年颁布的13e－3规则中删除了这一要求，认为这构成了过度干涉。

② ［美］路易斯·罗思、乔尔·塞里格曼：《美国证券监管法基础》，张路等译，法律出版社2008年版，第380页。

2. 交易所的保护。纽交所对于上市公司(及其控股股东)回购自己的股份无特别要求。

3. SEC 的保护。理论上,发行人为了退市进行股份回购可以采取二级市场上回购和向所有股东发出回购的要约收购的两种方式。第一种方式实践中用得比较少,因为耗时较长,中概股的聚美优品在 2014 年就曾经使用这种方式。第一种方式主要存在的问题就是可能涉及内幕交易,SEC 对此颁布了两个规则以杜绝出现内幕交易。

第一个规则是 10b-18 规则,规定如果发行人满足四个条件,即可随机选择回购股票的时间:(1)方式上:通过一个人或经纪商;(2)时间上:不在开市时或闭市的敏感期内;(3)成交量:不超过前四周日均成交量的 25%,其中董事、高管和大股东等关联人士需要合并计算成交量;(4)价格上:不超过交易时最高的独立竞价或最新的独立成交价。发行人根据这一规则回购,可以豁免操纵市场的指控,但是如果回购中掌握着不为公众知悉的信息,仍然需要承担内幕交易的指控。第二个规则是 SEC 的 10b5-1 规则,规定如果发行人按照与经纪商回购协商好的计划进行回购,则无须承担内幕交易的责任。这种事先约定的回购计划的内容主要包括交易时间、数量、价格,回购计划完全交给经纪商完成,发行人失去了对回购的控制权。① 如果发行人没有按照上述两个规则进行回购,可能会触发内幕交易,SEC 将依据《内幕交易制裁法》对其处以没收违法所得以及三倍的罚款。

第二种回购方式主要涉及回购的公平性问题,SEC 主要侧重于信息披露的监管,SEC 在 13e-3 规则中对发行人要约收购自己的股份的信息披露做了要求,发行人必须向 SEC 报送 13E-3 表格,主要包括:(1)发行人的身份;(2)对交易重大条件的描述;(3)发行人及其附属公司有关交易后的计划;(4)资金来源或对价的来源;(5)交易的目的及考虑过的代替该交易的其他途径;(6)对发行人、附属公司、非关联股东的利弊的详细分析,包括对税收后果的讨论;(7)管理层是否可以合理地期望交易的公平性及其依据;(8)发行人证券的所有合同,谅解和协议的详细描述;(9)内部人员对当前交易的意图及建议;(10)股东法定公平回购权(请求公司用合理价格现金收购自己股票的权利)可利用性和概述②;(11)交易结构是否符合正当程序;(12)退市交易是否经过由代表小股东利益的非关联代表进行了谈判。③ 特别值得指出的是,发行

---

① 张巍:《资本的规则》,中国法制出版社 2017 年版,第 190 页。

② [美]托马斯·李·哈森:《证券法》,张学安等译,中国政法大学出版社 2003 年版,第 543 页。

③ 参见 SEC13e-3 规则第 8c 和 8d。

人必须详细合理地探讨上述看法基于的重要因素，并且不允许用含糊其辞的说法，如“发行人没有足够的信息对交易的公平性形成看法”。[①] 有学者认为 SEC13e－3 规则的起草策略非常聪明，它使那些通过退市而获利的内部人处于一种两难境地。如果它们没有真实披露，投资者可以对信息披露提起诉讼。如果它们真实披露，则投资者可以依据这些披露的细节在州法院提起违反信托责任的民事诉讼。[②]

4. 民事责任。如果在回购中涉嫌内幕交易，投资者可以在美国联邦法院依据《证券交易法》10b 和 SEC10b－5 规则起诉回购人，要求承担欺诈性交易的民事责任。

此外，如果发行人向 SEC 提交的 13E－3 表格中的信息披露存在重大遗漏或欺诈，ADR 的投资者可以对此提起民事诉讼。[③]

实践中，在美国各主要证券交易所上市 ADR 的退市很少采用由上市公司回购股份的方式，因为一是需要上市公司巨大的现金储备，二是即使有现金储备进行回购，也不一定能够实现所有的公众股东愿意向上市公司出售股票的情形，可能无法彻底实现退市。实践中更常见的是控股股东联合私募股权基金通过要约收购方式实现退市，但此时控股股东和私募股权基金受到的监管与发行人进行退市是一样的。

（三）将上市公司吸收合并而退市

1. 公司法的保护。根据开曼群岛《公司法》，将公司吸收合并需要召开股东大会，并且出席股东大会 2/3 以上表决权通过。

2. 交易所的保护。如果是大股东发出的合并，此时被视为是关联交易，但纽交所对关联交易仅做原则规定，其《上市公司手册》第 314 条规定，所有的关联交易必须经过上市公司内部的适当机构进行审查和评估，纽交所建议审计委员会或承担类似职能的机构从事上述工作。

3. SEC 的保护。如果是注册在美国境内的公司进行合并，必须由股东大会表决。SEC 要求在上市公司召开股东大会时必须根据《证券交易法》第 14（a）条的要求，报送委托投票公告，即 14A 表格。如果报送信息有遗漏或不实，SEC 将给予行政处罚，如罚款或请求法院发出禁止令。但是，如前文所述由于 ADR 的发行人是外国发行人，可以豁免这一要求，因此，ADR 的投资者无法获得 SEC 的相关保护。

4. 民事责任。如果发行人是美国境内公司，根据美国各州公司法及其相关判例，

---

① ［美］罗伯特·C. 克拉克：《公司法则》，胡平等译，工商出版社 1999 年版，第 426 页。

② 同上。

③ 在 1987 年的 Howing 公司诉 Nationwide 公司案件中，美国联邦第六巡回法院判决支持原告对被告回购对价公平性未做充分的披露主张民事赔偿的请求。

股东的保护分为三个部分:一是如果目标公司的股东认为并购的价格不合理,可以在注册公司的州法院提起诉讼,要求控股股东或董事会承担责任。[①] 通常只有被告能够证明以下三点才有可能免于承担民事责任:其一在并购过程中没有进行欺诈;其二是在成立了真正独立的特别委员会,是否独立由被告举证证明;其三是得到了非控股股东的多数股东批准。[②]

二是在并购中投反对票的股东可以请求法院确定一个公平的回购价格。2013 年戴尔电脑私有化过程中,在并购中投反对票的股东就向特拉华衡平法院提起诉讼,要求法院为其确定一个公平的回购价格。特拉华法院最终在 2016 年作出裁决,认为戴尔公司的股票的公平价值应为 17.62 美元,而不是私有化交易价格的 13.75 美元。

三是投资者也可以根据上市公司在 14A 表格中的虚假陈述在联邦法院提起民事赔偿诉讼。

但是,由于 ADR 的发行人是外国发行人,因此,ADR 的投资者无法获得上述保护,只能在开曼群岛法院寻求以下两种保护:(1)如果上市公司的董事会没有谨慎评估并购方案,受到损害的 ADR 投资者在将 ADR 转换为股票后,可以在开曼群岛法院对董事会提起损害赔偿诉讼,但至今还没有出现类似案例。[③] (2)在并购的股东大会投反对票的股东,可以向开曼群岛法院提起请求确定其股票的“公正价格”的诉讼。2014 年 8 月,开曼群岛法院在 Integra Group 案中对开曼群岛公司的股东判决了首例案件,但还没有出现 ADR 投资者提起类似诉讼。[④]

三、TDR 主动退市中的投资者保护问题

我国台湾地区针对 TDR 的特殊性,制定了 TDR 投资者保护的相关规定,但由于台湾地区没有集团诉讼制度,因此,民事诉讼机制并不是有效的保护机制,故忽略,以下仅讨论公司法、交易所和行政监管三个方面的保护。

---

① 参见李文莉:《上市公司私有化的监管逻辑与路径选择》,载《中国法学》2016 年第 1 期。

② 颜炳杰:《美国上市公司私有化相关法律问题》,载《北大法律评论》编辑委员会编:《北大法律评论》(第 9 卷),北京大学出版社 2008 年版,第 203 页。

③ 2013 年 2 月,中概股分众传媒的 CDR 持有人在美国加利福尼亚州法院对分众传媒的退市方案(私有化)提起诉讼,提出了两项诉讼请求:其一是告董事会违反《证券交易法》第 14(a)条关于征集投票权的公告中存在虚假陈述;其二是依据开曼群岛《公司法》第 92 条 e 款,请求法院解散分众传媒。此案最终双方达成和解。参见张巍:《资本的规则》,中国法制出版社 2017 年版,第 208 页。

④ 参见张巍:《资本的规则》,中国法制出版社 2017 年版,第 207 页。

（一）直接退市

1. 公司法的保护。适用发行人注册地的法律，因此，如果 TDR 的发行人是开曼群岛的话，与 ADR 投资者一样，没有特别保护。

2. 交易所的保护。台交所《股份公司经营细则》第 50－3 条规定，“外国发行人”主动将 TDR 退市的，必须满足两个条件：一是应经董事会或股东会决议通过，且表示同意之董事或股东，其持股需达已发行股份总数 2/3 以上；二是必须有回购的承诺保护，至少应由外国发行人及其独立董事以外之全体董事承诺无限制收购其余在外流通存托凭证。

3. 金监会的保护。我国台湾地区“金融监督管理委员会”（以下简称“金监会”）没有对主动退市作出规定。

（二）第三方要约收购退市

1. 公司法的保护。适用发行人注册地法律，开曼群岛《公司法》对此没有相关规定。

2. 交易所的保护。台交所无相关规定。

3. “金监会”的保护。“金监会”颁布的“公开收购公开发行公司有价证券管理办法”第 14 条规定，如第三方向发行人发出公开要约收购的，被收购公司的董事会应就本次公开收购人身份与财务状况、收购条件公平性，及收购资金来源合理性之查证情形，对其公司股东提供建议，并应载明董事同意或反对之明确意见及其所持理由。

（三）发行人回购股份退市

1. 公司法的保护。开曼群岛《公司法》规定，公司章程可以授权董事会作出回购股份的决议，无须召开股东大会审议。

2. 交易所的保护。另外，根据台交所《第二上市买回台湾存托凭证办法》第 2 条规定，如果发行人回购股份的，必须经过 2/3 以上董事出席，且全体董事的 1/2 以上通过。

3. “金监会”的保护。根据我国台湾地区“证券交易法”第 28－2 条规定，上市公司回购股份，必须经董事会 2/3 以上董事出席及出席董事超过 1/2 同意。根据“金监会”的“公开收购公开发行公司有价证券管理办法”第 10 条规定，上市公司必须向“金监会”报送两份文件：一是董事会决议买回股份的会议记录；二是董事会出具已考虑公司财务状况，不影响公司资本维持之声明书；三是董事会决议前最近期依规定公开经会计师查核或核阅之财务报告；四是会计师或证券承销商对买回股份价格之合理性评估意见。

综上所述,发行人回购股份只需召开董事会会议并作相关信息披露即可,无须召开股东大会审议。如果TDR发行人违反上述规定,"金监会"可以给予行政处罚。

四、HDR投资者在主动退市中的保护

我国香港特区没有集团诉讼以及律师费用风险分担机制,因此,民事诉讼并不是有效的投资者保护机制,故忽略,仅讨论公司法、交易所和行政监管三个方面的保护。此外,根据联交所《主板上市规则》的规定,香港特区的退市途径主要是通过协议安排的直接主动退市和要约收购两种。此外,香港特区对于HDR的监管主要区分双重主要上市、双重第二上市和仅在联交所上市三种情形,适用不同的规定。以阿里为例,如果它在香港特区以HDR上市,将属于双重第二上市。

(一)协议安排的主动退市

通过协议安排私有化,指控股股东通过发行人向公众股东提出支付对价以交换其股份的协议安排,然后在法院的监督下召开股东大会(习惯称作法院会)对此进行表决,表决程序必须依据发行人注册地的《公司法》,如协议获得通过,协议对所有股东均具约束力,小股东所持有的股份将被注销,控权股东将因此持有该公司100%的股权。

1.公司法保护。理论上而言,退市不涉及《公司法》适用的问题,但是如果交易所要求根据注册地《公司法》的规定对股东进行保护,则此时公司法仍然具有价值。由于这种协议安排的退市方案属于开曼群岛《公司法》规定的重组情形,因此需要按照开曼群岛《公司法》第86(2)条的规定,此时必须经过出席股东过半数股东同意(俗称"数人头"),还需按表决权超过75%的股东同意。

2.交易所的保护。

(1)双重上市且在联交所主要上市

香港联交所《主板上市规则》第6.11条规定,如果发行人在联交所认可的证券交易所上市①,同时又在联交所主要上市②,则发行人主动退市必须满足两个条件:一是必须召开股东大会对退市进行表决,但此时遵守普通决议程序;二是必须自召开股东

① 港交所在判断一个交易所是否属于认可的交易所主要依据是,该市场是否是允许香港投资者随时买卖的市场。

② 根据《主板上市规则》第19C.13条规定,发行人在最近会计年度的上市股份的全球成交量总金额55%在港交所的,则将港交所视为主要上市地。

大会前的三个月前向股东发出退市的通知。

(2)双重上市但在联交所第二上市

双重上市的上市公司中除了主要上市以外都属于第二上市。根据《主板上市规则》第6.16条规定,如果是在港交所第二上市的发行人申请主动退市,则必须满足以下两个条件:一是遵守主要上市地及发行人公司注册地的相关规定,二是提前三个月通知股东。

(3)仅在联交所上市

如果仅在香港市场上市的发行人申请主动退市,则必须满足以下四个条件:一是必须召开股东大会进行审议;二是在股东大会的表决过程中,控股股东及其关联人不得投赞成票,如果没有控股股东,则董事(不包括独立非执行董事)和最高行政长官及其关联人不得投赞成票;三是赞成票必须占出席股东大会的75%以上票数,反对票不能高于出席股东大会的10%票数(如果上述不得投赞成票的人士投了反对票,则反对票纳入出席股东大会的票数;如果是投了赞成票,则不再纳入出席股东大会的票数);四是对股东或种类证券持有人给予现金回购或其他合理安排以代替他们持有的上市证券。

具体而言,如果是阿里在联交所的HDR通过协议安排退市,则属于第二上市的退市,则必须按照开曼群岛《公司法》第86(2)条的规定,必须经过出席股东过半数股东同意(俗称"数人头"),还需按价值计超过75%的股东同意。这种要求比单纯在香港单一上市的退市条件还要高,因为"数人头"规则实质上已经突破了同股同权的原则。①

3. 证监会的保护。香港证监会没有对协议退市作出要求。

(二)要约收购退市

1. 公司法的保护。适用开曼群岛《公司法》的规定,第三方收购无相关要求。

2. 交易所的保护。无相关要求。

3. 证监会的保护。香港证监会颁布的《公司收购及合并守则》主要涉及要约收购中的董事会的义务和股东大会表决的要求。首先,《公司收购及合并守则》第2.1条规定,目标公司的董事会必须在收到要约收购后,有四项义务:一是设立由独立董事组成的独立委员会;二是独立委员会对要约并对该项要约是否公平和合理,及是否接纳该项要约或如何表决,提出建议;三是董事局必须在合理切实可行的范围内尽快聘

① 郭雳:《上市公司私有化交易的审查标准与利益平衡》,载黄红元、徐明主编:《证券法苑》(第12卷),法律出版社2014年版,第89页。

请称职的独立财务顾问,就该项要约尤其是就该项要约是否公平及合理,以及就是否接纳该项要约或如何表决,向独立委员会提供书面意见,任何独立财务顾问在获得委任前,其委任必先得到独立委员会的核准;四是独立财务顾问的书面意见,包括有关理由,须连同独立委员会就该项要约而作出的建议,一并纳入受要约公司董事局的通告内,公开予股东知悉。

其次,在因为要约收购导致退市而召开的股东大会方面,《公司收购及合并守则》第2.2条规定了三项要求:一是要约人或任何与该要约人一致行动的人士,均不得在此次股东大会上投票;二是在适当地召开的无利害关系股份的持有人股东大会上,获得亲身或委派代表出席的股东附于该等无利害关系股份的投票权75%以上投票批准;三是投票反对决议的票数不得超过所有无利害关系股份的投票权的10%。

五、CDR主动退市中投资者保护必须考虑的问题

(一)保护力度与豁免问题

从境外DR主动退市中投资者保护制度的介绍来看,相对于其境内的证券发行人而言,我们可以简单归纳如下:

1. 美国给予豁免最多,形式上保护力度最弱,但其特有的民事诉讼机制对投资者发挥替代保护作用

相对于美国境内的发行人,美国给予ADR的发行人大量的豁免,使美国对ADR持有人的保护力度较弱,一些学者将这些注册在开曼群岛的公司称为"天高皇帝远的极乐世界"。[①] 但一个不容忽视的一个事实是,美国对投资者保护主要是依赖于民事诉讼机制,特别是它特有的集团诉讼(默示加入、明示退出机制)以及律师费用胜诉后分成制度,使它的保护力度仍然较强。据2012年的一项统计,美国上市公司的93%并购(包括退市在内)都遭到股东的诉讼。[②]

2. 香港采取的不低于本地标准,给予适当豁免,保护力度居中

香港由于缺乏美国特有的民事诉讼机制,因此,在对待投资者保护方面显得稍微慎重一些,采取不低于本地投资者保护的标准。如HDR属于第二上市而实行主动退市的,则无须按照香港的要求召开股东大会进行表决,原因在于即使第二上市的证券

① 张巍:《资本的规则》,中国法制出版社2017年版,第210页。

② 同上书,第138页。

退市，投资者可以转换为基础证券，随后在第一上市地出售。但是对于注册地在开曼群岛的HDR发行人则可能存在较大的不利，因为如果采取的是协议退市的话，必须遵守“数人头”的做法，这可能导致发行人的退市难度大大增加，因为香港特区2014年修改的《公司条例》取消了原来的“数人头”的规定，导致HDR的退市难度高于香港注册地的公司。

3. 我国台湾地区不仅没有给予豁免，而且还附加了额外的要求，保护力度最强

从台交所的相关规定来看，在TDR主动退市过程中台交所不仅没有给予TDR发行人相关的豁免，还增加了必须经过已发行股份总数2/3以上股东同意，以及发行人及其独立董事以外之全体董事承诺无限制收购的要求。

（二）限制转股产生的特殊问题

香港之所以对第二上市发行人的主动退市豁免其召开股东大会，原因是其退市后，HDR的投资者可以转换为基础证券，然后在第一上市地卖出。由于目前CDR采取的是限制转股的规定，这意味着如果CDR主动退市，其持有人将失去通过转股而卖出的权利，因此，这就意味着我们不能采取类似于美国和我国香港特区的豁免制度。

（三）CDR民事诉讼机制问题

如果依据《公司法》起诉发行人，起诉者的身份必须是股东。在DR的法律关系中，由于名义上存托机构才是发行人的股东，DR持有人要么通过存托机构向发行人提起诉讼，要么在转换为基础证券后再起诉。目前在存托协议中，如阿里的存托协议中就没有约定存托机构代理存托凭证持有人向发行人提起诉讼的职责，由此，ADR的持有人只能通过转股后行使相关权利，但转股的费用不菲，以阿里的存托协议来看，每100份ADR转股需要向存托机构缴纳5美元的费用，目前在美国尚未出现ADR的持有人通过转股以股东身份向发行人提起诉讼的案例。因此，虽然相关文件中确立的中证中小投资者服务中心有限责任公司支持诉讼模式，可以一定程度上缓解CDR民事诉讼中存在的集体行动困境，但转股障碍以及成本和跨境诉讼问题仍然是制约CDR民事诉讼机制的重要因素。

（四）境内经营实体问题

目前CDR的发行人都属于离岸红筹架构，其发行人通过协议控制我国境内的经营实体，此外，发行人的董事及其实际控制人都在中国境内有住所，因此，这便于CDR的后期执法和相关法律责任的承担。因此，这要求我们针对这些特殊情况做相

应的制度安排。我们可以在交易所的相关业务规则中要求,CDR主动退市时,境内经营实体及其发行人除独立董事以外的董事承担连带回购义务。

六、关于CDR主动退市投资者保护的建议

综上所述,对CDR主动退市的投资者保护问题,做如下几点建议:

(一)保护方式上,侧重于证券法的保护

目前,CDR持有人寻求公司法上的保护存在三个方面的障碍:一是依据公司法主张股东权利特别是向发行人提起民事诉讼的话,DR持有人必须向存托机构申请转换为基础证券后,才能行使相关股东权利,但目前CDR转股是受限制的;二是即使将来允许CDR转股,转股的费用较高,前述阿里的存托协议就规定每100份ADR转股需要支付5美元;三是依据公司法起诉必须根据发行人的注册地法律,管辖法院也通常是注册地法院,这也增加了CDR持有人的维权成本。因此,我们应侧重于证券法上的保护,因为证券法的适用是以行为地为依据的,可以对退市程序和信息披露方面做出要求。

(二)保护机制上,侧重于行政监管和自律监管方面的保护

由于美国的集团诉讼以及律师费用分成制度是植根于特定的社会经济结构中的,同时这些制度本身也存在滥诉以及律师偏好和解等弊端。[①] 因此,我国的CDR持有人的保护应侧重于证监会的行政监管和交易所的自律监管。

(三)保护力度上,参照A股的监管要求,不宜设置过多的豁免性规定

从美国ADR的监管实践来看,无论是在SEC层面还是在交易所层面都给予境外公司很多豁免性规定,但鉴于我国证券市场以及司法环境的现实情况,建议保持CDR的监管与A股的一致性,如根据深圳证券交易所《上市规则》第14.3.2条规定,无论其注册地公司法如何规定,CDR的直接主动退市必须召开股东大会,并同时由内部股东和公众股东所持表决权2/3以上分类表决通过。

(四)保护的具体路径上,借鉴我国台湾地区经验,规定发行人的境内经营实体、控制人和执行董事必须承诺回购

在证监会和交易所的相关规定中,要求CDR主动退市过程中,发行人的境内经

---

① 参见郭雳:《美国证券集团诉讼的制度反思》,载北大法律评论编委会编:《北大法律评论》(第10卷),北京大学出版社2009年版,第428页。

营实体、实际控制人及独立董事以外的董事必须承诺回购，以保护 CDR 持有人的权益。由于上述主体的住所地基本上是在境内，因此，一旦他们违反承诺而受到证监会的行政处罚或交易所的纪律处分，将会进入失信人名单，其在境内的相关权利将受到影响，如不能乘坐高铁和飞机等，这将产生较大的威慑力。

（五）在主动退市程序中恢复一股一权表决权机制

目前拟采取 CDR 在境内上市的红筹公司在表决权方面都作了背离“一股一权”的差异化安排，现有规则对其监管的思路仅集中于信息披露方面。这可能导致实践中部分红筹公司利用其实现监管套利，如采取吸收合并方式主动退市的，根据开曼群岛《公司法》只需出席会议的表决权 2/3 以上表决通过，此时将对中小股东的利益产生侵害。由于我国《公司法》无法适用，可以通过交易所的自律规则设置专门的规定，当 CDR 发行人因主动退市而召开的股东大会表决程序中，不再遵守差异化的表决权制度，而是恢复遵守“一股一权”的表决机制。

（六）进一步完善现有主动退市的投资者保护制度

不可否认的是，我国现有退市制度的重点是强制退市，主动退市由于出现较少而被忽略，相关制度有待进一步完善。有如下建议：

1. 目前只有在吸收合并退市中才赋予中小股东的现金选择权，而直接主动退市只有单独表决机制，这容易造成控股股东对中小股东的实质上的胁迫。① 未来在 CDR 中问题可能更为突出，因为一旦 CDR 退市，由于转股的限制，CDR 持有人更容易受到胁迫。因此未来应该在直接主动退市中赋予中小股东现金选择权制度。

2. 我国现有的要约收购制度关注的是第三方对上市公司的收购，但缺乏对上市公司回购或控股股东要约收购而退市的收购过程中对中小股东利益的关注，最终结果是现有规则没有规定中小股东在此过程中的表决机制。② 因此，可以借鉴我国香港特区的做法，如果上市公司采取回购或控股股东采取要约收购而退市的，不仅需要遵循回购或要约收购的一般要求，同时也必须由无关联股东的 2/3 表决通过。

3. 现有规则欠缺主动退市中的信息披露要求，借鉴美国 SEC 规则 13e－3 的相关

① 参见臧俊恒、黄慧颖：《上市公司主动退市中监管逻辑与路径选择》，载黄红元、卢文道主编：《证券法苑》（第22卷），法律出版社 2017 年版，第 226 页。

② 郑观：《资本市场、社团及契约三重维度内的中小投资者的保护——以上市公司主动退市为例》，载《证券市场导报》2014 年第 3 期。

规定,通过信息披露的做法强化对中小股东的保护。[1] 具体建议如下:(1)发行人的身份;(2)对退市方案重大条件的描述;(3)发行人及控股股东退市后的计划;(4)资金来源或对价的来源;(5)交易的目的及考虑过的代替该交易的其他途径;(6)退市方案对发行人、控股股东及非关联股东的利弊的详细分析;(7)管理层是否可以合理地期望交易的公平性及其依据;(8)内部人员对当前交易的意图及建议;(9)给予异议股东现金选择权的定价及其合理性;(10)独立董事对退市方案的意见;(11)经过由代表中小股东利益的非关联代表进行了谈判的情况。

① 郑人玮、刘晶:《我国上市公司私有化过程中的小股东权益保护》,载郭锋主编:《金融服务法评论》(第 7 卷),法律出版社 2015 年版,第 377 页。

控股股东滥用关联交易的司法救济与诉权配置

吴凌畅*

摘　要：控股股东滥用关联交易已成为当下公司治理的顽疾，对此行为少数股东本可直接提起侵权之诉进行司法救济，但股东直接诉讼却因不承认少数股东的直接损失而在司法实践中被不当地排除适用。从会计的角度分析，控股股东滥用关联交易不仅会造成从属公司的损失，也会在现行资产评估方法下经由所有者权益对少数股东的利益造成实际影响。结合域外对于股东直接诉讼限制的放宽趋势，可在侵权法框架下构建滥用关联交易股权侵权的一般构成要件及免责条件，同时还须在公司法领域内对股东直接诉讼的后果进行特别考量。最后，如承认滥用关联交易可适用股东直接诉讼，还须厘清其与现有股东派生诉讼之间的诉权关系。

关键词：控股股东　滥用股东权利　关联交易　股东直接诉讼

现代公司实行两权分离（所有权和经营权分离）制度，从而产生公司治理问题。有学者将公司治理问题进一步分为两类：一类是代理型公司治理问题，主要讨论股东与经理人之间的委托代理关系；另一类是剥夺型公司治理问题，主要讨论股东之间的利益关系。① 另外，股权结构也与公司治理中所呈现的问题息息相关：股权结构分散的公司，公司治理问题主要为公司管理者通过内部操纵获得不当盈利；而股权结构集中的公司，更多地体现为控股股东通过滥用控制权使自身获利。② 从中国的现实国情来看，非上市公司的股权结构大多体现为"一股独大"，上市公司的股权结构也多属股

---

* 中国人民大学法学院博士研究生。

① 参见宁向东：《公司治理理论》，中国发展出版社2005年版，第17页。

② 参见[美]小约翰·科菲：《美欧公司丑闻差异的股权解释》，郭雳译，载吴敬琏主编：《比较》（第21辑），中信出版社2005年版，第118～131页。

权集中型,[①]因此应充分关注控股股东控制权的滥用问题。

在诸多控股股东滥用控制权的行为中,滥用关联交易是其主要形态。关联交易本身是中性行为,一方面有利于关联企业之间整合内部资源从而降低交易成本并提升集团整体经营能力,另一方面则有可能通过利润操纵行为掏空公司资产从而侵害中小股东合法权益。当下,关联交易滥用的结果更多地呈现为后者。[②] 由于关联交易的普遍存在及不当滥用,《企业会计准则——关联方关系及其交易的披露》成为第一个颁布的具体会计准则,证监会的《上市公司治理准则》及上交所、深交所的诸多规则亦对关联交易有所涉及。在强调制度建设的同时,也应关注到司法对于公司治理的介入作用,关注到中小股东的司法救济问题。诚如学者所言,司法权力通过诉讼程序介入公司内部治理乃是公司顺畅运作的外部保障,在本质上是司法对公司自治进行调节的一种机制。[③]

一、问题的提出:直接诉讼还是派生诉讼

从立法上来看,中小股东针对滥用关联交易控股股东的诉权基础主要涉及《公司法》第20条第2款及第21条。第20条第2款规定了公司股东滥用股东权利给公司或者其他股东造成损失时应当依法承担赔偿责任,而第21条仅规定了公司控股股东利用关联交易给公司造成损失时应当承担赔偿责任。从文义解释来看,控股股东通过行使控制权滥用关联交易,乃为典型的权利滥用,可认为此情形同时满足第20条第2款与第21条的规范要件,构成法条竞合。两个法条之间存在明显区别:其一,后者的责任主体仅包括控股股东,前者的责任主体包括所有股东;其二,后者承担责任的行为仅限于关联交易,而前者包括了其他滥用股东权利的行为;其三,也是最重要的区别,后者责任的相对方是公司,前者的责任相对方则包括公司和股东。由于第21

① 有学者以上市公司年报中的实际控制人资料为样本,以《企业会计制度》中当企业对其他单位的投资占该单位有表决权资本总额20%以上即采用权益法核算的控制权比例作为判断标准,统计出股权分散型上市公司数量仅占样本总量的6.44%,而股权集中型上市公司的占比则达到93.56%。参见蔡宁:《中国上市公司股权结构及其代理问题研究》,中国经济出版社2018年版,第81页。

② 例如,*ST华泽2015年、2016年分别净亏损1.55亿元和4.04亿元,截至2017年第三季度末,货币资金账面余额仅有100多万元。而据其2015年报显示,公司其他应收款期末账面余额为18.64亿元,其中绝大部分为公司实际控制人旗下非上市公司所欠。很明显,公司的实际控制人通过关联交易掏空了上市公司的资产。参见《关联交易"掏空"上市公司当重罚》,载中国经济网:http://www.ce.cn/xwzx/gnsz/gdxw/201801/22/t20180122_27828883.shtml,最后访问日期:2018年9月7日。

③ 参见刘桂清:《公司治理的司法保障——司法介入公司治理的法理分析》,载《现代法学》2005年第4期。

条所界定的损害赔偿法律关系仅存在于控股股东与公司之间,因此受损股东无法直接提起诉讼,而须依据《公司法》第 151 条的规定提起股东派生诉讼。虽然第 151 条并未明确列明控股股东的被告地位,但在解释上应当认为,由于公司独立人格的存在,控股股东可被视为第 151 条第 3 款规定的“侵犯公司合法权益、给公司造成损失的他人”。

由此可见,二者真正的分野在于,其他股东起诉滥用关联交易的控股股东,究竟是股东直接诉讼还是股东派生诉讼。有学者从关联交易的本质出发,认为不正当关联交易所侵犯的直接利害关系人是公司,一般并不直接侵害单个、特定股东的具体权利和利益,所以公司股东对关联交易损害的赔偿请求不享有直接诉权,因此应排除适用第 20 条第 2 款而直接适用第 21 条。[①] 这一解释无疑得到了司法层面的支持。最高人民法院于 2011 年颁布的《民事案件案由规定》,“与公司有关的纠纷”中与本文有关的案由包括了“损害股东利益责任纠纷”以及“公司关联交易损害责任纠纷”。根据最高人民法院编著的《民事案件案由规定理解与适用》,损害股东利益责任纠纷的适格被告主要包括公司董事及高级管理人员,而未包含控股股东在内;公司关联交易损害责任纠纷的法律依据则为《公司法》第 21 条以及第 216 条关于“关联交易”的定义,并未包含第 20 条第 2 款。[②]

于司法判决层面,最高人民法院则并不一致。在(2006)民二终字第 227 号裁定书中,最高人民法院认为股东依据《公司法》第 21 条所提起的诉讼为股东直接诉讼,应以公司的控股股东、实际控制人、董事、监事、高级管理人员等个人为被告,[③]与现行一般解释有所不符。但考虑到此案判决年份较早,似可归结于历史遗留的认识问题。但是,近年来最高人民法院的两份判决对同一问题的立场却截然相反。在(2016)最高法民终 528 号判决书中,最高人民法院认为若公司的应分配资金因被控股股东利用关联关系变相分配利润、隐瞒或转移公司利润而不足以现实支付时,不仅直接损害了公司的利益,也损害到其他股东的利益,利益受损的股东既可依据《公司法》第 20

---

① 陈洁:《不当关联交易的司法救济》,载邹海林、陈洁主编:《公司资本制度的现代化》,社会科学文献出版社 2014 年版,第 175 ~ 176 页。

② 最高人民法院民事案件案由规定课题组编著:《最高人民法院民事案件案由规定理解与适用》,人民法院出版社 2011 年版,第 392 ~ 396 页。

③ 参见《中国科学院软件研究所与湖南湘投控股集团有限公司、中科软件集团有限公司损害公司利益纠纷案》,案号为(2006)民二终字第 227 号。

条第 2 款,也可依据《公司法》第 21 条向控股股东主张赔偿责任。[①] 而在最高人民法院(2017)民再 8 号裁定书中,最高人民法院却认为《公司法》第 20 条规定的是公司股东滥用股东权利给公司或者其他股东造成损失的情形下应承担赔偿责任,根据该条规定并不能够得出因关联交易直接损害公司财产权而间接影响到股东利益的情形可以认定为给股东造成了损失,原告股东因此不具备适格原告的主体要求。[②]

不当适用股东派生诉讼而排除适用股东直接诉讼,有可能产生以下弊端:其一,股东派生诉讼基于股东与公司之间的利益关系,要求股东在整个起诉期间具备股东资格;[③]而股东直接诉讼基于侵权事由,则只需侵权事项发生时具备股东资格即可。《最高人民法院关于适用〈中华人民共和国公司法〉若干问题的规定(四)》(法释〔2017〕16 号)(以下简称《公司法司法解释四》)第 7 条,支持了有初步证据证明在持股期间其合法权益受到损害的原告请求依法查阅或者复制其持股期间的公司特定文件材料的权利,实际上是对公司前股东的保护,符合股东直接诉讼的起诉要件。其二,股东派生诉讼的起诉资格,除了须满足"穷尽内部救济"原则之外,在持股期限及持股比例上还须满足"连续一百八十日以上单独或者合计持有公司百分之一以上股份";而股东直接诉讼只需滥用股东权利的股东给其他股东造成损失时持有股份即可,没有持股期限及持股比例的限制。其三,在股东派生诉讼中,原告股东仅享有形式意义上的诉权,实质意义上的诉权属于公司,因此如胜诉,胜诉利益应当归公司所有。在此种情况下,控股股东对于公司的赔偿,等于"钱从左边口袋移到右边口袋",控股股东基于对公司的控制权,很容易再次滥用关联交易转移从属公司利益,如果还是只允许股东提起股东派生诉讼的话,就陷入了循环诉讼的怪圈。

因此,首先需要明确的关键问题是:控股股东滥用关联交易有没有给其他股东造

---

① "若公司的应分配资金因被部分股东变相分配利润、隐瞒或转移公司利润而不足以现实支付时,不仅直接损害了公司的利益,也损害到其他股东的利益,利益受损的股东可直接依据《中华人民共和国公司法》第二十条第二款的规定向滥用股东权利的公司股东主张赔偿责任,或依据《中华人民共和国公司法》第二十一条的规定向利用其关联关系损害公司利益的控股股东、实际控制人、董事、监事、高级管理人员主张赔偿责任,或依据《中华人民共和国公司法》第一百四十九条的规定向违反法律、行政法规或者公司章程的规定给公司造成损失的董事、监事、高级管理人员主张赔偿责任。"参见《庆阳市太一热力有限公司、李昕军公司盈余分配纠纷二审民事判决书》,案号为(2016)最高法民终 528 号。

② 参见《通化矿业(集团)有限责任公司、李健与公司有关的纠纷再审民事裁定书》,案号为(2017)最高法民再 8 号。

③ 依据最高人民法院的观点,股东需要在整个诉讼期间持有公司股份,否则即会丧失继续以公司股东身份进行股东代表诉讼的资格。参见《南京东驰汽车工业(集团)有限公司与江苏春兰自动车有限公司、春兰(集团)公司及一审第三人南京徐工汽车制造有限公司公司控股股东、实际控制人损害公司利益赔偿纠纷申请再审民事裁定书》,案号为(2013)民申字第 1173 号。

成损失？造成损失的结果是否可认定为《民事诉讼法》第 119 条规定的起诉资格所需具备的“直接利害关系”？其次，在承认损失存在的前提下，如何认定控股股东“滥用股东权利”的行为？最后，如承认滥用关联交易可适用股东直接诉讼，还须厘清其与现有股东派生诉讼之间的诉权关系。

二、会计视角：股东权与所有者权益

最高人民法院在(2017)最高法民再 8 号裁定书中认为，不公允关联交易减少的是公司的资产，减少的是公司的未分配利润和盈余公积，是否能够按照股东持股比例归属股东所有，尚需通过公司内部分配机制决定。在公司没有进行清算也没有通过利润分配将该部分属于公司的资产转化为股东财产的情形下，直接按照股东持股比例将股东确定为公司财产的所有权人，与公司法规定的股东与公司财产权相分离、股东收益取得遵从公司收益分配机制等股东之间及股东与公司之间的基本法律关系以及公司法人独立人格地位的基本规则不相符。[①] 未分配利润和盈余公积属于所有者权益，但最高院的观点错误地割裂了所有者权益与股权以及享有股权的股东之间的关系。具体可从以下几方面加以分析。

(一)关联交易对所有者权益的影响

依据《企业会计制度》第 79 条及 2018 年度一般企业财务报表格式，所有者权益又可称为股东权益，指的是所有者在企业资产中享有的经济利益，其金额为资产减去负债后的余额，列报项目具体包括实收资本(或股本)、其他权益工具、资本公积、其他综合收益、盈余公积以及未分配利润。

依据资产负债表和利润表的本原逻辑关系，与交易相关的所有者权益变动包含两个方面的原因：其一，从权益性交易来看，企业与所有者之间发生的权益性交易直接计入资本公积；其二，从损益性交易来看，企业在经营期间不断发生交易后形成的利润或亏损影响未分配利润。[②] 所谓权益性交易，指的是股东单方面向上市公司输送利益的有失公允的关联交易。[③] 依据《财政部关于做好执行会计准则企业 2008 年年

---

① 参见《通化矿业(集团)有限责任公司、李健与公司有关的纠纷再审民事裁定书》，案号为(2017)最高法民再 8 号。

② 参见谢德仁：《财务报表的逻辑：瓦解与重构》，载《会计研究》2001 年第 10 期。

③ 参见张维宾、郑先弘、应华羚：《权益性交易的界定及其会计问题——主体观在权益性交易会计中的运用》，载《财务与会计》2009 年第 7 期。

报工作的通知》(财会函〔2008〕60 号)以及《财政部关于印发企业会计准则解释第 5 号的通知》(财会〔2012〕19 号),企业接受股东(无论是控股股东还是非控股股东)抑或其子公司直接或间接代为偿债、债务豁免或捐赠的,经济实质都表明属于股东对企业的资本性投入,应当将相关利得计入所有者权益(资本公积)。

而从损益性交易来看,关联交易经由未分配利润对所有者权益产生影响有一个历史变迁的过程。2001 年 12 月,财政部发布《关联方之间出售资产等有关会计处理问题暂行规定》(财会〔2001〕64 号),规定了上市公司与关联方之间发生的关联交易,对于其中显失公允的交易价格部分,作为资本公积处理,在"资本公积"科目下单独设置"关联交易差价"明细科目予以核算,且该部分差价不得用于转增资本或弥补亏损。2006 年,财政部发布了《企业会计准则第 36 号——关联方披露》,该准则默认关联交易均为不公允交易只有在提供确凿证据的情况下,才能认为关联交易是公平交易。由于新准则认为不公允关联交易均已在报表附注中进行了披露,因此不需要再单独核算"关联交易差价",关联交易通过其对净利润的影响进而影响所有者权益中的未分配利润。

(二)关联交易对股东利益的影响

关联交易依照其利益的流向,可分为利益流入型和利益流出型;其中,权益性交易单纯地为利益流入型,而与之相对的损益性交易则既可为利益流入型亦可为利益流出型。利益的流入或流出决定了公司股东的获利或损失;而公司的利润分配是将公司资产转化为股东财产的过程,利润分配与否决定了股东的利益影响是直接还是间接的。由此,可以将关联交易对股东利益的影响概括为以下几种情形(见表 1)。

表 1　关联交易对股东利益的影响

	利益流入型(权益性交易)	利益流入型(损益性交易)	利益流出型(损益性交易)
已进行利润分配	间接获利	直接获利	直接损失
未进行利润分配	间接获利	?	?

在权益性关联交易中,利益流入的部分计入资本公积,资本公积用于扩大公司生产经营或者转增股本,不得用于弥补亏损,更不得用于利润分配。由于权益性交易并不影响公司的净利润以及未分配利润,因此无论公司是否进行利润分配,股东均未直接获利。然而,资本公积的增加代表着公司资产增加,公司整体运营能力及盈利能力增加,有可能增加公司以后的净利润及未分配利润,从而使股东间接获利。在发生损

益性关联交易时，无论利益是流入还是流出公司，只要公司关联交易所属年度进行了利润分配，就会使实际到手的股利相比于未发生关联交易之时增加或者减少，因此表现为股东的直接获利或直接损失。

有可能发生争议的是在发生损益性交易下未进行利润分配的情形。依照最高人民法院的观点，由于未进行利润分配，所以造成的获利或者损失都只在公司而未涉及股东，其实不然。分别来看，当发生利益流入型损益性交易而未进行利润分配时，由于股东隐含在股份之中的股利始终未能实际取得，则已经给股东造成损失，该损失不仅包括应分而未分股利本身，还应当包括恶意拖延利润分配从而使股东延后取得股利的时间成本。《公司法司法解释四》第 15 条规定了股东未提交载明具体分配方案的股东(大)会决议便向人民法院提出请求公司分配利润的诉讼请求，法院原则上应予以驳回，例外情形为“违反法律规定滥用股东权利导致公司不分配利润，给其他股东造成损失的”，便是公司未进行利润分配同样会给股东造成损失的有利佐证。针对此种情形，股东一方面可以请求公司分配利润，另一方面也可以在特定情形下①请求公司按照合理的价格收购其股权。

在发生利益流出型损益性交易且未进行利润分配时，公司的所有者权益(主要是其中的未分配利润)发生不当减少，但现有解释认为公司层面的财产损失才是直接损失，而股东层面的损失只是间接损失，其实不然。根据中国资产评估协会印发的《资产评估准则——企业价值》(中评协〔2011〕227 号)，注册资产评估师对评估基准日特定目的下股东部分权益价值执行评估业务时，应当根据评估目的、评估对象、价值类型、资料收集情况等相关条件，分析收益法、市场法和成本法三种资产评估基本方法的适用性，恰当选择一种或者多种资产评估基本方法。其中，收益法指的是将预期收益资本化或者折现，确定评估对象价值的评估方法，其中即包括企业自由现金流为基础进行折现的现金流量折现法。基本方法中的成本法又可称为资产基础法，指的是以被评估企业评估基准日的资产负债表为基础，合理评估企业表内及表外各项资产、负债价值，确定评估对象价值的评估方法。② 当控股股东滥用关联交易时，关联交易或者因为减少了企业自有现金流，或者因为通过所有者权益中的未分配利润影响了公司资产价值，都会使少数股东股权的评估价值下降，从而对少数股东利益产生实质

---

① 特定情形为：(1)公司 5 年连续盈利；(2)符合利润分配的条件；(3)连续 5 年不分配利润；(4)对股东会不分配利润的决议投反对票。可见《公司法》第 74 条。

② 在以持续经营为前提对企业价值进行评估时，资产基础法一般应作为辅助评估方法，而不应当作为唯一使用的评估方法。

性影响。

在少数股东为需要执行企业会计准则的企业实体时,关联交易对股东利益影响则更为特殊。非控股股东对公司的权益性投资,在其自身报表上根据是否具有重大影响的不同,而分别适用《企业会计准则第22号——金融工具确认和计量》和《企业会计准则第2号——长期股权投资》。最新的金融工具准则将金融工具由过去的"四分类"改为"三分类",权益性工具投资基本被分类为以公允价值计量且其变动计入当期损益的金融资产,或在初始确认时将非交易性权益工具投资指定为以公允价值计量且其变动计入其他综合收益的金融资产,但后续计量的标准都是公允价值。依据《企业会计准则第39号——公允价值计量》,企业以公允价值计量相关资产或负债时所使用的估值技术主要包括市场法、收益法和成本法,利益输出型关联交易又会以上文所述的传导路径影响少数股东对权益性工具投资公允价值的计量,并进而对少数股东账面的当期损益或其他综合收益产生不利影响。当企业适用的是长期股权投资准则而非金融工具准则时,少数股东对于其所投资公司实现的净损益,应该确认投资收益并调整长期股权账目价值。利益输出型关联交易,对于采权益法核算的少数股东的利润表及资产负债表都会产生不利影响。

(三)与抽逃出资诉讼资格的衔接

《最高人民法院关于适用〈中华人民共和国公司法〉若干问题的规定(三)》第12条规定,相关股东利用关联交易将出资转出的,可以认定该股东抽逃出资。依据《公司法》第28条,股东不按照公司章程规定缴纳所认缴的出资,应当向已足额缴纳出资的股东承担违约责任,因此股东具备直接诉讼的主体资格。由此可见,当控股股东滥用关联交易而被认定抽逃出资时,其他足额出资的股东可以直接提起违约之诉。

那么,何种情况下实施关联交易才会被认定为是抽逃出资?结合当前学者的研究,公司股本被侵蚀是认定抽逃出资的必要条件,因此当公司所有者权益下仅有"实收资本(股本)"却进行利益输出型关联交易,或者当关联交易的利益输出金额大于公司公积金与净利润之和时,都可以较为容易地认定为是抽逃出资。但当公司对股东的利益输送没有超出所有者权益项下的公积金与净利润之和时,情形就比较复杂,有可能出现"抽逃出资""合法分配""违法分配"等不同结论。①

如果简单地对控股股东滥用关联交易的情形排除适用股东直接诉讼,则无法很

---

① 参见刘燕:《重构"禁止抽逃出资"规则的公司法理基础》,载《中国法学》2015年第4期。

好地解释当关联交易被认定为抽逃出资手段时其他股东直接提起违约之诉的权利。由于关联交易利益输出金额会被作为判断抽逃出资与否的标准,金额的连续性使股东诉讼资格的保持也应具有连续性,不应简单地依据金额大小而人为地对诉讼资格进行切割。从与当前抽逃出资诉讼资格的衔接来看,也应让中小股东对滥用关联交易的控股股东拥有股东直接诉讼的诉讼主体资格。

三、域外视角:股东直接诉讼的考量

(一)美国

美国法中,少数股东针对滥用关联交易的控股股东进行直接诉讼,其诉权基础在于控股股东的信义义务。美国传统公司法理论并不认为公司股东之间相互负有义务,只规定了董事对公司负有的信义义务。但随着公司治理结构的发展,控股股东的控制权广泛地影响着公司的日常经营,控股股东亦与董事一样具有了损害公司和其他股东利益的可能性。正是在此种背景下,为了规制公司控股股东滥用控制权的行为,美国最高法院于1919年的“南太平洋运输公司诉博格特案”(Southern Pac. Co. v. Bogert①)中确立了封闭公司控股股东信义义务的原则,认为控股股东在行使控制权时与公司、董事、其他股东之间形成了信义关系。

随后,美国的诸多法院在案件审理中采纳了美国最高法院的上述观点,但对该观点的接纳程度不一,实践中以马萨诸塞州和特拉华州较为典型。两州法院虽然都承认股东信义义务,但是对其的判例处理有着较大区别,具体如下:第一,马萨诸塞州仅将股东信义义务适用于封闭公司,而特拉华州将其适用范围拓展至包括上市公司在内的全部公司类型;第二,马萨诸塞州认为股东与股东之间相互负有信义义务,而特拉华州认为仅控股股东对少数股东负有信义义务,反之则无;第三,在信义义务判断标准上,马萨诸塞州使用的是“可反驳的商业目的”以及“合理期待原则”,特拉华州通常使用的标准为“商业判断规则”或“实质公平规则”。②

进一步来看,特拉华州法院会根据关联交易类型的不同以及控股股东所占股份的大小,在适用“商业判断规则”和“实质公平规则”之间作出选择,后者相较于前者

① See 250 U. S. 483,486.

② 参见朱大明:《美国公司法视角下控制股东信义义务的本义与移植的可行性》,载《比较法研究》2017年第5期。

更为严格。在此选择之前,法院还会对该关联交易是否构成“自我交易”①进行评价,仅对构成自我交易的关联交易行为进行“实质公平性审查”。法院在确定适用实质公平规则进行审查时,会对交易过程及交易价格的公平性进行综合考察,并由控股股东承担证明关联交易公平性的举证责任。如果控股股东能够证明无利害关系的董事或股东在信息充分披露的基础上对关联交易表示同意,此时不改变审查规则,但证明关联交易公平性的举证责任就会由控股股东转移至原告股东。②

(二)英国

英国法中关于少数股东的诉讼救济,起源于 1843 年 Foss v. Harbottle 一案中所形成的“福斯规则”。具体来说,福斯规则由两部分内容构成:(1)适格原告规则——如果过错行为是针对公司而作出的,那么只有公司而非股东个人才有资格提起诉讼;(2)多数决原则——诉讼作为公司的一项事务,由公司多数股东进行决定,因此少数股东不可排除多数股东的意志而提起诉讼。③

由于福斯规则过分限制少数股东进行诉讼救济的权利,在英国的司法判例中逐渐发展出“福斯规则的例外”。福斯规则及其例外在 Edwards v. Halliwell 一案中得到经典和权威的叙述,并在 Prudential Assurance Co. Ltd. v. Newman Industries Ltd. (No. 2)一案得到重述,例外适用福斯规则的诉讼具体包括以下四个方面:(1)有关股东个人权利的诉讼;(2)有关越权或非法交易的诉讼;(3)有关需要特别决议通过的交易的诉讼;(4)有关构成对“少数股东欺诈”的交易的诉讼。④ 以上这些例外构成了少数股东提起直接诉讼和派生诉讼的基础,而一般认为对于“违反正当程序”和“权利滥用行为”应适用股东直接诉讼——前者指的是修改公司组织规章或者依此通过决议的公平性和正当程序;后者包括依照章程授予董事会或股东大会的权力被错误地用于改变控制的平衡关系,进而剥夺真正多数派的投票控制权。⑤

英国制定法在普通法以外,为少数股东提供一种更具吸引力的救济手段。英国《1985 年公司法》在第 459 条引入了“不公平损害”的诉讼救济,规定了如果公司的事务(包括正在进行的以及计划进行的)或已经或正在或将要对公司股东的整体利益或

① 自我交易,指控股股东以排斥并损害中小股东利益的方式牟取不正当利益的交易。

② 参见汤欣等:《控股股东法律规制比较研究》,法律出版社 2006 年版,第 16~43 页。

③ 参见樊云慧:《英国少数股东权诉讼救济制度研究》,中国法制出版社 2005 年版,第 15 页。

④ 樊云慧:《英国少数股东权诉讼救济制度研究》,中国法制出版社 2005 年版,第 22 页。

⑤ 参见[英]A. J. 博伊尔:《少数派股东救济措施》,段威、李扬、叶林译,叶林校,北京大学出版社 2006 年版,第 60 页。

部分股东的利益造成不公平损害时,公司股东可以直接向法院提出申请获得救济。具体来说,申请"不公平损害救济"需要满足以下三方面的条件:(1)不公平损害发生在"公司事务正在或者已经执行的过程中"或者"公司实际发生的或计划进行的作为或不作为中";(2)公司事务的执行"存在着不公平损害";(3)公司部分股东(至少包括申请人自己)的利益或者公司全体股东的一般利益受到了不公平的损害。①

《2006年公司法》对《1985年公司法》该条文未作大幅修改并移至第994条,且增加了适用情形,认为该条款对于那些"不是公司股东但公司股份因法律实施已经向其转让或转移的人"也同样适用。另外,根据《2007年法定审计和第三方审计法规》(The Statutory Auditors and Third Country Auditors Regulations 2007),基于对会计处理或者审计程序的意见分歧以及其他不正当理由而罢免公司审计师职务的,也应当被视为对公司一部分股东的利益构成不公平妨害。②

(三)德国

传统德国股份法中,如果股东或者管理机构的成员没有履行义务,股东也不得对他们提起损害赔偿之诉,原因在于:其一,无论是股东还是管理机构成员,都仅仅与公司发生法律关系,因此股东不能单独行使其股东权,只能在股东大会中行使其权利;其二,这样做的主要目的在于保护公司管理机构勇于任事、敢于承担责任的积极性,防止通过司法程序来审查他们的工作。但自20世纪60年代中期以来,越来越多的学者认为应该扩大股东的诉讼权,于此背景下,德国联邦最高法院的两个判例具有典型意义。在1988年2月1日的"林娜蒂案"中,法院认为股份有限公司中大股东也可能通过对公司管理机构施加影响,从而损害小股东在公司中的利益,因此必须强调大股东的信义义务;而在1995年3月20日的"吉梅斯案"中,法院判定小股东对大股东也负有信义义务,如违反这一义务,则必须对其他股东承担损害赔偿责任。③

从立法来看,《德国股份法》第117条规定,利用其对公司的影响指使董事、监事、经理或者全权代办人损害公司或者其股东利益的人,对由此产生的损害向公司承担赔偿责任。如果股东除了因公司受损而遭受的损害之外尚有其他损害,也应对此予

---

① 参见樊云慧:《英国少数股东权诉讼救济制度研究》,中国法制出版社2005年版,第132~152页。

② 《2006年公司法》第994条原文及最新修改情况可见 http://www.legislation.gov.uk/ukpga/2006/46/section/994,最后访问日期:2018年9月9日。

③ [德]托马斯·莱塞尔、吕迪格·法伊尔:《德国资合公司法》(第3版),高旭军、单晓光、刘晓海、方晓敏等译,法律出版社2005年版,第106~108页。

以赔偿。[1] 可见,公司股东向其他股东直接提起诉讼的基础,在于股东尚有公司损害以外的损失存在。其原理在于,公司股东资格可以被认为是《德国民法典》第 823 条第 1 款所指的“其他权”。[2] 另外,《德国民法典》第 826 条还规定了“以违反善良风俗的方式故意加损害于他人的人,有义务向该他人赔偿损害”,对于违反信义义务的股东,其他股东也有可能依此条款提起损害赔偿之诉。

另外,《德国股份法》对于康采恩中的外部股东(也即少数股东)保护有着特别规定。所谓康采恩,为德语“Konzern”的音译,是一种通过由母公司对独立企业进行持股而达到实际支配作用的垄断企业形态,依据企业是否有控制合同[3]的不同,可分为契约上的康采恩和事实上的康采恩。对于契约上的康采恩,《德国股份法》由于存在控股股东对从属公司的亏损承受机制(见《德国股份法》第 302 条)以及控股股东对外部股东的补偿机制(见《德国股份法》第 304 条、第 305 条),因此仅在第 309 条规定了控制企业的法定代表人在作出指示时对公司应尽到正直且认真的业务执行人的注意义务。对于违反此义务的赔偿请求权,一般由从属公司主张,也可以由任何股东主张,但股东只能请求向公司进行给付。而对于事实上的康采恩,《德国股份法》第 311 条规定:控制企业不得利用其影响力,促使从属公司实施对自己不利的法律行为,或者以自己蒙受不利益为代价采取或放弃某种措施,除非该不利益得到补偿。根据第 317 条,如果违反上述义务的,控制对由此给从属公司造成的损害向公司负赔偿责任,在股东亦遭受损害的情况下,控制企业也向股东负赔偿责任,但股东因公司受害而蒙受的损失不予考虑。

四、规范视角:股权侵权的构成要件

我国《公司法》第 4 条规定了公司股东所享有的股权包括资产收益、参与重大决策以及选择管理者这三方面重要权益。股权作为股东所享有的权利,必然存在被侵害的可能。我国《侵权责任法》第 2 条规定了侵害民事权益应当承担侵权责任,而民事权益即包含了股权在内。因此,可将控股股东滥用关联交易视为对其他股东的侵

① 《德国股份法》规定可见《德国商事公司法》,胡晓静、杨代雄译,法律出版社 2014 年版。

② 《德国民法典》第 823 条第 1 款规定:故意或有过失地不法侵害他人的生命、身体、健康、自由、所有权或其他权利的人,有义务向该他人赔偿因此而发生的损害。此条款可视为德国民法典中关于侵权行为的一般条款。德国民法典规定可见《德国民法典》,陈卫佐译注,法律出版社 2010 年版。

③ 控制合同,指的是一个股份公司或者股份两合公司将其公司置于另一个企业管理之下的合同。

权行为,其他股东对控股股东直接提起的诉讼为侵权之诉。

(一)一般构成要件

结合侵权法理论,控股股东滥用关联交易的股权侵权责任其构成要件可分为以下四个方面进行探讨。

1. 滥用股东权利的事实

控股股东滥用控制权进行关联交易,是其承担侵权责任的根本原因。关联交易指的是从属公司与关联方之间的交易,关于关联方的认定,可基于《公司法》第216条第4款并结合《企业会计准则第36号——关联方披露》《企业所得税法实施条例》第109条加以判断。仅有关联交易并不足以认定存在侵权行为,还须存在关联交易被滥用的事实。有学者发现"在不少法官看来,有关交易是否未经股东会或董事会授权,是判断关联关系滥用的关键";[①]另有学者统计出在总样本量为23件的滥用股东权利法院判决中,有11起案件(无相反判决)的法院以股东行权"未履行法定程序"为由。[②] 上述观点可资参考,但并不全面。原因在于,现实中滥用关联交易更多地体现为通过不公允关联交易变相向控股股东输送利益,此为日常经营管理事项,属于董事会职权范围,而《公司法》第124条关于关联董事表决权排除制度仅适用于上市公司。另外,在非上市公司中,股东更多地直接参与公司经营决策,而《公司法》中的股东表决权排除制度却仅存在于第16条为股东提供担保的事项之中。此时即使控股股东通过法定程序行使了控制权,但仍有可能存在滥用关联交易的事实。股东权利是否被滥用,应结合关联交易的次数、关联交易不公允对价的数额、关联交易所流出利益占从属公司资产的比重等指标进行综合判定。

2. 对其他股东造成损害的事实

上文已论及控股股东滥用关联交易对其他股东利益所造成的现实损害,于此不再赘述,但需要注意到英国上诉法院在"保诚保险诉纽曼工业案"(Prudential Assurance Co. Ltd. v. Newman Industries Ltd.)中所形成的"反射性损失(reflective loss)不可诉原则"。该案中,上诉法院认为原告股东不能追回与其股票市场价值下降等同的金额,也不能追回与可能减少的红利等同的金额,因为这种损失只是公司所受损失的一种反射。[③] 根据前文的分析,股东利益的损失并不只是预期红利的减少,应

① 钟凯:《公司法实施中的关联交易法律问题研究》,中国政法大学出版社2015年版,第266页。

② 参见楼秋然:《〈公司法〉第20条中"滥用股东权利"规定的理论与实践》,载《西部法学评论》2016年第3期。

③ De Jong, Bas J., "Shareholders' Claims for Reflective Loss: A Comparative Legal Analysis." *European Business Organization Law Review* 14.1(2013):97-118.

该经由资产负债表中的所有者权益项目关注关联交易对股东利益的影响。而对于上市公司股票市场价值的下降,虽然从属公司所有者权益减少会引起股票市场价值下跌,但由于股票市场价格的影响因素过于庞杂,因此不宜将股票市场价格下跌部分的金额直接认定为关联交易所造成的损失。

3. 滥用行为与损害事实之间存在因果关系

按照侵权责任法的一般原理,受损方应对侵权行为与损害后果间的因果关系承担举证责任。在公司治理中控股股东享有充分的信息优势,如对滥用行为与损害事实间的因果关系使用直接的因果关系,势必会大大增加受损股东一方的举证难度。因此,对于控制股东滥用行为与损害事实之间的因果关系,应以合理的因果关系为标准,且只需由受害一方提出初步的证据即可。

4. 控股股东的主观过错

基于前述理由,由受损股东证明控股股东的主观过错存在一定的困难;但从另外一面来看,过于严苛地要求控股股东对关联交易的一切不利后果都承担责任,也不利于企业集团化的发展。出于折中考虑,可对控股股东责任的认定适用过错推定原则,即除非控股股东能够证明关联交易是正当的,否则应承担滥用关联交易的侵权责任。①

(二)免责事由

1. 关联交易的正当

对于关联交易正当性的判断,多有学者建议引入美国法上的"商业判断规则"。但其实,中国目前已存在类似的判断标准。依据《企业所得税法》第 41 条,企业与其关联方之间的业务往来必须符合独立交易原则,否则有可能被税务机关按照相关合理方法调整。所谓合理办法,根据《企业所得税法实施条例》第 111 条,主要包括如下方法:(1)可比非受控价格法,是指按照没有关联关系的交易各方进行相同或者类似业务往来的价格进行定价的方法;(2)再销售价格法,是指按照从关联方购进商品再销售给没有关联关系的交易方的价格,减除相同或者类似业务的销售毛利进行定价的方法;(3)成本加成法,是指按照成本加合理的费用和利润进行定价的方法;(4)交易净利润法,是指按照没有关联关系的交易各方进行相同或者类似业务往来取得的净利润水平确定利润的方法;(5)利润分割法,是指将企业与其关联方的合并利润或

① 参见叶敏:《公司控制人的法律分析》,中国政法大学出版社 2015 年版,第 140 页。

者亏损在各方之间采用合理标准进行分配的方法。这些方法都是用来计算没有关联关系的交易各方按照营业常规进行业务往来时所遵循的正常价格,可以作为判断关联交易是否正当的标准。

2. 受损股东的同意

如前所述,在美国法中,无利害关系的董事或股东在信息充分披露的基础上对关联交易表示同意会将关联交易公平性的举证责任由控股股东转移至原告股东,但其实可以对此比照侵权法中的受害人同意加以分析。在侵权行为法中,受害人同意指的是受害人就他人特定行为的发生或者他人对自己权益造成的特定损害后果予以同意并表现在外部的意愿。[①] 在本文语境下,如果利益受损股东在进行与关联交易相关的股东会决议过程中投了同意票,则可视为利益受损股东自愿地承受关联交易所带来的不利后果,免除控股股东的侵权责任。当然,由于侵权行为法中受害人同意的构成要件包括"加害人尽到充分的告知、说明义务",因此也应仿照美国法的规定,要求利益受损股东对于关联交易的同意是在信息充分披露的基础上作出的。

(三)特殊构成要件

股权侵权作为公司法领域特殊的侵权行为,除须满足侵权法意义上的一般构成要件之外,还须在公司法领域进行特殊的考量。美国法律研究院在其《公司治理原则:分析与建议》报告中认为,在涉及封闭式公司的案件中,法院可依其自由裁量权把以派生诉讼请求提起的诉讼视为直接诉讼,免予适用只针对派生诉讼的限制与辩护理由,并判决对个人进行补偿,但法院必须确定这样不会:(1)不公平地使公司或被告受重复诉讼之累;(2)使公司债权人的利益受到实质损害;(3)妨碍补偿在全体利害关系人之间直接进行分配。[②] 可以借鉴这些建议并结合着我国的司法实践,分析少数股东对滥用关联交易控股股东直接提起侵权之诉的特殊构成要件。

1. 从属公司类型为封闭式公司(有限责任公司)

根据美国的司法实践,只有在公司类型为封闭式公司时,法院才会打破直接诉讼与派生诉讼的樊篱,允许少数股东在本应只能提起派生诉讼的情形下提取直接诉讼。这种限制性适用的原因可能在于,公众公司的少数股东通常倾向于使用"用脚投票"的手段来避免关联交易影响,而封闭式公司"人合性"的特征决定了股东的退出成本

---

① 程啸:《论侵权行为法中受害人的同意》,载《中国人民大学学报》2004 年第 4 期。

② 美国法律研究院:《公司治理原则:分析与建议》(下卷),楼建波、陈炜恒、朱征夫、李骐译,楼建波、陈炜恒审校,法律出版社 2006 年版,第 529 ~530 页。

较高,且很难利用市场机制解决纠纷,只能诉诸司法救济。[①] 但也有学者认为,当前作为股票交易基础的信息机制并不健全、价格形成机制并不公正,股东"用脚投票"时可能就已经遭受了损失。[②] 结合本文之前的分析,关联交易的滥用会通过从属公司所有者权益影响到股东利益,虽然所有者权益减少会影响到公司的股票价格,但由于股票价格的影响因素过于复杂,很难仅仅通过股票价格的下跌来界定股东受损失的程度,因此暂时将股东直接诉讼的范围限定在非上市公司为宜。

2. 不会不公平地使被告受重复诉讼之累

如果允许股东提起直接诉讼,那么其他股东仍然有可能提起直接诉讼或派生诉讼,会使被告(有可能是控股股东,也有可能是从属公司本身)受多重诉讼之累,从而影响其正常的经营管理。但在股东人数较少时,则可以明显降低此风险。根据我国《公司法》第24条,有限责任公司股东人数被限定在50人以下,因此可将直接诉讼的范围限定在有限责任公司。

3. 不会使公司债权人的利益受到实质损害

直接诉讼与派生诉讼的重要区别在于被告究竟是向原告股东还是向从属公司进行赔偿,如果不加考虑地适用直接诉讼,则有可能使从属公司本应获得的财产减少,从而影响公司债权人的利益。但是,当公司剩余财产足以清偿公司债务时,则无此担忧。因此,限定直接诉讼的范围时需要考虑从属公司的资产负债率及从属公司资产的变现能力,当然计算负债账面价值时不应将因关联交易而产生的负债考虑在内。

4. 不会妨碍赔偿在全体利害关系人之间进行公平分配

进行股东派生诉讼时,由于赔偿直接支付给从属公司,所有的股东都能平等地按照所持股份比例间接获得赔偿,而在股东直接诉讼下则有可能使赔偿的分配变得不公平。为了避免此尴尬的出现,可以采取以下两种办法:其一,在股东直接诉讼已经完成赔偿支付的情况下,控股股东之后另行向从属公司支付的赔偿金额,应扣除在前一诉讼中已经支付的部分,并且不应计入所有者权益而应计入针对其他未获赔偿股东的"其他应付款"负债科目;其二,当所有受损股东均为共同被告,或者追加其余受损股东均为有独立请求权的第三人时,控股股东可在一次诉讼中完成对其他所有股东的赔偿义务。

---

① 参见钟凯:《公司法实施中的关联交易法律问题研究》,中国政法大学出版社2015年版,第35页。

② 参见汤欣等:《控股股东法律规制比较研究》,法律出版社2006年版,第226页。

5. 当派生诉讼已变得不可能

当受损股东无法进行股东派生诉讼时，秉承“有损害即有救济”的原则，应允许其提起股东直接诉讼，具体有两种情形。其一，当从属公司注销时，由于从属公司丧失了民事主体资格，股东派生诉讼自然也失去了其存在的基础。虽然《公司法司法解释二》第23条第3款规定了公司清算完毕注销后股东依然可以进行派生诉讼，但被告仅以清算组成员为限，而不包括其他股东在内。其二，当受损股东在诉讼前及诉讼中已转让从属公司股份时，由于股东派生诉讼严格地对整个诉讼过程中原告股东的持股情况加以限制，此时也应允许受损股东提起股东直接诉讼。

五、程序视角：诉权形态与诉权合并

在最高人民法院（2013）民二终字第58号裁定书中，原告股东依据《公司法》第20条、第21条、第151条向法院提起诉讼，分别属于“股东滥用股东权利”“实际控制人利用其关联关系”“董事、监事、高级管理人员执行职务时违反法律、法规或公司章程规定，给公司造成损失”的三类不同情形，但最高人民法院却认为上述三项事由与各项侵权行为可能构成不同的诉讼标的，原告股东在一审起诉时没有将侵权事实与各一审被告的关系加以明确，使人民法院无法判定其诉讼标的是共同的还是同一种类，不能确定可以合并审理，并以此为由驳回了原告的上诉请求。[①] 因此，当承认公司股东针对滥用关联交易的控股股东可进行股东直接诉讼时，由于此情形下依然可进行股东派生诉讼，需要从诉权理论出发研究股东直接诉讼与股东派生诉讼的合并审理问题。另外，涉及关联交易的诉讼请求除了直接向控股股东请求损害赔偿外，还包括《民法总则》第154条及《合同法》第52条项下的确认合同无效之诉、《公司法》第22条项下的确认决议无效或请求撤销之诉、《公司法》第149条项下的请求董监高损害赔偿之诉、《公司法司法解释四》第15条项下的请求利润分配之诉等，下列对于诉权形态的分析亦将这些诉讼请求包括在内。

（一）多项请求同时提起之诉

一次诉讼将涉及关联交易纠纷中两个或两个以上请求权同时向一个法院提出的情形，即为多项请求同时提起之诉。由于关联交易所涉请求权众多，因此在关联交易

---

① 参见《华城地产集团有限公司与杭州开元房地产集团有限公司、开元旅业集团有限公司、孔某某、陈某某、王某某损害公司利益责任纠纷二审民事裁定书》，案号为（2013）民二终字第58号。

纠纷诉讼中一次提出两个或两个以上诉讼请求是常态,只要在诉讼程序上不存在障碍,应该最大限度地对原告的诉讼请求进行审理,才是效率最高的司法选择。

首先应该关注到法院的管辖权问题。目前仅有《民事诉讼法》第26条及《民事诉讼法司法解释》第22条规定了因公司设立、确认股东资格、分配利润、解散、股东名册记载、请求变更公司登记、股东知情权、公司决议、公司合并、公司分立、公司减资、公司增资等纠纷提起的诉讼,由公司住所地人民法院管辖。如果关联交易纠纷之诉涉及利润分配、公司决议的,应由公司住所地人民法院管辖。另外,涉及合同纠纷的,《民事诉讼法》第23条规定由被告住所地或者合同履行地人民法院管辖;涉及侵权纠纷的,《民事诉讼法》第28条规定由侵权行为地或者被告住所地人民法院管辖。在关联交易行为中,合同履行地、侵权行为地与公司住所地为同一地,因此对于利润分配、公司决议以外的关联交易之诉,也应确认被告住所地人民法院的管辖权。

其次应该关注到法院合并审理的决定权问题。在我国的诉讼理论与司法实践中,只要诉讼请求不属于必要的共同诉讼,人民法院始终保留着对当事人提出的多项诉讼请求合并审理与否的自由裁量权。出于定分止争的目的考虑,法院应该最大限度地发挥合并审理的自由裁量权,从而提高诉讼效率。然而正如前所述,法院合并审理的障碍主要在于,依据《民事诉讼法》第52条的规定,无法判断关于关联交易的各项诉讼标的是否是同一种类的。但也应该看到,《最高人民法院关于适用〈中华人民共和国民事诉讼法〉的解释》第221条规定了法院对于基于同一事实发生不同纠纷的合并审理权,而关联交易之诉中的多项诉讼请求实际上正是基于"关联交易"这一同一事实,法院的合并审理权理应不存障碍。

(二)多项请求分别提起之诉

1. 先后向同一法院分别提起之诉

先后向同一法院分别提起之诉,关系到诉讼标的理论以及既判力问题。诉讼标的理论有诉讼法说与实体法说两种学说:诉讼法说认为,前诉的请求一经裁判,诉讼请求本身即发生既判力,同时意味着诉讼请求可能依据的法律事实和客观事实(无论原告在诉讼中是否提出),都全部纳入判决既判力的范围之内,不可再在司法程序中要求重新审批或作出相反主张;[1]实体法说认为,只要前诉和后诉不是针对同一法律关系,即使不同法律关系的事实基础有密切联系,或者两个诉讼的请求实际上指向同

---

① [日]高乔宏志:《民事诉讼法——制度与理论的深层分析》,林剑锋译,法律出版社2003年版,第24页。

一个诉讼标的,都不构成禁止后诉提起的原因。[①]

我国司法实践在诉讼标的理论上采纳的是实体法说,在关联交易纠纷之诉中也应予以贯彻。原因在于:要求原告在一次诉讼中就提出所有能够实现目的的诉讼请求,对原告的能力是一种极大的挑战;另外,如果原告未能在一次诉讼中穷尽可以主张的诉讼请求便失去其本应享有的司法救济途径,也与法律保护当事人合法权益的公平正义理念相违背。[②]

2. 先后向不同法院分别提起之诉

先后向不同法院分别提起诉讼,会涉及不同法院管辖权的冲突问题。依据《民事诉讼法》第36条的规定,人民法院只有在发现受理的案件不属于本院管辖的才可将案件移送有管辖权的人民法院;反推之,只要受诉法院对案件具有管辖权,便不得移送案件。但若不允许具有管辖权的不同法院对关联交易之诉进行合并,不但可能使当事人受重复诉讼之累,也可能会为部分当事人恶意规避法院管辖提供便利。[③]

对此问题有两种可能的解决方式:首先,可适用《民事诉讼法》第37条关于上级指定管辖的规定。但是此种情形不太符合法条中所规定的"特殊情形";另外在有管辖权的法院跨省份之时还须最高人民法院进行指定管辖,也不太符合实际。另外一种更可能的解决方式,是依照最高人民法院《关于在审理经济案件审判工作中严格执行〈中华人民共和国民事诉讼法〉的若干规定》(法发〔1994〕29号)第2条的规定,在当事人基于同一法律关系或者同一法律事实以不同诉讼请求分别向有管辖权的不同法院起诉的,后立案的法院在得知有关法院先立案的情况后,应当在7日内裁定将案件移送先立案的法院合并审理。该文件虽然为最高人民法院1994年的规定,但是在现行司法活动中仍然具有广泛的适用空间。根据中国裁判文书网的搜索,截至2018年9月9日,共可搜得各级法院适用该规定的裁判文书共699份,其中自2014年以来每年相关案件都在100件左右,而出自最高人民法院的裁判文书自2012年到2017年即有24份。

六、余　　论

从域外经验来看,各国立法及司法都已经注意到单纯适用股东派生诉讼的弊端。

① 杨荣馨:《民事诉讼原理》,法律出版社2003年版,第92页。

② 参见乔欣:《关联交易纠纷诉讼中诉权与诉提起之形态分析》,载《河北法学》2010年第3期。

③ 钟凯:《公司法实施中的关联交易法律问题研究》,中国政法大学出版社2015年版,第345页。

例如,英国 2012 年审理的“吉尔斯诉兰德案”(Giles v. Rhind),一审法官在判决书中不无遗憾地写道:“由于公司无力进一步提起诉讼,而法律也没有为 Giles 遭受的损失提供救济措施,所以该判决留下了一个‘没有得到救济的损失’,这是法律的悲哀。”而在该案二审中,二审法官认为“法院必须时刻机敏,确保不要武断地否定对事实上遭受损失的当事人的公平补偿”,因此应当允许股东提起诉讼。回到本文最开始的最高人民法院(2017)民再 8 号裁定书,最高人民法院法官也在其中提及:李某某认为案涉其主张的通化矿业集团滥用股东权利损害了其作为当时道清选煤公司股东享有的民事权益并给其自身造成损失,可另循法律途径解决。我国《公司法》第 20 条第 2 款实际上已经为滥用关联交易下的股东直接诉讼提供了请求权基础,但是该条款却在司法实践中不正确地被排除适用,从而使该条款的保护性作用被束之高阁,这正是本文写作的直接原因。

限于本文结构及篇幅的限制,还有诸多关于关联交易中股东直接诉讼的未尽话题尚待讨论。例如,本文将股东直接诉讼的从属公司类型限定为非上市公司,主要原因是由于上市公司的股权价值由股票市场价格决定,而股票市场价格的影响因素又过于复杂,无法判定关联交易与股权价值损失之间的因果关系。但从实际情况来看,上市公司控股股东滥用关联交易掏空上市公司资产屡见不鲜。对于未披露的关联交易,中小投资者尚可通过“虚假陈述”诉讼追回损失;而对于控股股东滥用关联交易且已披露的,中小投资者除了出卖股票之外似乎束手无策。相信随着资产评估技术的发展,如果能够准确计算关联交易滥用行为对股票市场价格下跌金额的贡献率,那么对于上市公司也适用股东直接诉讼便成为可能。又如,可以借鉴德国立法的经验,对以公司人格独立为表征的单一实体法和以关联公司利益整体性为表征的企业集团法的关联交易进行不同的价值判断和行为规制。① 如此进路固然可以促进企业集团化的发展,但这涉及公司法整体立法理念的变迁,需要全盘考虑并慎重对待。例如,现行《公司法》规定“国家控股的企业之间不仅因为同受国家控股而具有关联关系”。在当前国有企业发展混合所有制改革的大背景下,如何保护国有企业民间投资中小股东的利益,中国理应在此问题上作出引领世界的法治贡献,在关联交易领域建构体现中国特色、中国风格、中国气派的话语体系。

① 参见钟凯:《论公司法上关联交易正当性标准及其重构——基于单一实体法与企业集团法的不同考量》,载《江海学刊》2016 年第 5 期。

市场实务

INVESTOR

证券虚假陈述案投资者损失计算软件的运行逻辑

杨　宏[*]　唐茂军[**]　傅祥民[***]

近年来,随着证监会等行政执法机关对证券市场虚假陈述行为处罚力度的加强和广大投资者维权意识的觉醒,证券虚假陈述民事赔偿诉讼案件激增。但由于司法机关只能通过手工计算,或通过定向开发的小程序辅助计算每个适格原告的损失,耗时费力,不仅占用了大量的司法资源,还严重影响了案件审理的质量和效率。

中证中小投资者服务中心(以下简称投服中心)作为中国证监会直属的证券金融类的公益性投资者权益保护机构,在深度研究既往判例和总结证券虚假陈述支持诉讼经验的基础上,以审判需求为导向,委托专业的金融软件开发机构开发了一套专业、智能、灵活的证券虚假陈述案件投资者损失计算通用软件(以下简称损失计算软件),为司法机关以及相关市场主体计算确认投资者损失,提供了高效便捷的专业工具。

一、损失计算软件的主要功能和特点

该损失计算软件具备证券虚假陈述案件基础损失计算(目前仅适用于诱多型证券虚假陈述案件)和证券市场系统性风险与非系统性风险的扣除功能,具有以下特点:

(一)模块化

该软件在计算功能方面采用模块化设计。模块化设计的优点是操作更灵活,运

* 中证中小投资者服务中心行权事务部总监。
** 中证中小投资者服务中心维权事务部高级经理。
*** 中证中小投资者服务中心维权事务部高级经理。

算效率更高。一是基础损失计算模块,用户可选择实际成本法或移动加权平均法计算投资者买入均价;二是系统性风险扣除模块和非系统性风险扣除模块,可由软件用户自主选择;三是支持软件用户自主选择系统性风险和非系统性风险的考察区间。

(二)智能化

该软件智能化程度很高,主要体现在以下三个方面:一是该软件在开始计算前能自动识别投资者的交易记录,并根据先进先出原则判定投资者交易记录中哪些股票在赔偿范围内;二是对于送股、转增股、配股、派息等除权除息的股票,软件在计算投资差额损失时,会自动对股票价格和股票数量进行前复权处理;三是有别于市面上只为某一个案件专项开发的软件或程序,本软件对所有证券虚假陈述案件均具有适用性,软件用户只需在软件操作界面设置好每个案件的相关计算参数,软件即可自动运行计算。

(三)大数据分析

非系统性风险的扣除计算需要软件计算出各类重大事件对股价影响的历史平均值数据,这涉及大数据分析法的开发应用。本软件具有 A 股行情数据的实时联网功能,可随时筛取一定历史时段内各类重大事件的公告数据,并根据内置的算法计算出每类重大事件对股价影响的历史平均值数据,进而用于案件非系统性风险的扣除计算。

(四)可扩展性

本软件在设计开发时即考虑到软件的可扩展性。软件交付使用后,将根据用户反馈和实践需求不断完善,包括将来对诱空型虚假陈述案件投资者损失计算功能模块的扩展。

(五)保密性

本软件的设计开发始终坚持保密性原则:一是根据使用目的对软件用户进行分类授权管理;二是对投资者身份信息及其交易数据严格保密,软件完成损失计算后会自动删除投资者交易数据信息,避免泄露;三是部署该软件的服务器采用安全性更高的 Linux 操作系统,并对系统用户使用高复杂度密码,服务器使用防火墙区域隔离访问,有效保障数据安全。

损失计算软件除了上述核心功能外,还具备案件存档和查询功能、批量数据导入与交易记录识别功能、计算过程和结果的输出与打印功能、数据维护功能,以及软件用户权限管理功能等。

二、基础损失计算功能的运行逻辑

根据《最高人民法院关于审理证券市场因虚假陈述引发的民事赔偿案件的若干规定》(以下简称《司法解释》),基础损失包括投资差额损失、佣金、印花税和资金利息。基础损失的计算公式为:基础损失 =(卖出均价 - 买入均价)× 揭露(更正)日后有效卖出股数 +(基准价 - 买入均价)× 基准日有效持股数 + 佣金 + 印花税 + 资金利息。上述公式中,卖出均价、基准价、卖出股数和持股数等都比较容易确定,其难点和核心问题在于确定揭露(更正)日持股的买入均价,对此,本软件提供了实际成本法和移动加权成本法两种算法,由用户自行选择。

(一)实际成本法

实际成本法,是指以实施日至揭露(更正)日期间,投资者买入股票的总成本减去其在此期间卖出该股票收回的资金,除以买入股数与卖出股数之差,计算出股票买入均价。其公式可表述为:买入均价 =(买入总金额 - 卖出总金额)÷(买入股数 - 卖出股数)。

实际成本法简单快捷,适于手工计算,故在实务中运用最为普遍。但该算法有明显缺点,只要投资者在揭露(更正)日前有卖出操作,按此公式计算出的揭露(更正)日有效持股数的平均买入成本即与实际平均买入成本不符。如果投资者操作水平较差,频繁高买低卖,则计算出的买入均价会高于实际平均买入成本,因为其中包含了投资者的交易损失,极端情况下甚至远高于该股票的最高价格;反之,如果投资者操作水平较高,频繁高抛低吸,则计算出的买入均价会低于实际平均买入成本,因为其中包含了投资者的交易获利,极端情况下甚至远低于其卖出均价,导致其因获利而失去索赔资格。这种计算结果不合理,不能因为投资者操作水平高而获利就失去索赔资格。

(二)移动加权平均法

移动加权平均法,是指投资者于实施日至揭露(更正)日期间每次买入股票后,以新买入的股票成本加上前次的持仓成本,除以本次买入的股票数量加上前次的持仓数,计算出股票买入均价。其公式可表述为:移动加权成本单价 =(∑本次购入股票金额 + 本次购入前持股成本)÷(∑本次购入股票数量 + 本次购入前持股数量)。

移动加权平均法对投资者的每笔买入交易加权计算,能够最真实地反映投资者的实际买入成本,对原告和被告均较为公平。然而,该算法的缺点在于计算过程复杂,靠手工计算效率较低,过于耗费时间精力,因此司法实践中较少使用。但是,借助损失计算软件,该问题迎刃而解。

(三)先进先出原则的应用

先进先出原则,本意是指根据先入库先发出的原则,对于发出的存货以先入库存货的单价计算发出存货成本的方法。将该原则应用于虚假陈述案件,假设投资者先买进的股票先卖出,从而判别哪些股票在赔偿范围内,哪些股票不在赔偿范围内。只有在赔偿范围内的股票参与损失计算。

损失计算软件内置了先进先出的判定规则,无须人工设置。在开始计算前,软件程序会自动对投资者的交易记录进行逐行识别,并根据实际情况作出如下判定:

1. 对于揭露(更正)日前买入的股票,包括实施日前的库存股,如果投资者在实施日至基准日期间有卖出的,程序会根据先进先出的原则进行抵扣,优先抵扣实施日前的库存股,再抵扣实施日后买入的股票。被抵扣掉的股票交易数据不参与损失计算。

2. 对于投资者交易记录中实施日至揭露(更正)日期间出现收盘时股票余额为"0"的,依据先进先出原则,判定该交易日及之前所有买进的股票已经全部卖出,该交易日及之前的股票交易数据不参与损失计算(不属于赔偿范围),将该交易日后的股票交易数据纳入损失计算;若上述期间交易记录中多次出现收盘时股票余额为"0"的,则以最后一次收盘时股票余额为0的交易日后的交易数据参与损失计算。

为方便下文表述,我们把按照上述先进先出原则判定后纳入损失计算的第一笔买入股票行为称为"第一笔有效买入"。无论是实际成本法还是移动加权平均法,软件在损失计算时均从第一笔有效买入开始。

三、证券市场系统性风险扣除功能的运行逻辑

《司法解释》规定,被告举证证明原告具有损失或者部分损失是由证券市场系统风险等其他因素所导致的情形的,人民法院应当认定虚假陈述与损害结果之间不存在因果关系。依该规定,在计算投资者损失时,应当扣除证券市场系统风险因素所导致的损失。证券市场系统性风险,是指引起整个证券市场或局部市场、局部行业的股票价格波动,使投资者蒙受损失的风险,这种风险具有客观性,为个别企业或行为所不能控制。

（一）以组合指数作为系统性风险的参考指标

证券市场系统性风险存在与否，通常可以通过证券市场的大盘指数和行业板块指数的波动情况作出判断。而行业板块指数越细分，与系争股票（司法审判用语）的关联性越强。基于证券市场的复杂性，任何单一指数都无法作为认定系统性风险的单独指标，应当围绕个股紧密性原则，构建系统性风险的组合参考指标体系。损失计算软件采用了“3 + X”的组合参考指标体系。其中，“3”代表综合指数、一级行业指数和三级行业指数（统称“行业指数”），这三类指数是必选指数。综合指数包括沪深交易所发布的上证综指、深证综指、中小板综指、创业板综指，系争股票根据其所属交易场所和上市板块只选择与其关系最紧密的一个综合指数作为参考指标；行业指数采用市场上相对权威、使用较广的申万指数。“X”代表热点比较突出的反映系争股票特点的概念指数，由同花顺 iFinD 提供，属于可选指数。用户在勾选系统性风险选项时，程序会自动列出系争股票在案件系统性风险考察期间涉及的概念指数，并按照紧密程度高低排序，由用户选择具体的概念指数。由于概念指数带有明显的阶段性特征，如果考察期间系争股票不涉及热点概念，也可不选择“X”指数。组合参考指标体系如表 1 所示：

表 1　系统性风险组合参考指标体系

序号	股票属性	综合指数	行业指数		可选指数
			一级行业指数	三级行业指数	
1	上交所上市股票	上证综合指数 000001	申万一级行业指数	申万三级行业指数	根据系争股票特点选择最紧密的概念指数
2	深交所主板上市股票	深证综合指数 399106	申万一级行业指数	申万三级行业指数	根据系争股票特点选择最紧密的概念指数
3	中小板上市股票	中小板综合指数 399101	申万一级行业指数	申万三级行业指数	根据系争股票特点选择最紧密的概念指数
4	创业板上市股票	创业板综合指数 399102	申万一级行业指数	申万三级行业指数	根据系争股票特点选择最紧密的概念指数

（二）个案计算每个投资者的系统性风险扣除比例

在证券虚假陈述侵权纠纷案件中，受损投资者人数众多，且每一位投资者的买卖交易情况都不相同，所受系统性风险的影响也不相同。但限于技术和效率原因，采用手工计算模式下，司法机关无法单独认定每个投资者所受系统性风险影响的扣除比例，只能对一个上市公司虚假陈述案件确定一个统一的系统性风险扣除比例值。这种做法很有可能对投资者和被告都带来不公,而采用个案计算系统性风险的方法更公平、科学、合理。损失计算软件可以实现单独计算每个投资者受到系统性风险影响的比例值。

(三)系统性风险的考察区间

系统性风险的考察区间包括期间起始日和期间终止日。在损失计算软件中,期间开始日包括第一笔有效买入日和揭露(更正)日,具体选择哪个日期由用户在软件界面上选择设置。

考察区间终止日根据每个投资者在揭露(更正)日至基准日期间的持仓情况来确定,由程序根据交易记录自动识别。例如,假设某投资者在揭露日持有有效股份余额为b,则考察区间终止日的判定情况如表2所示:

表2 系统性风险考虑区间终止目的判定逻辑

判定情况	考察区间终止日
1. 揭露(更正)日至基准日期间,有效股份余额b被全部卖出	根据先进先出原则,考察区间终止日为该投资者累计卖出有效股份余额达到b之日
2. 揭露(更正)日至基准日期间,有效股份余额b被部分卖出,累计卖出股份数为a	考察区间终止日有两个:第一个终止日为累计卖出股份数达到a之日;第二个终止日即为基准日

需要说明的是,情况1和情况2中的股份数a和b均是根据先进先出原则判定后确定的数量。对于情况2,因存在两个考察区间终止日,故存在两个系统性风险考察区间,应分别计算扣除比例。

(四)组合指数参与系统性风险扣除计算的判定方法

综合指数、行业指数和概念指数对证券市场的影响不尽相同,其中综合指数对市场的影响面最广,而行业指数和概念指数则对市场的影响表现为局部性,且与相关个股关系更紧密,对相关个股股价影响更大。另外,在同一考察期内,组合指数的走势也时常出现差异性,有的指数上涨,有的指数下跌;有的指数跌的多,而有的指数跌的少。根据组合指数的上述特性,可以将其概括为四种情况,不同情况下组合指数参与系统性风险扣除计算的判定方法如表3所示:

表 3 组合指数参与系统性风险扣除计算的判定方法

组合指数波动情况	综合指数（i1）	一级行业指数（i2）	三级行业指数（i3）	概念指数（i4）	参与系统性风险扣除计算的指数	说明
情况 1	↓	—	—	—	i1，i2，i3，i4	综合指数下跌，说明存在全局性系统性风险，4 种参考指数均参与计算
情况 2	↑	↓	—	—	i2，i3，i4	综合指数上涨，且一级行业指数下跌，说明存在行业性的系统性风险，故仅一级行业指数、三级行业指数和概念指数参与计算
情况 3	↑	↑	↓	—	i3，i4	综合指数和一级行业指数均上涨，且三级行业指数下跌，说明存在局部性的系统性风险，故仅三级行业指数和概念指数参与计算
情况 4	↑	↑	↑	—	i4	综合指数、行业指数均上涨，虽无系统性风险，但 A 股市场有喜欢炒作概念的特点，概念指数对相关个股影响显著，故将概念指数参与计算

注：↓代表下跌，↑代表上涨，—代表无须判定，直接参与计算。

（五）扣除系统性风险的损失计算公式

参与系统性风险扣除计算的指数必须是按照上述规则判定后最终选取的指数组合，其种类为 1 个至 4 个。损失计算公式可以表述为，投资者可获赔投资差额损失 = 投资差额损失 ×［1 – min（D,0）/G］。

上述公式中，D 表示选定组合指数在考察区间的平均值，G 表示系争股票在考察区间的涨跌幅，函数 min（D,0）表示在 D 值和 0 之间选择数值较小者参与计算。如果 D≥0，则表明系争股票未受系统性风险影响；如果 D < 0，则表明系争股票受到系统性风险的影响并需要扣除，如果 D < 0，且｜D｜ > ｜G｜，表明系争股票不仅受到系统性风险影响,而且投资者的损失完全由系统性风险造成。组合指数平均值 D =(参考指数1涨跌幅+参考指数2涨跌幅+……参考指数N涨跌幅)/N,N代表参与计算的指数的数量。

示例:某案件投资者投资差额损失为10000元,在考察期间系争股票涨跌幅为 -30%,选定的综合指数涨跌幅为 -2%,一级行业指数涨跌幅为 -4%,三级行业指数涨跌幅为 -10%,概念指数涨跌幅为12%,根据上述公式,组合指数平均值 D = [(-2%)+(-4%)+(-10%)+(12%)]/4 = -1%,投资者可获赔投资差额损失 = 10000×[1-min(-1%,0)/(-30%)] = 9667元。

对于投资者在揭露(更正)日后有卖出部分股票而基准日仍持有部分余股的情况,会涉及2个考察区间,每个考察区间应单独计算投资差额损失和系统性风险扣除比例值。对此,上述公式可以扩展为:投资者可获赔投资差额损失 = 投资差额损失1×[1-min(D1,0)/G1]+投资差额损失2×[1-min(D2,0)/G2]。

四、证券市场非系统性风险扣除功能的运行逻辑

证券市场非系统性风险,是指由个别股票自身因素所带来的使投资者蒙受损失的风险。该风险通常只影响某一只股票的价格,对其他股票不产生影响。《司法解释》中并无"证券市场非系统性风险"的表述,但从其关于"证券市场系统风险等其他因素"的文字表述中可以推断出:首先,"证券市场系统风险"只是排除虚假陈述与侵害结果之间因果关系的"其他因素"中的一种因素。不仅"证券市场系统风险"所造成的投资者损失应当被扣除,而且与虚假陈述行为本身无关的其他因素给投资者造成的损失都应予以扣除。其次,企业经营风险等证券市场非系统性风险往往是导致投资者损失的最常见的风险因素,应属"其他因素"的范畴。对于非系统性风险所导致的投资者损失,也应予以扣除。

损失计算软件具有证券市场非系统性风险的扣除计算功能,运行逻辑如下:

(一)非系统性风险的参考依据

非系统性风险属于个股风险,故不能用指数作为其参照依据。对上市公司而言,其披露的信息直接影响股价走势。在虚假陈述案件的实施日至基准日期间,上市公司可能会披露与虚假陈述行为无关的重大事件信息,若属利空消息,很可能会对股价下跌起到助推作用,若属利好消息,则可能会对股价下跌起到减缓甚至抵消的作用。

这些与案件虚假陈述行为无关的重大事件信息属于非系统性风险，其导致投资者损失的不在法定的赔偿范围之内，应当予以扣除。

通过损失计算软件，我们可以统计出A股市场上重大诉讼、重大担保等每一类重大事件对个股股价影响的历史平均值，并以该数值作为参考依据应用于具体案件中，通过一定的算法规则，计算出案件中应当扣除的非系统性风险比例值。可见，重大事件历史数据的取得具有重要意义。

（二）重大事件历史样本数据的筛取原则

1. 合理确定历史样本数据的筛查期

股票交易历史数据具有客观性、可记录性、可调用性。采集重大事件历史样本数据，就是采集一定期限内A股市场上公告披露的所有符合条件的重大事件样本数据。考虑到数据维护的成本与样本的丰富性，损失计算软件的重大事件历史数据筛查期为2年，自案件中需要扣除的非系统风险因素重大事件公告披露之日起往前推算。例如，某案件中非系统性风险因素重大担保事件的公告披露日为2018年9月3日，则该重大担保事件的历史数据筛查期应当为2018年9月2日至2016年9月3日的2年期间。

2. 筛取正常上市交易股票的历史样本数据

为确保重大事件历史样本数据的标准性和公正性，软件系统在筛选历史样本数据时，只选取A股市场上正常上市交易的股票，排除ST股和*ST股。即软件在筛选重大事件历史样本数据时，若发布公告时股票当时正处于ST股或*ST股状态，则自动剔除该重大事件历史样本数据。

（三）重大事件影响股价的历史平均值数据的取得

采集足够多的重大事件历史样本数据最终是为了统计出每类重大事件对股价影响的历史平均值数据，以作为具体案件中扣除非系统性风险的参考依据。这些历史平均值数据包括：股价波动周期平均值和股价每日波动平均值。其中，股价波动周期平均值是指A股市场每一类重大事件信息被披露之日至披露该重大事件的股票流通股换手率达100%之日所经历的交易日天数的平均值；股价每日波动平均值是指A股市场每一类重大事件信息被披露之日至披露该重大事件的股票流通股换手率达100%之日的股价波动数值除以该股所经历交易日天数的数值的平均值。股价每日波动平均值有正负数之分，正数表示上涨幅度，负数表示下跌幅度，0表示无波动；股价波动周期指实际交易日。

(四)重大事件非系统性风险的扣除计算

借助损失计算软件,不仅可以判定具体案件中是否存在重大事件非系统性风险的影响,而且还可以进一步判定每个投资者受非系统性风险影响的情况。当软件使用者勾选扣除非系统性风险后,程序会自动检测案件实施日前90个交易日至基准日期间系争股票是否发布过属于软件非系统性风险因素名目数据库(该数据库由软件维护人员建立并实时更新维护)中的重大事件公告。如果程序检测出符合上述条件的公告,则自动显示该公告的名称及其历史股价波动幅度平均值数据,由软件使用者选取历史股价波动幅度平均值数据为负数的重大事件非系统性风险因素进行扣除计算。

扣除计算的逻辑如下:(1)将案件中需要扣除的某个重大事件的公告日期加上该类重大事件的历史股价波动周期平均值,得出其对系争股票的影响期间。(2)再将该影响期间与每个投资者的考察区间进行对比,期间相重合的天数,即为该重大事件非系统性风险因素对投资者交易损失的影响期间,予以扣除计算。(3)非系统性风险扣除计算中投资者的考察区间与系统性风险的考察区间一致。

图1演示了某一重大事件非系统性风险因素在某投资者的一个考察区间内可能出现的五种情况:

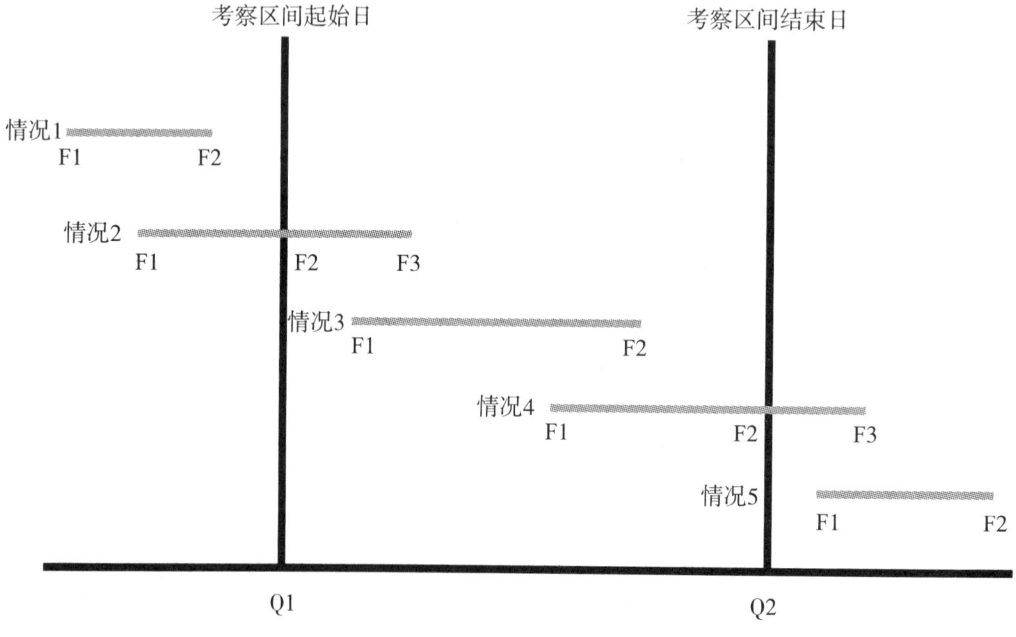

图1

图 1 中：Q1、Q2 代表某投资者考察区间起止日，F1 代表重大事件非系统性风险因素在案件中的公告日，灰色线条代表该重大事件的影响期间。情况 1 和情况 5，重大事件的影响期间完全在 Q1Q2 考察区间之外，未对投资者交易产生影响，无须扣除计算；情况 2 的 F2F3 期间和情况 4 的 F1F2 期间与 Q1Q2 考察区间有部分重合，表明该重大事件的一部分影响给投资者造成了损失，应当予以扣除计算；情况 3 重大事件的整个影响期间（F1F2 期间）均处于 Q1Q2 考察区间内，表明重大事件的全部影响给投资者造成了损失，应当予以扣除计算。

在情况 2、3、4 下，重大事件非系统性风险对投资者损失产生了或多或少的影响，需要扣除计算，其计算公式如下：

重大事件非系统性风险扣除比例值 =（期间重合天数 × 该重大事件历史股价每日波动平均值）÷ 系争股票跌幅。投资者可获赔投资差额损失 = 投资差额损失 - 重大事件非系统性风险所致投资者损失。

五、多种证券市场风险交织影响下投资者损失的计算

在复杂的证券虚假陈述案件中，往往涉及系统性风险和非系统性风险（理论上统称证券市场风险）的认定和扣除问题。在这类复杂案件中，投资者损失的计算方法为：（1）根据每位投资者的交易记录情况，明确其证券市场风险的考察区间，并计算其投资差额损失；（2）分别计算该投资者需要扣除的系统性风险比例值和非系统性风险比例值；（3）以投资差额损失依次减去系统性风险和非系统性风险所致损失后，得出投资者可获赔的投资差额损失；（4）以投资者可获赔的投资差额损失为基数，分别计算其应获赔偿的佣金、印花税和资金利息并汇总相加计算，最后得出该投资者应获赔偿金额。

苏某某涉嫌内幕交易案二审判决若干法律问题探讨

黄江东*

摘　要：北京市高级人民法院对苏某某涉嫌内幕交易案作出二审判决，撤销证监会行政处罚、复议及一审法院判决。法院对行政执法机关调查程序只应作合法性审查，具体采用哪些调查行为应由行政机关根据案件具体情况自主裁量，法院不应过多干预。本案证据已达到了足以证明殷某某为内幕信息知情人的程度，法院不应苛求行政机关“穷尽调查手段”。在基于联络接触推定的情况下，交易特征须达到“高度吻合”程度。对涉密证据，也应进行质证，审查证据的“三性”。

关键词：苏某某案　内幕交易　程序违法　推定

近日，北京市高级人民法院公开宣判苏某某诉中国证监会对其作出的行政处罚和行政复议决定上诉案，以事实不清、程序违法为由终审判决撤销被诉行政处罚决定和行政复议决定，一并撤销此前驳回苏某某诉讼请求的一审判决。北京市高级人民法院官网随即刊发《为何这起证券行政处罚被撤销　北京市高级人民法院判决详解内幕交易调查规则与标准》的文章，[①]对审理的焦点问题及判决依据进行了详细解析；第二天，《人民法院报》刊发文章《北京高院终审撤销一证券行政处罚　判决详解内幕交易调查规则与标准》，最高人民法院官网原文转发，[②]各大网络媒体更是争相

---

* 上海专员办。

① 载北京市高级人民法院网站：http://bjgy.chinacourt.org/article/detail/2018/07/id/3395185.shtml，最后访问日期：2018年7月18日。本文以下直接引用部分若未经特别说明的，均引自北京市高级人民法院文章。由于该案判决书尚未公开，北京市高级人民法院文章视同为其二审判决的主要内容。

② 载中华人民共和国最高人民法院官网：http://www.court.gov.cn/zixun-xiangqing-108051.html，最后访问日期：2018年7月18日。

转载,一时间该案成为资本市场广为关注的热点。由于该案较为详细阐明了法院对内幕交易调查规则与标准的态度,且判决证监会败诉,更是引起了证监会系统的广泛关注和深入讨论。笔者不揣浅陋,试对本案涉及的若干焦点法律问题进行探讨,以期对改进工作有所裨益。

一、案 情 简 介

中国证监会认为苏某某涉嫌内幕交易,决定对其进行立案调查,并对威华股份及相关人员进行了检查、调查。经核查,中国证监会认为苏某某在内幕信息公开前与内幕信息知情人员殷某某联络、接触,相关交易行为明显异常,且其没有提供充分、有说服力的理由排除其涉案交易行为系利用内幕信息,违反了《证券法》第 73 条、第 76 条第 1 款的规定,构成《证券法》第 202 条所述内幕交易行为。2015 年 8 月 27 日,中国证监会向苏某某作出《行政处罚事先告知书》,并委托上海局于同年 12 月 9 日送达。同年 12 月 11 日,苏某某表示需要陈述申辩并举行听证会。同年 12 月 25 日,中国证监会向苏某某送达了《听证通知书》。2016 年 1 月 19 日,中国证监会举行听证会,听取了苏某某的陈述申辩意见。

中国证监会认为,苏某某交易威华股份的时点与资产注入及收购铜矿事项的进展情况高度吻合,但是苏某某没有为其与殷某某在涉案期间存在接触联络以及其交易行为与内幕信息形成过程高度吻合提供充分、有说服力的解释。苏某某的上述行为违反了《证券法》第 73 条、第 76 条第 1 款的规定,构成《证券法》第 202 条所述内幕交易行为。根据苏某某违法行为的事实、性质、情节与社会危害程度,依据《证券法》第 202 条的规定,中国证监会作出〔2016〕56 号行政处罚决定:没收苏某某违法所得 65,376,232.64 元,并处以 65,376,232.64 元罚款。苏某某不服被诉处罚决定,向中国证监会申请行政复议。中国证监会经审查作出〔2017〕63 号行政复议决定,决定维持被诉处罚决定。苏某某仍不服,诉至法院。

二、本案证据是否足以认定殷某某为内幕信息知情人

本案上诉人苏某某认为,中国证监会在调查过程中,并未找到殷某某,核实清楚殷某某的身份信息,也未对殷某某的情况展开调查,认定殷某某属于内幕信息知情人

事实不清,法律依据不明。中国证监会认为,其已穷尽各种手段调查收集证据,而且即使找到了相关人员,其不配合调查的情况也很常见,虽然作为涉案人员的殷某某一直未被找到,但其他涉案人员询问笔录以及有关会议记录证明,殷某某实际参与了资产注入事项的形成过程并知悉铜矿收购事项,为内幕信息知情人。

北京市高级人民法院审理认为,《行政处罚法》第 36 条的规定,在行政处罚一般程序中,行政机关发现公民、法人或者其他组织有依法应当给予行政处罚的行为的,必须全面、客观、公正地调查,收集有关证据。"全面"要求"调查范围上既要向涉嫌违法的相对人进行调查,也要向了解案件事实的直接当事人和利害关系人进行调查,特别是案件涉及的直接当事方,是案件事实的直接经历者,也是权利攸关方,理当成为行政调查不可或缺的对象。"中国证监会认定殷某某为内幕信息知情人,除了相关会议记录以及其他相关人员的证人证言外,还必须向殷某某本人进行调查询问,除非穷尽调查手段而客观上无法向殷某某本人进行调查了解。法院进而认为,中国证监会的这些努力尚不构成穷尽调查方法和手段,也不能根据这些努力得出客观上存在无法向殷某某进行调查了解的情况。这是因为,中国证监会寻找殷某某的相关场所,只是殷某某可能从业的单位,并不是确定的实际可以通知到殷某某的地址,而且看不出中国证监会曾到殷某某住所地、经常居住地或户籍所在地等地方进行必要的调查了解。即使是便捷通知方式,在案证据显示,中国证监会联系殷某某的方式也并不全面,电话联络中遗漏掉了"1392091 × × ×9"号码,且遗漏掉的该号码恰恰是苏某某接受询问时强调的殷某某联系方式,也是中国证监会调查人员重点询问的殷某某联系方式,更是中国证监会认定苏某某与殷某某存在数十次电话和短信联络的手机号码。执法中存在的上述疏漏,说明中国证监会对殷某某的调查询问并没有穷尽必要的调查方式和手段,直接导致其认定殷某某为内幕信息知情人的证据,因未向本人调查了解而不全面、因其他证据未能与本人陈述相互印证并排除矛盾而导致事实在客观性上存疑、因未让当事人本人参与内幕信息知情人的认定并将该过程以当事人看得见的方式展示出来而使得公正性打了折扣。

综上,北京市高级人民法院在此问题上的核心逻辑可概括如下:第一,行政处罚法规定了"全面"的调查义务,本案证监会仅有相关会议记录以及其他相关人员的证人证言不够,还必须向殷某某本人调查询问,除非穷尽调查手段后客观上不能;第二,本案中虽然证监会为寻找殷某某采取了一些行动,但只去了单位,没有去其住所地、经常居住地或户籍所在地等地方进行必要的调查了解的证据,且电话联络中遗漏掉了“1392091×××9”号码，而该号码正是中国证监会认定苏某某与殷某某存在数十次电话和短信联络的手机号码；第三，由于存在以上情况，故证监会没有穷尽必要的调查方式和手段，因而调查不全面，且因其他证据未能与本人陈述相互印证并排除矛盾而导致事实在客观性上存疑。简言之，证监会在此问题上调查程序不到位不全面、证据不充分。

本文认为，以上观点值得商榷。理由：

其一，法院对行政执法机关调查程序只应作合法性审查，至于具体采用哪些调查行为法律没有要求，应由行政机关根据案件具体情况自主裁量，法院不应过多干预。程序正当是法律的基本价值追求之一，实体正当必须通过程序正当来实现，这是诉讼法的精义所在。对行政行为而言，必须严格遵守相应的程序要求，如《行政处罚法》第37条所规定的调查或检查时“执法人员不得少于两人，并应当向当事人或者有关人员出示证件”，再如不得采取非法手段，如威胁、欺诈手段取证等。行政行为包罗万象，涉及的领域也千差万别，在程序合法的前提下，行政机关具体采取哪些调查行为，应由其根据具体案件的不同进行自由裁量，如果法院要对各领域、各类型的行政行为做出判断，恐怕也未必适应实际情况。比如，在调查证券违法行为时，证监稽查部门最为清楚应当采取哪些具体调查行动，甚至在长期实践的基础上总结出一套取证规范和工作指引，以使全系统的稽查执法行为更为规范化、统一化。而如果由从未干过此类稽查工作的法官来判断并规定应当做什么，难免有越俎代庖之嫌，在此问题上，司法理应保持必要的谦抑态度。

其二，从证明标准上看，本案证据已达到了足以证明殷某某为内幕信息知情人的程度。通说认为，行政处罚应采取“明显优势”证明标准，这高于民事责任中的优势证明标准，低于刑事责任中“排除合理怀疑”的证明标准。北京高级人民法院文章称，行政诉讼证明标准“需要根据具体案件情况，在排除合理怀疑的上限标准与合理可能性的下限标准之间合理确定个案中所适用的证明标准”，与上述理论通说基本一致。刑法是保障法，刑事责任是最严厉的法律责任，所以其证明标准当然也应是最严格的，只要存在合理怀疑不能排除，就应“疑罪从无”；民事纠纷是在平等主体之间进行，而且主要是财产责任，因此以优势证据为已足；行政责任则介于两者之间，其性质是国家公权力对相对人的惩罚，但程度又不及刑事责任严重，现代行政法的理念是在授权与控权之间、公平与效率之间寻求平衡，这就决定了在行政处罚中采取明显优势证据标准是合理的。本案中，证监会为了证明殷某某是内幕信息知情人，取得了相关会议记录及相关当事人证人证言,这些客观证据是非常有力的,远较殷某某本人的陈述证明力强,且上诉人也并没有提出足以令人对上述证据产生合理怀疑的反证,只是强调调查人员没有找到殷某某,欠缺将殷某某认定为内幕信息知情人的直接证据。① 从证据理论上来说,证据分为直接证据和间接证据,直接证据单独即可证明待证事实,而间接证据只有形成一个完整的证据链条才能证明待证事实,但这显然不是只有直接证据才有效。即使在证据标准最为严格的刑事诉讼中,在符合一定条件下,间接证据也可定案,②司法实践中也不乏"零口供"定罪的实例。③ 所以,苏某某提出的上述抗辩理由不足以构成对证监会证据的有效反证。至于本案判决书中所称"因其他证据未能与本人陈述相互印证并排除矛盾而导致事实在客观性上存疑、因未让当事人本人参与内幕信息知情人的认定并将该过程以当事人看得见的方式展示出来而使得公正性打了折扣",更是显得似是而非,哪条法律规定了"其他证据"要与"本人陈述相互印证"?要排除什么矛盾?当事人避而不见不配合调查,相应不利后果是否应由其自身承担?证监会公开听证、公开行政处罚难道不是"当事人看得见的方式"?

其三,本案判决书所提出的"穷尽调查手段",极易引发证券稽查执法标准的模糊、混乱和无限扩大,同时还可能诱发潜在的不配合调查行为,实不可取。判决书多处强调,证监会没有"穷尽调查手段",因而没有尽到法定调查义务。这种要求一是无依据,没有哪部法律哪个条文要求行政机关要"穷尽调查手段",《行政处罚法》中关于调查要"全面"的规定,只是一个宣示性条款,主要是要求调查要涉及案件事实的各个方面,不能漏掉某个方面的事实,此外就是既要收集对当事人不利的证据,又要收集对当事人有利的证据,而不能理解为是要求"穷尽调查手段"。二是不妥当,"穷尽调查手段"是一个很宽泛的概念,不同的人理解可能大不相同,此人认为已穷尽调查手段,他人却很可能认为没有穷尽,由此极有可能导致案件取证标准的模糊化和无限提高,由此将可能引发证券稽查执法实践的混乱。更加令人担忧的是,该案的示范效应极有可能诱发被调查对象潜在的不配合行为,任你怎么找就是避而不见,这将对证

① 见《中国证监会行政处罚决定书(苏嘉鸿)》(〔2016〕56号),载中国证监会官网:http://www.csrc.gov.cn/pub/zjhpublic/G00306212/20160504_296825.htm,最后访问日期:2018年7月20日。

② 见《最高人民法院关于执行〈中华人民共和国刑事诉讼法〉的司法解释》(法释〔2012〕21号)第105条规定:没有直接证据,但间接证据同时符合下列条件的,可以认定被告人有罪:(1)证据已经查证属实;(2)证据之间相互印证,不存在无法排除的矛盾和无法解释的疑问;(3)全案证据已经形成完整的证明体系;(4)根据证据认定案件事实足以排除合理怀疑,结论具有唯一性;(5)运用证据进行的推理符合逻辑和经验。

③ 《首例零口供老鼠仓案:父母双亲同判实刑 罚没3573万》,载凤凰财经网:http://finance.ifeng.com/a/20180501/16225643_0.shtml,最后访问日期:2018年7月18日。

券稽查执法效能产生严重负面影响。该案公布后,也正是此点受到广大证券稽查执法人员的热议并引发忧虑。如前所述,本文认为,稽查取证的标准只有一个,那就是是否达到行政处罚证明要求的明显优势程度,而不是什么"穷尽调查手段"。

综上,本文认为,北京市高级人民法院在本案证据是否足以认定殷某某为内幕信息知情人部分所提出的"穷尽调查手段""必须与本人谈话询问"等观点,其法律依据不足,说理也不充分,且容易引发稽查执法实践的混乱和效能下降。法院只应对执法程序的合法性及证据的真实性、合法性和关联性进行审查,并就是否达到相应的证明标准作出判断,而不应就行政机关应作哪些具体调查行为进行界定。本案调查人员没有找到殷某某本人进行谈话询问,调查工作存在一定疏漏,但这并非必备的法定程序,本案在案证据已足以证明殷某某为内幕信息知情人。

三、关于内幕交易推定的适用条件和标准

证监会认为,内幕信息敏感期内,苏某某与殷某某有过多次联络,且苏某某交易威华股份的时点与资产注入事项的进展情况高度吻合,交易行为异常,且没有为此交易行为提供充分有说服力的解释,应当推定构成内幕交易。苏某某认为,其买入威华股票具有合理理由和依据,交易时间与中国证监会认定的内幕信息形成没有高度吻合的特征,且中国证监会的认定反复摇摆,在行政处罚事先告知及被诉复议决定中对于内幕交易的认定皆为"较为吻合",与被诉处罚决定中认定的"高度吻合"不同。

北京市高级人民法院文章要点如下:第一,基于内幕交易的隐蔽性,若现有证据已经足以推定交易行为是基于获知内幕信息而实施的,即可以认定当事人存在内幕交易行为,除非当事人能作出合理说明或提供证据排除其存在利用内幕信息从事相关证券交易活动。本质是通过推定的方式适当向原告转移部分特定事实的证明责任。这已被《关于审理证券行政处罚案件证据若干问题的座谈会纪要》(以下简称《座谈会纪要》)所确认。第二,证监会应当对据以推定的基础事实承担举证责任,本案中证监会主张殷某某为内幕信息知情人,事实不清、证据不足,因此推定当然也不能成立。第三,本案中,被诉处罚决定中的"高度吻合"已为被诉复议决定中的"较为吻合"所修正,且该修正与在案证据显示的内幕信息形成发展与相关交易活动进行的案件事实基本一致。交易特征与内幕信息"高度吻合"是证券监管机关对据以推定的基础事实所要达到的证明程度要求,本案没有达到。

关于内幕交易推定的问题,理论上没有障碍,实践中也广泛使用,已没有争议。对于推定的具体情形和适用条件则需细为考察,《座谈会纪要》第五部分"关于内幕交易行为的认定问题"核心内容是明确两种主要适用推定情形,分别是基于特殊身份的推定:"(二)证券法第七十四条规定的内幕信息知情人的配偶、父母、子女以及其他有密切关系的人,其证券交易活动与该内幕信息基本吻合",和基于联络接触的推定:"(五)内幕信息公开前与内幕信息知情人或知晓该内幕信息的人联络、接触,其证券交易活动与内幕信息高度吻合"。图示这两种情形下推定内幕交易构成要件如图1所示:

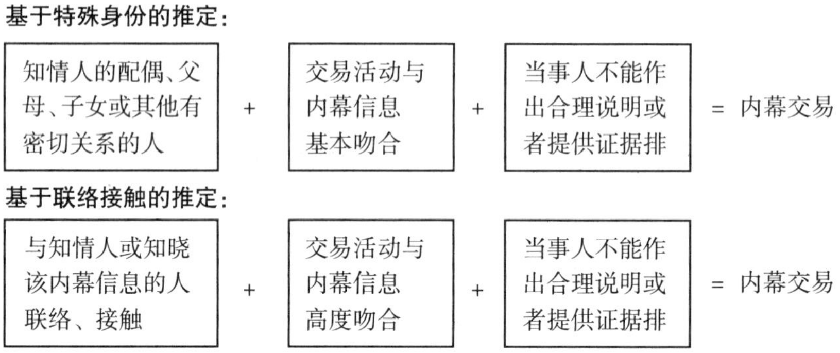

图1

可见,这两种推定的最大区别是对于证券交易特征的证明要求不同。根据日常生活经验,在基于特殊身份推定的情形下,知情人近亲属或关系密切的人在敏感期内有交易行为,其内幕交易的盖然性是较大的,在此情况下可以适当放低对于其交易特征的证明要求,也即只要证明其与内幕信息"基本吻合",且当事人又不能"自证清白"的,就可推定为内幕交易;而在基于联络接触推定的情形下,现代社会中每个人在一段时间内联络接触的对象都会相当多,因此必须对其交易特征有更高的证明要求,也即需要证明其与内幕信息"高度吻合"(否则将会有较大误伤的可能),同时当事人又不能"自证清白"的,方可推定为内幕交易。

本案显然是基于联络接触的推定,故必须证明当事人的交易特征是"高度吻合"。

在此点上，被诉处罚决定①与被诉复议决定②表述不一致。被诉处罚决定在“交易动机及特征”部分认为“苏某某使用‘浦江之星 12 号’、‘马某强’、‘朱某海’账户于 2013 年 3 月 11 日至 4 月 12 日期间持续买入‘威华股份’，交易时点与威华股份筹划注入 IT 资产事项形成过程较为吻合”，在回应当事人申辩意见时则称：苏某某交易“威华股份”的时点与资产注入及收购铜矿事项的进展情况高度吻合，同时被诉处罚决定还出现了“相关交易行为明显异常”的表述（“明显异常”的概念在内幕交易相关刑事司法解释中使用③），处罚决定书本身表述前后不一致的问题很突出，也没有对构成“高度吻合”的理由进行具体论证。而被诉复议决定则认为“交易时点与威华股份筹划资产重组的形成过程较为吻合”，可见复议决定改变了处罚决定中“高度吻合”的认定。北京市高级人民法院认为，本案推定内幕交易，证监会需要证明当事人交易特征达到“高度吻合”的程度，而被诉复议决定只是认定“较为吻合”，没有达到相应证明要求，且该结论与在案证据基本一致。应当说，被诉处罚决定与被诉复议决定在内幕交易推定的构成要件和证明标准上认识不清、表述混乱，北京市高级人民法院的认定既有《座谈会纪要》作为依据，也符合法理，作出在案证据没有达到“高度吻合”的心证判断也难谓不妥。

值得强调的是，在案证据的证明力到底是达到了“基本吻合”还是“高度吻合”，最终取决于法官根据逻辑推理和日常生活经验作出的心证，但《关于办理内幕交易、泄露内幕信息刑事案件具体应用法律若干问题的解释》给出了较为详细的指引，该司法解释第 3 条④详细规定了从三个方面七个具体维度综合判断是否构成“明显异常”。本文认为，“明显异常”的概念外延大于“高度吻合”，因为“明显异常”包括时间

---

① 见《中国证监会行政处罚决定书（苏嘉鸿）》（〔2016〕56 号），载中国证监会官网：http://www.csrc.gov.cn/pub/zjhpublic/Goo306212/201605/t20160504_296825.htm，最后访问日期：2018 年 7 月 20 日。

② 见《中国证券监督管理委员会行政复议决定书（苏嘉鸿）》（〔2017〕63 号），载中国证监会官网：http://www.csrc.gov.cn/pub/zjhpublic/Goo306211/201708/t20170802_321419.htm? keywords = 苏嘉，最后访问日期：2018 年 7 月 20 日。

③ 见《最高人民法院、最高人民检察院关于办理内幕交易、泄露内幕信息刑事案件具体应用法律若干问题的解释》法释〔2012〕6 号。

④ 该司法解释第 3 条规定：“本解释第二条第二项、第三项规定的‘相关交易行为明显异常’，要综合以下情形，从时间吻合程度、交易背离程度和利益关联程度等方面予以认定：（一）开户、销户、激活资金账户或者指定交易（托管）、撤销指定交易（转托管）的时间与该内幕信息形成、变化、公开时间基本一致的；（二）资金变化与该内幕信息形成、变化、公开时间基本一致的；（三）买入或者卖出与内幕信息有关的证券、期货合约时间与内幕信息的形成、变化和公开时间基本一致的；（四）买入或者卖出与内幕信息有关的证券、期货合约时间与获悉内幕信息的时间基本一致的；（五）买入或者卖出证券、期货合约行为明显与平时交易习惯不同的；（六）买入或者卖出证券、期货合约行为，或者集中持有证券、期货合约行为与该证券、期货公开信息反映的基本面明显背离的；（七）账户交易资金进出与该内幕信息知情人员或者非法获取人员有关联或者利害关系的；（八）其他交易行为明显异常情形。”

吻合、交易背离和利益关联三个方面,但该司法解释所列举的前四项均属于交易吻合程度的判断,因此,在内幕交易行政处罚中判断是否属于"高度吻合"时,该四项指标具有重要的参考价值。调查部门在调查取证时要从这四个方面去取证,而处罚部门在处罚决定书中也要从这四个方面进行论证,如此,才能在接受司法审查时更有说服力。

与此相关还有一个程序上的问题是,若如苏某某所称:本案在行政处罚事先告知中对于内幕交易的认定是"较为吻合",而被诉处罚决定中认定的是"高度吻合",那么这种改变是与案件定性密切相关的重大改变,应当再次事先告知当事人,并保障其提出再次听证、进行陈述申辩的权利,否则将极有可能被认为没有有效保障当事人听证的权利而构成程序违法。

四、关于违法所得认定标准问题

苏某某认为,违法所得应当按照三个账户的实际情况分别计算,中国证监会依据深圳证券交易所《苏某某操纵控制账户盈利计算数据》计算苏某某违法所得,没有显示数据的计算过程及相关事实、相关证据。中国证监会认为,本案违法所得的计算方法是其惯用的计算方法,计算结果由深圳证券交易所计算并由中国证监会确认,深圳证券交易所的计算结果是对涉案股票账户实际交易记录的相关数据进行核算后作出的专业统计,计算数据准确。

北京市高级人民法院文章认为:第一,违法所得计算要标准明确、方式清晰,并公之于众,具有可验证性,以提升当事人对违法行为制裁后果的预期,也有利于对行政处罚进行事后监督。第二,《证券市场内幕交易行为认定指引(试行)》虽为内部参考性文件,但互联网等公开渠道可以查询到,当事人对此予以相应信赖具有一定合理性。第三,被诉复议决定认为"本案违法所得的计算符合法律规定,计算数据准确",只有寥寥数语,没有相应的理由说明,看不出认真审慎履行法定复议监督职责,很难让人信服。第四,建议证监会修改完善该指引。如此,既可以为自身执法提供规范指引,推进执法规范化,也可以给市场主体提供行为指引和法律预期,提升执法行为的可接受性,最终促进对内幕交易行为的规制效果。简言之,内幕交易违法所得计算的标准和过程要明确、公开。

本文赞同上述意见。长期以来,证监会系统内部存在大量的"指引""纪要"等规范性文件,其目的是内部就某个问题统一认识、指导工作,但这些文件有些是纯内部性的,有些则是直接与当事人权益密切相关的,本案提到的《证券市场内幕交易行为认定指引(试行)》就是这样。总体来看,这些规范性文件存在两个较突出的问题:一是非公开性。工作中依据这些文件处理与当事人相关的事务,但当事人却看不到依据何在,甚至有些关于对法律问题认识的“纪要”被定为秘密级,只在极少范围内知悉,系统内绝大多数的稽查执法人员都看不到。二是修订不及时。有的文件“试行”了10多年,始终未见正式发布,随着时过境迁,许多内容已经明显不适应当前需要,也未予以及时修订。这样的“僵尸”文件对内容易引起工作上的混乱,对外容易导致当事人的误解,引起相对人、社会公众甚至司法机关的质疑。政府行政行为应以公开为原则,以非公开为例外,这是依法行政的内在要求。对与当事人权益密切相关的规范性文件更是应当公开,以便当事人查阅知悉,获得稳定的预期,并对行政行为进行监督。

与此相关的另一个例子是,证监会稽查执法立案标准也未对外公开(该标准实际即是稽查处罚实践中掌握的是否构成违法、是否应予处罚的标准)。有观点认为,立案标准是内部掌握的是否需要处罚的标准,如果公开,潜在的违法者即会根据该标准进行规避,不利于打击违法行为。例如,若将信息披露违法行为占总资产的比例的标准(如5%)公开,则违法者就可能会每次掐准在这个红线以下(如4.9%)来做,容易被钻空子。本文认为,以上观点似是而非。既然画出了一条合法与非法的红线,当事人在红线以内进行活动,这恰恰说明规则起到了指引当事人行为的预期效果,应当是执法者乐于见到的,不能认为是钻空子。如果实践中发现当事人这种行为危害后果也较明显,那只能说明这条红线定得不够准确,或者说随着实践的发展需要调整,此时及时作出调整即可。

五、关于程序合法性正当性问题

苏某某认为,一审判决违反法定程序,被上诉人在一审中提交了一份“涉密证据”,用以证明上诉人与殷某某“45次通话记录”“71次短信联系”的事实,该证据无论在庭前证据交换环节还是在开庭时都没有进行质证,即使涉密也应当经过质证才能作为裁判的根据。证监会认为,一审法院对其提交的涉密证据未在开庭时公开质证并无不当。

北京高级人民法院认为:第一,行政处罚程序也存在前述未履行全面、客观、公正调查收集证据职责的问题,这既是事实和证据问题,也是程序问题,因而也应确认行政处罚程序违法。第二,对于苏某某与殷某某的通信记录,证监会以“涉密”为由不予保障苏某某在行政程序中的质证权利,也构成对苏某某合法享有的陈述申辩权利的侵害,一审法院审理程序也存在同样问题,一并指出并纠正。

本文认为,程序违法是一个严格的法律概念,不能作过于扩大化的理解,只有在明确违反法定程序要求的情况下方可认定为程序违法。北京高级人民法院的认定逻辑是,没有证据证明调查人员拨打了殷某某这个关键的手机号码,因此就是没有“全面”履行调查义务,违反《行政处罚法》的“全面”要求,故认定为程序违法。如前所述,本文认为,本案在案证据已足以证明殷某某为内幕信息知情人,法院认为“未穷尽调查手段”、必须找到殷某某本人调查谈话等观点法律依据不足,亦与法理不符。没有哪条法律法规要求证监会行政调查必须要找到当事人进行询问谈话,更无必须拨打当事人手机的要求;《行政处罚法》的“全面”要求,是一个相当原则的规定,理解为宣示性条款较合适。退一步说,即使法院认为本案证据尚不足以证明殷某某为内幕信息知情人,那也只是实体证据不足,而不是程序违法,这是两回事,不可混为一谈。

对于苏某某与殷某某的通信记录在行政处罚程序和一审法院审理程序中没有质证的问题,这确实应属程序违法。《行政诉讼法》第43条规定,证据应当在法庭上出示,并由当事人互相质证。对涉及国家秘密、商业秘密和个人隐私的证据,不得在公开开庭时出示。《最高人民法院关于行政诉讼证据若干问题的规定》第35条规定,证据应当在法庭上出示,并经庭审质证。未经庭审质证的证据,不能作为定案的依据。第37条规定,涉及国家秘密、商业秘密和个人隐私或者法律规定的其他应当保密的证据,不得在开庭时公开质证。由上可见,证据应当在法庭上接受质证,这是法律的明确规定,违反即构成程序违法。令人意外的是,在行政处罚程序和一审法院审理程序中居然都忽略了此点,这是硬伤。即使是考虑到当事人通信记录属于个人隐私,那也只需将公开质证改为非公开方式即可(如不公开听证、不公开开庭),而不能不质证。

与此相关还有一个问题经常引起争议,那就是证监会是否有权调取调查对象的通信记录。肯定说认为,《证券法》第180条明确规定,国务院证券监督管理机构依法履行职责,有权查阅、复制与被调查事件有关的财产权登记、通信记录等资料;否定说认为,《宪法》第40条规定中华人民共和国公民的通信自由和通信秘密受法律的保护。除因国家安全或者追查刑事犯罪的需要,由公安机关或者检察机关依照法律规定的程序对通信进行检查外,任何组织或者个人不得以任何理由侵犯公民的通信自由和通信秘密。《证券法》上述规定违宪,因而应无效。本文认为,从理论上来看,《宪法》对通信自由和通信秘密的保护明确而具体,虽然从字面上看"通讯记录"并不等于"通信秘密",但从法律精神上讲,《证券法》上述规定是与《宪法》不相契合的。但从程序上来看,《证券法》是经全国人大依照严格的法定程序制定的法律,其是否违宪只能由全国人大作出立法解释,其他任何组织和个人都无权决定停止其中哪个条文的执行。在全国人大对此作出相应决定或解释前,证监会作为证券市场监督管理机构,有权且必须严格履行《证券法》赋予的相关法定职责,而被调查对象也必须依法给予配合。

操纵市场民事责任因果关系认定：类型化分析与利益衡量

阎维博*

摘　要：由于操纵市场行为类型多样，并且具有不同于其他证券侵权行为的特殊性，操纵市场民事责任落实需要基于对操纵行为的类型化分析，进而制定契合操纵行为特性的因果关系认定规则。首先，从虚假陈述案件中构建起的“欺诈市场理论”并不完全适用于操纵市场，操纵市场案件中实行因果关系推定的正当性应当从法政策层面利益衡量角度找寻，并因此需要配套严格的赔偿数额计算规则以调试利益平衡。其次，因果关系认定中定量层面涉及赔偿范围的确定，应当在个案中把握操纵市场行为特殊的致损逻辑以准确界分投资者损失范围。再者，应当通过时点的灵活选择与可反驳推定的合理设置，防止因果关系认定规则的僵化，避免行为人责任范围扩张。

关键词：操纵市场　因果关系推定　欺诈市场理论　操纵期间

操纵市场行为人利用交易行为与信息手段营造证券市场的虚假表象，干预证券市场的真实供需关系，扭曲正常证券价格形成机制，以此引诱他人参与证券交易，为自己谋取不正当利益或转嫁风险。追究操纵市场行为人的民事责任，强调通过民事责任补偿受损投资者旨在保护投资者的合法权益，有助于矫正被扭曲的市场机制，实现对失衡利益的恢复调整；有助于维护投资者对于证券市场的信心，促导投资者与监管者形成合力共同维护市场机能健全性与资源配置有效性。尽管近年来证券市场稽查力度不断加强，操纵市场行政责任不断强化，行政处罚金额屡创新高，但民事责任却始终缺位。值得注意的是，近年来随着对我国证券支持诉讼制度的持续深入探索，

---

* 武汉大学法学院博士研究生，武汉大学资本市场法治研究中心研究人员。

投资者支持诉讼模式在虚假陈述民事赔偿中取得了良好的示范效果。2018 年 8 月，中证中小投资者服务中心(以下简称投服中心)首次针对操纵市场违法行为提起了民事赔偿诉讼，让沉寂已久的操纵市场民事赔偿问题再度回归到我国证券市场视野。当前操纵市场民事赔偿责任仍存在诸多理论难点与实践障碍，尤其缺少契合证券市场欺诈行为特性的因果关系认定规则。本文拟详细考察我国操纵市场因果关系认定困境的成因，基于对操纵市场行为的类型化分析，解构操纵市场行为的复杂性，以期根据操纵市场行为特有的致损逻辑构建契合操纵市场行为特性的因果关系认定规则，尝试针对交易型、复合型操纵市场行为引发的民事赔偿的难点案件提供因果关系认定新的思路。

一、实践困局：操纵市场民事责任因果关系认定障碍

尽管我国《证券法》第 77 条明确了市场操纵行为人的民事责任，但我国尚未出现投资者成功获偿的案例，求偿均受阻于因果关系认定环节。因果关系是连接操纵市场行为与投资者损失的纽带，是操纵市场民事赔偿标准的核心问题。正是由于契合操纵市场行为特点的因果关系认定标准缺失，操纵市场民事责任始终虚置于法律文本。

2010 年“中核钛白案”是我国第一例操纵市场民事赔偿案件。该案原告主张参照最高人民法院《关于审理证券市场因虚假陈述引发的民事赔偿案件的若干规定》(以下简称《若干规定》)中因果关系认定标准认定被告操纵市场侵权责任，法院并未支持。法院认为，股票的价格变化还受到上市公司的财务状况、经营情况、所属行业的景气程度，以及大盘指数等诸多因素影响，原告虽然有投资损失，但不能认定该损失与操纵行为具有直接关联性。在二审，北京市高级人民法院维持原判，同样认为不具有直接关联性。① 在 2011 年“汪建中案”中，投资者王某起诉汪建中操纵市场侵权，同样主张参照虚假陈述司法解释。法院则认为，现行法律法规、司法解释对操纵市场与损害结果之间的因果关系的确定以及行为人承担赔偿责任数额的范围、损失的计算方法等均无明文规定，虚假陈述与操纵证券市场是两种不同的违法行为，两者在违

---

① 在二审中，股民提出操纵行为实施期间中核钛白股价跌幅远远大于同期大盘跌幅，且同期中核钛白的财务经营状况、所属行业景气程度和大盘指数等均没有显著变化，应认定投资损失与操纵行为之间存在因果关系的上诉理由，北京高院也并没有采纳。参见程春林：《股民维权步履艰难 首例操纵市场案二审败诉》，载南方网：http://finance.southcn.com/f/2012-05/15/content_45395672.htm，最后访问日期：2018 年 8 月 1 日。

法主体、行为表现、持续时间、影响范围方面均不同,参照虚假陈述司法解释缺乏依据。

操纵市场民事责任因果关系所要解决的关键问题为:操纵市场行为与投资者损失之间有无引起与被引起的关系?或者说投资者的损失是否是由操纵市场行为所致?考虑到证券市场交易的复杂环境,市场系统性风险与操纵市场导致的市场扭曲是同时存在的,两类情形导致的投资者损失的可能性并存,使不同原因导致的损害混同。实践中投资者与操纵市场行为人各执一词,然而法院又缺乏明确的操纵市场因果关系认定规则,最终只能通过侵权法的一般理论,保守地采用了必然、直接因果关系观点。

所谓必然因果关系,强调只有行为与损害结果之间具有内在的、本质的、必然的联系,才能认定违法行为与损害后果之间存在法律上的因果关系。所谓直接因果关系,是指"原因行为与损害结果之间自然连接、没有被外来事件打断,尽管也有其他条件的介入,但可以确定这些条件并不影响原因行为作为直接原因的,应当认定其与损害事实之间具有因果关系"。无论是直接因果关系还是必然因果关系,这种或许能够适用于一对一传统交易环境的因果关系认定规则显然难以适用于证券市场环境。证券交易的复杂特性使得当事人在因果关系的证明存在巨大障碍。如果采用直接、必然因果关系理论,则无疑对提起赔偿请求的原告施加严苛的举证责任,几乎完全阻却了投资者成功获偿的可能。

与实践中操纵市场民事赔偿案件陷入的困局不同的是,针对证券交易特点,借鉴欺诈市场理论的虚假陈述因果关系认定规则的制定极大地推动了虚假陈述民事责任的落实。包含明确的因果关系认定与赔偿数额计算规则的赔偿标准能够促使市场各方形成相对稳定预期,不仅使虚假陈述民事赔偿案件能够得以有序解决,也使先行赔付等多元化的投资者求偿模式稳步发展。可见,操纵市场民事赔偿标准的制定是落实操纵市场民事责任的关键,因果关系认定规则即为其中重点。

二、破解路径:通过因果关系推定实现的倾斜性保护

(一)因果关系二元划分的理论考察

因果关系的核心问题是判断操纵市场行为与投资者损失之间有没有引起和被引起的关系。操纵市场行为本质上属于侵权行为,其因果关系植根于侵权法上因果关

系理论。在大陆法系,因果关系分为责任成立上的因果关系与责任范围上的因果关系。前者用以判断可归责的行为与权利受侵害之间是否具有因果关系,进而判断责任是否成立;后者用以判断权利受侵害和损害之间是否具有因果关系,进而界定责任范围。在英美法系,因果关系分为事实上的因果关系(factual causation)与法律上的因果关系(legal causation),也可以分别被称为交易上因果关系(transaction causation)与损失上因果关系(loss causation)。前者通常通过"but-for"标准判断被告行为是否为原告损害的原因。该标准通过提出假设问题"如果没有被告的侵权行为,原告的损害是否会发生",来判定被告的侵权行为是否属于造成损害的必要条件。同时,为了防止事实因果关系判断的宽松导致原因过于宽泛,因此需要通过法律上因果关系限缩范围。后者实际上解决的是被告应当对原告受到权利侵害而遭受的那些损失负赔偿责任,其本质就是损害赔偿数额的确定。所以,损失上因果关系在很大程度上直接影响到赔偿数额计算,更倾向于一个定量问题。

两大法系对于侵权法中因果关系的分析路径并非彼此对立,尽管有所差异,但都一致采取了二分法,其中分析路径的差异只是体现在具体论证过程中,实际上殊途同归。这种二元划分一致体现出因果关系从事实认知到法律认知的过程,包含定性与定量两个层面。其中,责任成立因果关系与事实因果关系更多涉及事实判断问题,而责任范围因果关系与法律因果关系则更多关涉价值判断问题。前者旨在先解决责任是否成立,再通过后者针对性地限缩责任范围,最终确定被告在多大范围内承担赔偿责任。

(二)美国与我国台湾地区的实践观察

在大陆法系国家,操纵市场民事赔偿案件较罕见,较高的因果关系证明要求使操纵市场民事责任面临很大障碍。有学者指出,德国民法对因果关系和损害事实方面的证明要求较高是个人通过诉讼途径实现民事权利还存在权利保护漏洞的原因之一。相较而言,美国则在普通法欺诈行为禁止之上确立了证券欺诈特有的因果关系认定规则,使投资者求偿获得便利。对于操纵市场的行为,理论上原告既可以依照《证券交易法》第 9 条规定的明示诉权提起诉讼,也可以根据《证券交易法》第 10b 条、证券交易委员会规则 10b-5 及《证券交易法》第 17 条规定的默示的诉权提起诉讼。不同诉讼依据对因果关系证明的要求存在差异。其中《证券交易法》第 9 条因果关系证明要求明显更加严格,实践中诉讼更依赖于第 10(b)条款反欺诈规定。具体而言,规则 10b－5 上证券欺诈禁止与普通法欺诈禁止上要件类似[①],其中“请求权人信赖被告之陈述”与“请求权人经济上损失与被告行为之间,具有因果关系”的要件联系紧密,实际上共同针对因果关系问题,并在司法实践中,逐步从独立的两要件演化为因果关系要件项下的交易上因果关系与损失上因果关系两个组成部分。

考虑到证券交易环境下信赖要件证明的难题,法院认可了“市场效率假说”(Efficient Market Hypothesis)及立足于此的“欺诈市场理论”(Fraud-on-the-Market Theory),在 Basic 案[②]中确立起信赖推定方式,以可被反驳推定(rebuttable presumption)应对事实因果关系证明问题,实际上重新分配了当事人的举证责任,在很大程度上减轻了原告的举证负担。投资者无须证明自己是基于对瑕疵信息的信赖才做出投资决定,只需要证明其所投资者的证券价格受到了下跌价格的影响而不公正,即可被认定存在事实上因果关系。

对于损失上因果关系而言,信赖推定在证券欺诈民事赔偿中的广泛应用使损失上因果关系亦有在实践中被适用于推定的情况。尽管能否在损失上因果关系层面实行推定,仍存在巨大争议,但实践中法院实际上在一定程度上减轻了证明难度。例如,操纵市场行为具有不同于虚假陈述行为的隐蔽性,所以操纵市场的行为结束之时并不一定意味着操纵市场行为对市场造成的扭曲消除。正是基于这种操纵行为对股价存在不同于虚假陈述的灌水效应(inflationary effect),实践中产生了举证责任上的区别:对于虚假陈述,需要证明不实的信息公开,对于投资者信赖产生影响;但对于操纵市场而言,只需要达到证明要求“证据证明积极的信息已经进入市场”。

我国台湾地区同样缺乏明确的操纵市场民事责任因果关系认定规则,传统通说采用相当因果关系理论。所谓相当因果关系,是指被告的行为不仅是原告损害发生不可或缺的条件,同时也增加了原告损害发生的可能性。[③] 在实践中,面对证券欺诈行为所处高度复杂性的证券市场环境,相当因果关系的“相当性”具有很大不确定性,投资者很难成功证明因果关系。2002 年,我国台湾地区通过“证券投资人及期货交

① 需要符合的六项要件为:被告对重要事实存在虚假不实陈述或遗漏、被告行为属于故意或有重大过失、被告行为与证券买卖相关、请求权人信赖被告的陈述、请求权人遭受经济上的损失、损失与被告之间的行为具有因果关系。

② Basic Inc. v. Levinson,485 U. S. 224(1988).

③ 我国台湾地区“最高法院”2011 年台上字 141 号民事判决对相当因果关系有过如下阐释:“损害赔偿责任之债,以有损害之发生,及有责任原因之事实,并二者之间有相当因果关系为成立要件。……所谓相当因果关系系指,无此行为,虽必不生此损害;有此行为,通常即足生此损害,是为有相当因果关系。无此行为,必不生此种损害;有此行为,通常亦不生此种损害者,即无因果关系。”

易人保护法”，确立由“财团法人证券投资人及期货交易人保护中心”（以下简称“投保中心”）主导的市场操纵民事赔偿模式，取得了令人瞩目的成就，出现了一批操纵市场索赔成功的案例。在操纵市场民事责任案件中，对原告施加的因果关系证明难度似有逐步降低的迹象，但实践中仍存在对因果关系及其举证责任分配上的分歧，主要存在以下四种观点：

其一，明确表示应由原告负举证责任的见解。[①] 其二，认为应减轻原告举证责任，法律依据在于台湾地区“民事诉讼法”第277条中规定的但书——“当事人主张有利于己之事实者，就其事实有举证之责任。但法律别有规定，或依其情形显失公平者，不在此限。”[②]其三，认为应采用举证责任倒置，论证中采用“欺诈市场理论”，并援引“民事诉讼法”第277条但书。[③] 其四，认为应适用于台湾地区“民法”第184条第2款——违反保护他人之规定，致生损害于他人者，负损害赔偿责任。但能证明其行为无过失者，不在此限。依此推定行为人有过失，应负赔偿责任。[④]

值得注意的是，有主张第一种观点的判决在上诉中被否定，尽管法院并未明确指出其中举证责任分配存在问题，只是指出存在“判决不备理由之违误”，进而从程序法上否定此判决，但在此案发回重审后，法院认可了第二种观点，采用了举证责任倒置。[⑤] 对于我国台湾地区法院认定方法的纷繁不一，有观点认为，实务中似有渐从“相当因果关系”走向“欺诈市场理论”的趋势，并主张明确规定对“欺诈市场理论”的适

---

① 我国台湾地区高等法院台中分院2008年年度金上字第6号民事判决。该案法院认为：上诉人既未能举证明渠某某、曾某某等人之操纵股价行为而买卖顺大裕公司股票（交易因果关系），因而受有多少损害（损害金额），及其所受损害与曾某某等人之操纵股价行为间具有因果关系等情，自难认渠等得依前述规定……请求损害赔偿。

② 我国台湾地区高等法院台中分院2010年年度金上字第6号民事判决。该案法院指出：“若责由授权人就其确因被告之操纵股价行为而受有损害之事实，负完全举证责任，实有违正义原则，亦显失公平，故此部分本院主张用证明度减低之方式，减轻其举证责任”。

③ 我国台湾地区高等法院台南分院2008年年度重诉字第4号民事判决。该案法院指出：揆诸民事诉讼法第277条之制定意旨，若责由附表甲授权人就其确因被告丁某某等五人之操纵股价行为而受有损害之事实，负举证责任，实有违正义原则，亦显失公平。从而，本院认定除非被告举证证明其等之虚伪诈欺行为与附表甲授权人之损害无因果关系，否则即证券市场之特性，推定其因果关系存在，盖以在证券市场中，所有重大之不实讯息均会影响股价，市场投资人普遍以股价作为其价值之表征，是投资人因信赖股价已充分反应所有可得之信息，等于投资人已阅读了公开资料而信赖之。

④ 我国台湾地区高等法院台中分院2001年年度重上字第68号民事判决。该案法院指出：被上诉人丙某某及原审被告张某某为达护盘台樱公司股票之目的，利用自己及他人账户大量购买关系企业股票，以维持股价，业属从事影响集中交易市场某种有价证券交易价格之操纵行为，显系违反保护他人之规定……依上开条文规定，均应推定有过失。

⑤ 我国台湾地区高等法院台中分院2011年年度金上更（一）字第2号民事判决。该案法院指出：是依台湾地区“民事诉讼法”第277条但书之制定精神，并考量当事人间之能力、搜证之难度、因果关系证明之困难及举证难易等情，认本件应由被上诉人就如附表所示投资人就其主张操纵拉抬股价与其等所受股价下跌损失间并无因果关系负举证之责。

用,减少法院判决的歧义。总而言之,操纵市场民事责任的落实在相当大程度上需要通过给予原告投资者较在一般侵权民事赔偿诉讼中更多的便利。

(三)实行因果关系的推定的共识与分歧

考虑到证券侵权的特殊性,无论是采取直接因果关系标准,还是相当因果关系标准,实际上都对原告施加了严苛的举证责任。2003年出台的《若干规定》在一定程度上借鉴了美国“欺诈市场理论”和信赖推定原则,并且有了更进一步的突破,确立了推定虚假陈述与投资人交易行为和损失之间存在因果关系的规则,只要是在特定时期买入证券、在特定时期卖出证券的,因果关系即可被认定成立。推定的意义在于当事人只用证明难度较低的基础事实,将减轻原告所负举证责任,便利于当事人维护自身权利。即有观点指出,对于操纵市场民事责任构成要件的因果关系,同样可以和虚假陈述、内幕交易一样适用推定因果关系。学界对在操纵市场民事赔偿案件中实行因果关系推定并无太大争议,基本已达成共识,但对于在何种层面进行这种因果关系推定则不无争议。

有观点认为,应当划分交易上因果关系与损失上因果关系,前者可以依据“欺诈市场理论”为基础的信赖推定规则进行推定,但对损失上因果关系则应当区分故意侵权和过失侵权,分别采用直接结果判断标准和合理预见标准。也有观点认为,我国与美国在理论研究和司法实践上都差异巨大,不宜在操纵市场侵权案件中贸然移植交易上与损失上因果关系两分法,并认为,我国采用的是因果关系一元论,不存在分别认定交易上因果关系与损失上因果关系,因此适用于对交易上因果关系认定的“欺诈市场理论”在我国没有适用空间,但能够通过运用证明责任分配的有关理论,在操纵市场侵权案件中实行因果关系推定。

分歧的落脚点在于如何对待因果关系的二元划分。这种分歧的产生与《若干规定》对因果关系的笼统表述不无关系,这种不清晰的表达容易造成认知上的混乱——交易上因果关系与损失上因果关系混淆。但实际上,正如有学者指出,尽管《若干规定》没有明确划分交易上因果关系与损失上因果关系,但这种表达上的省略并不意味着最高人民法院取消了两者的区别,而是采用了同时推定交易上因果关系与损失上因果关系的方法。简言之,尽管我国在技术上采用了对因果关系的全面推定,但这种全面依然是建立在对因果关系二元划分的基础上,实则是对交易上因果关系与损失上因果关系的双重推定。对于证券侵权责任而言,这种两分思路是因果关系认定的必由路径。因果关系两部分的功能定位与认定标准均不相同:无论是交易上因果关系,还是责任成立上因果关系,在此因果关系部分解决的更多是事实判断问题,侧重于定性;无论是损失上因果关系,还是责任范围因果关系,在此因果关系部分解决的更多是价值判断问题,侧重于定量。我国《若干规定》采用的因果关系推定方法在世界范围内具有“领先性”,尽管在一定程度上存在认定标准僵化的问题,但这种双重推定模式也使虚假陈述民事责任因果关系认定得到了诸多便利。司法解释的制定需要立足于法律、法规的既有规定,也有结合我国证券市场的实际状况与审判实践的特点。无论未来操纵市场民事赔偿司法解释如何体现交易上因果关系与损失上因果关系的差异,对于操纵市场等证券侵权民事责任而言,这种因果关系的区分都是必不可少的分析步骤。

对于“欺诈市场理论”能否作为操纵市场民事责任因果关系推定的理论基础问题,本文认为不可直接套用。但原因并不在于我国不存在因果关系两分,所以针对交易上因果关系的推定的“欺诈市场理论”在我国没有适用空间,而是因为该理论并不完全适合操纵市场民事责任案件。“欺诈市场理论”的理论基础在于“有效市场假说”,强调证券价格能够有效反映公开信息。然而,若证券市场不满足此条件时,能否依然适用因果关系的推定就成为问题。从近年来证监会关于操纵市场的处罚决定来看,受操纵市场行为影响的对象不仅包括 A 股市场中的股票,同样包括在“新三板”挂牌的股票。[①] 采用做市商进行交易的“新三板”市场相较于 A 股市场,流动性明显欠缺,并不具有“半强式”效率型市场特点。正如学者指出,如果投资者提起虚假陈述民事赔偿,不能适用《若干规定》所采用的交易上因果关系的推定。但对于操纵市场而言,缺乏有效性的市场环境反而更有利于操纵行为人实行交易型操纵。实际上,即有美国学者所指出,“欺诈市场理论”的诞生与发展建立于虚假陈述的诉讼实践,美国法院在司法实践中笼统地使用“依据规则 10b-5 的诉讼”的提法,可能并没有结合操纵市场的特点建构信赖推定规则。由此容易导致支撑“欺诈市场理论”的“市场效率假说”在实体与程序上都构成操纵市场民事赔偿的障碍。[②] 对于操纵市场而言,尤其是交易型操纵市场而言,实行因果关系推定的正当性基础应当从举证责任分配理论上找寻。

总之,基于证券市场交易的特殊性,出于实现社会公平与诉讼公平的考虑,在操

---

① 参见“上海易所试案”(〔2017〕100 号行政处罚决定书)。

② 例如,美国证券诉讼采用集团诉讼模式,其中集团认定(class certification)旨在解决众多求偿主体是否具有事实与法律上的共通性,其中对不同成员是否满足信赖要件就存在要求。

纵市场民事责任中同样可以借鉴已有的《若干规定》所采用的因果关系推定模式,推定满足一定条件时因果关系成立。但同时应当注意到,在证券侵权领域,因果关系的认定不可避免融入了法政策层面利益平衡的考量,尤其是因果关系推定鲜明体现出了对投资者的倾斜性保护,所以需要尽可能严格地确定可适用因果关系推定的条件,并通过赔偿数额计算规则的精细化设计,最大程度保持各方利益、价值取向与立法目标的平衡。申言之,操纵市场民事责任因果关系认定与赔偿数额计算并非彼此孤立,两者应当予以统筹安排:如果采用因果关系推定的方式,实际上是给予原告投资者给予倾斜性"照顾",同时也存在放大操纵行为人责任范围的可能,所以在赔偿数额的计算方式的选取上,应该相应采取更严格的计算标准,并适当限制赔偿数额。①

三、操纵市场行为的类型化与致损范围界分

实行因果关系推定是落实操纵市场民事赔偿的现实选择,因果关系推定的应当满足的条件就成为此时问题的关键,同时这也事关操纵市场民事责任案件中适格原告的范围。只有充分结合操纵市场行为的具体样态,厘清其致损逻辑,合理划定行为致损范围,才能避免武断地推定因果关系,保证利益平衡。

(一)操纵市场行为的类型化分析

"操纵市场"实际上是一个包含各种具体行为种类的集合概念,项下具体行为导致证券市场扭曲的方式与效果存在差异。我国《证券法》具体列举了四项操纵市场行为类型,《证券市场操纵行为认定指引(试行)》也对包括连续交易等八类操纵行为进行分别规范,但证券市场的发展日新月异,操纵市场行为类型也在不断翻新,对操纵市场法定类型的列举式规范无法穷尽所有的操纵行为,实践中仍然需要使用兜底条款予以涵盖。因此,从学理上对行为进行分类就尤为重要,有必要首先对操纵市场行为进行类型化分析。

市场操纵行为可分为交易型操纵与非交易型操纵。交易型操纵是在证券市场交易规则框架下通过交易行为直接影响证券价格与成交量。具体可分为真实交易型和虚假交易型,前者旨在通过产生真实的交易制造假象,引诱投资者交易,使证券价格产生特定方向的变化,典型行为有连续交易、约定交易、洗售交易;后者则是意图不产

① 由于损失上因果关系更多是一个定量问题,不可避免涉及赔偿数额计算,本文在此不作详细展开,具体民事赔偿数额的计算规则设计将另行撰文讨论。

生实质上的交易,主要通过订单的分布制造假象,如虚假申报。非交易型操纵最主要的类型是信息型操纵。广义上的信息型操纵是操纵市场行为人利用信息优势,影响投资者决策,亦可与交易型操纵市场存在交集,如利用信息优势配合连续交易。狭义上的信息型操纵则是单指一种独立情况:上市公司董事、监事、高级管理人员或控股股东、实际控制人等通过控制上市公司信息披露事项,操纵证券交易价量等形式。

基于操纵市场行为类型化,可以看到具体行为彼此之间共性与特性并存。一方面,操纵市场行为的细分是根据操纵手段的差异,但无论是通过利用价量优势,还是信息优势,行为所欲达成的目的是一致的,都意图使证券价格产生特定方向的变化;另一方面,狭义上的信息型操纵具有突出的特殊性,尤其与交易型操纵有明显不同,具有类似虚假陈述行为的特点——单从行为上观察,行为人控制上市公司信息披露的时点和内容,即有可能出现上市公司未按规定披露信息,或者所披露信息有虚假记载、误导性陈述和重大遗漏的衍生结果。在实践中,就存在虚假陈述与信息型操纵行为竞合的可能性。

事实上,在域外司法实践与学理讨论中,操纵市场与虚假交易、内幕交易一道被视为证券欺诈行为,也存在不少"误导性陈述式"操纵市场情形。正是基于虚假陈述与操纵市场在"欺诈"特性层面上确实具有的共通之处,即有观点认为,两种侵权行为的发展过程都可以总结为:行为人实施的欺诈行为引起了证券价格的异常波动,其他投资者不明就里地做出交易决策,后欺诈行为被揭露,证券价格回到正常状态,投资者受损。进而认为,虚假陈述与操纵市场"除了具体欺诈行为方式不一样,在欺诈行为做出后导致其他投资者受损这一后续过程几乎一样。"此种观点从整体上比较两者具有的相似性,并无错误,但抽象概括过程容易遮蔽操纵市场行为的复合性与复杂性。在实践中,操纵市场行为导致投资者损失的样态较虚假陈述更加复杂。

(二)操纵市场行为致损样态类型

为更加全面展现操纵市场致损样态,本文依照对虚假陈述的分类方法,根据最后行为人获利步骤的价格牵引方向将操纵市场行为分为诱多型与诱空型。[①] 前者使投资者误判买入,导致投资者因增持而受损;后者使投资者误判卖出已持有股票,导致投资者因减持而受损。如表1所示,操纵市场与虚假陈述致损样态存在差异。

---

① 实践中已有诱空型操纵市场的案例,例如在"江泉案"(〔2016〕71号行政处罚决定)中,操纵市场行为人大量连续委托卖出,对其他投资者的判断造成影响,加剧市场空头气氛,造成短时间多空力量失衡,强化所操纵股票价格的下跌趋势。在操纵期间,操纵市场行为人通过先卖空开仓,在股价下跌后买回平仓获利。

表1 致损样态类型比较

	虚假陈述	操纵市场
诱多型	虚假陈述导致证券价格扭曲,误导投资者以不真实的高价买进证券,在真相揭露后,灌水被挤出,证券价格下跌,从而产生投资者损失	操纵市场导致证券价格扭曲,误导投资者以不真实的高价买进证券,操纵市场行为(一般为拉抬步骤)结束后,证券价格下跌,从而产生投资者损失
诱空型	虚假陈述导致证券价格扭曲,误导投资者以低于股票真实价值的相对低价卖出股票,从而产生投资者损失	操纵市场导致证券价格扭曲,误导投资者以低于股票真实价值的相对低价卖出股票,从而产生投资者损失

其一,两者致损逻辑有区别。以诱多为例,虚假陈述的致损逻辑在于"灌水—挤出",揭露日后虚假陈述导致的股价灌水将被挤出。所以,揭露日(或是更正日)的确定是确定责任范围的关键。揭露日的意义在于选择一个时间点,自此投资者应当对其行为决策自负责任,而不可再归咎于欺诈行为。例如,投资者"在虚假陈述揭露日或者更正日及以后进行的投资",此时推定包括投资者在内的整个市场已经知悉该虚假陈述背后的事实真相,若投资者依旧从事投资行为则显然不是基于对虚假陈述事实的信赖。相较于虚假陈述行为是由相对特定的、负有信息披露义务的主体做出的,操纵市场行为人身份并不特定,其行为方式可能具有身份上的隐蔽特点。所以,在很多情况下,尤其是交易型操纵市场行为类型中并不存在一个揭露日,关键的时间节点是操纵市场行为结束之时,以及基于结束日拟制出的影响消除之时。

其二,两者步骤构成有区别。虚假陈述具有单方向性,操纵市场则相对具有波动性。操纵市场诱多型与诱空型的划分是基于行为人最终获利步骤的价格牵引方向,但实际上操纵市场行为是一个能够包含不同股价牵引方向的行为组合。一般情况下,操纵市场行为包含三个行为步骤:买入建仓、制造有利条件(如拉抬股价)与卖出获益。在很多情形(尤其是交易型操纵市场)中,制造有利条件的行为与卖出获益行为是反向的。因此,操纵市场行为开始之日至结束之日此期间内,可能存在多个不同牵引方向的操纵行为,使股价呈现出波动特点。理论上,操纵市场行为并非不能将波动性解构成一系列单向性区间,分别套用虚假陈述的解构分段认定思路①,但考虑到

① 根据虚假陈述行为的致损逻辑,可通过解构分段的思路划定投资者损失情形。诱多型虚假陈述为:投资者在虚假陈述行为实施日及以后,至揭露日之前买入证券,而在揭露日之后,因卖出证券发生亏损,或者因继续持有该证券产生亏损的。诱空型虚假陈述为:投资者虚假陈述实施日之前买入并持有证券,而在实施日及以后至揭露日之前卖出该证券产生亏损的。

操纵市场行为构成复杂、组成行为交替往复、不存在明确揭露日的可能性[①]，解构分段的成本高昂，且实效不足。

可见，对于操纵市场而言，虚假陈述采用的解构分段思路并不能一概套用。对于比单一型的信息型操纵市场更为复杂的复合型、交易型信息而言，应当采取更加契合操纵市场行为特性的整体期间型认定思路。

（三）操纵市场致损范围界分

如图1所示，可依据操纵市场行为开始之时与结束之时[②]，将操纵市场行为对证券价格的影响在时间横轴上划分为三个主要的时段：A时段（操纵市场行为开始之前）；B时段（行为期间）；C时段（操纵市场行为后）。[③] 由于操纵市场行为结束之时，其对市场的影响并不会立即消失，仍会持续一段时间，实际上是操纵行为期间市场扭曲的延续。所以理论上，可以人为拟制出扭曲平复之时，从C时段中划分出C1时段（操纵市场行为影响持续期间）。

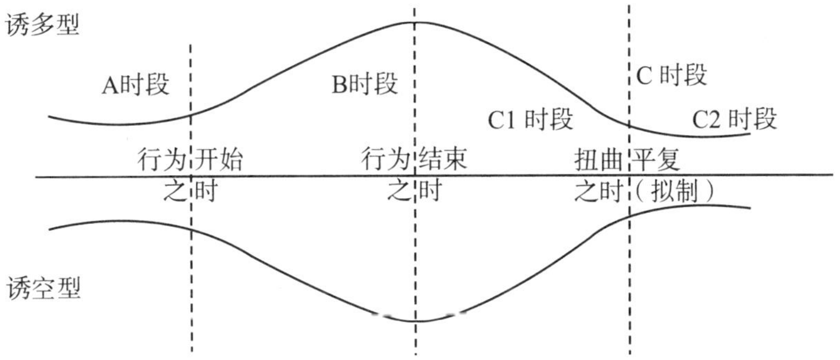

图1　操纵市场中的时段与期间

整体期间型认定思路并不具体解构操纵市场导致的波动性，而将其视为受操纵市场影响的整体期间，有利于解决当操纵市场子行为众多、难以划分区间的问题。投资者损失的认定基础为B时段买入或卖出证券并产生损失。具体包含三种情况：其一，投资者在A时段买入并持有证券，而在B时段卖出该证券产生亏损的；其二，投资者在B时段买入并持有证券，而在B时段卖出并产生亏损的；其三，投资者在B时

① 例如，在“唐汉博案”（〔2017〕20号行政处罚决定书）中，执法部门将操纵行为人对“同花顺”股票的操纵分为三个阶段，涉及十个期间内及时点上的交易行为，每个阶段中再分为三个步骤：建仓、拉抬与出仓。可见实践中操纵市场行为往往包含着众多具有不同价格牵引方向的项下子行为。

② 操纵市场行为在进行中被揭露或查处，操纵行为结束之时实为行为截止之时。

③ 考虑到操纵市场期间存在越来越短的发展趋势，实践中存在众多以秒为单位反映操纵期间的情况，如“彭旭案”（〔2016〕76号行政处罚决定书）。所以，操纵市场应以“之时”代替“之日”为宜。

段买入证券,而在C时段卖出并产生亏损的。

整体期间型认定思路的优势在于不需要另行区分诱空与诱多,赔偿数额计算的基础都在于买入价格(或卖出价格)与通过“前取法”计算所得证券真实价格的差额。并且,计算过程中实际上包含了损益相抵的过程,实际上扣除了投资者期间卖出所获利益。尤其适合于操纵市场期间持续时间较长,操纵导致证券价格波动较大的情况,有利于避免单边计算投资者损失、忽视投资者在波动中拉抬获利的可能性,有利于防止投资者获得过度赔偿,避免对投资者产生不当诉讼激励。由此可见,在操纵市场民事责任案件中适格原告的范围应当是:在操纵市场期间及其后一段时间内,即在B+C1时段内交易证券,并扣除期间交易产生盈利部分仍有实际亏损的投资者。

四、避免因果关系认定规则僵化

操纵市场民事赔偿责任不应缺位,客观上需要制定出明确的操纵市场民事责任因果关系认定规则,明确实行因果关系推定所需要满足的条件。同时也应当注意,规则制定应当尽可能避免制定过程超越个案的抽象化或将导致的规则僵化问题。关于操纵市场民事责任司法解释制定的最大难题也就在于此。证券市场在不断发展,操纵市场行为在不断翻新,其复杂性决定了应当在因果关系认定规则中预留足够空间,充分保证法院在审理操纵市场民事责任案件时的自由裁量,其中两个最为重要的关键点在于:合理设计操纵行为期间及时点的认定方法,与合理设置反驳推定的事由。

其一,操纵期间的认定应当把握各分阶段之间是否具有紧密的关联性。如前所述,整体期间型认定思路的核心在于确定操纵期间。从行政执法实践来看,行为人基于统一操纵目的而在不同时点所实施的行为,即使中间存在间隔,也不影响操纵期间的认定。但对于民事责任案件而言,需要通过考察各阶段关联紧密度来判断是否需要分为若干个操纵期间,防止行为人责任范围扩张。[①] 此外,尽管操纵市场行为一般分为三步骤,但不同步骤之间的联系紧密程度是判断操纵期间是否需要划分的考量因素——如果建仓行为与拉抬行为间隔较大,具有相对独立性,则宜将导致股价灌水的拉抬行为开始视为操纵行为开始之时。这也即是说明,整体期间型认定思路并非

① 从证监会行政处罚决定书来看,实际上对操纵期间的划分并未形成统一标准。参见陈晨:《操纵市场犯罪要素认定的司法观察》,载黄红元、卢文道主编:《证券法苑》(第21卷),法律出版社2017年版,第208~228页。本文认为,在操纵市场民事赔偿案件中,不可直接套用行政处罚决定书中所定的操纵期间,而应当结合操纵市场行为具体组成行为之间的联系紧密程度,具体判断是否需要切分期间。

完全排斥解构分段的方法,实际上通过在个案中具体认定操纵期间实现灵活性。

其二,操纵行为影响消除时点的确定需要以结束之时为基础具体考察价格波动情况。如前所述,操纵市场的致损范围是在 B + C1 时段交易股票的情形。C1 时段的确定关键在于对行为影响结束之时的确定。考虑到价格影响消除的证明难度,本文认为可以在操纵市场司法解释中拟制行为结束后一天作为操纵市场影响消除期间。同时允许原告与被告举证延长与缩减此区间,法院可根据操纵行为类型与操纵行为持续时间具体认定。

其三,基于价格影响的交易上因果关系推定反驳。近年域外虚假陈述民事赔偿案件中,事件分析方法扮演着越来越重要的角色。尤其是在 Halliburton Ⅱ案[①]中,虽然"欺诈市场理论"依然适用,但美国最高法院指出,可以根据"价格影响理论"来推翻交易上因果关系成立的推定——"如果不存在价格影响,Basic 案确立的欺诈市场理论和信赖推定就将崩溃"。判断价格影响是否因此受到影响就需要引入事件分析方法,即通过计算超额收益(excess return)来实证分析某一特定事件对某公司市场价值影响。同样,在操纵市场民事赔偿中,应当允许被告通过举证操纵市场行为对股票价格没有影响,从而推翻交易上因果关系成立的推定。

其四,基于介入原因的损失上因果关系推定反驳。所谓介入原因是指在被告行为发生之后介入原先因果关系链条的第三人行为或外界事件。正如前述,损失上因果关系的实质在于合理限制赔偿范围。因此,在损失上因果关系阶段需要考虑"介入原因"是否中断损失上因果关系。证券市场交易环境复杂,影响证券价格因素众多,因此操纵行为之后可能存在其他行为和事件的介入中断因果关系。《若干规定》中"系统性风险等其他因素"即属于对介入原因的规定。在操纵市场案件中,同样应当允许被告举证存在介入原因,减轻或免除赔偿责任。

总之,因果关系认定规则的制定需要将复杂现实情况抽象至一般情况,但操纵市场的复杂性需要充分保证法官针对具体情形的自由裁量权。因果关系认定规则需要合理设计操纵期间及相关时点的认定方法,并合理设置反驳交易上因果关系与损失上因果关系推定的理由,防止因果关系认定规则僵化,避免行为人责任范围扩张,以此追寻因果关系认定规则确定性与灵活性的统一。

---

① Halliburton Co. v. Erica P. John Fund, Inc. (Halliburton Ⅱ), 134 S. Ct. 2398 (2014) (No. 13-317).

五、结　　语

操纵市场行为的复杂性使得通过单一固定标准来进行操纵市场因果关系认定具有相当大的难度。法院需要在个案中具体考察操纵行为的类型与构成,进而判断应当选取何种因果关系认定思路。我国操纵市场民事赔偿司法解释的制定极为必要,但不可急于求成。操纵市场民事责任因果关系认定与赔偿数额计算的规则设计、利益平衡协调都需要司法实践的经验积累,尤其需要诱空型虚假陈述民事责任司法实践的经验总结。证券侵权民事责任制度的完善宜循序渐进,制定虚假陈述、内幕交易、操纵市场三合一式的司法解释并不现实,操纵市场民事责任可在现有虚假陈述司法解释进一步完善之后,在充分汲取实践经验的基础上再实现平稳推进。当前正在进行中的我国首例操纵市场证券支持诉讼无疑具有标志性意义与重要理论研究价值,尽管该案中操纵行为仅是操纵行为类型中最简单的单一型的信息操纵,但此次实践将成为操纵市场民事责任制度完善千里之行中向前迈出的坚实一步。

投教园地

INVESTOR

新挑战　新思路　新作为

——上海辖区投资者教育保护工作实践

李红柳*　盛峰英**

摘　要：我国有1.44亿投资者，其中自然人投资者占绝大多数，上海地区自然人投资者数量众多的特征尤为明显。在资本市场迅速发展的新形势下，投资者结构呈现新的趋势和特征，辖区投资者教育保护工作面临着新的问题与挑战。上海证监局深入贯彻落实党的十九大精神，坚持以保护投资者特别是中小投资者的合法权益为工作的落脚点和出发点，不断开拓思路，完善工作制度，创新方法、主动作为，精准"画像"投教服务重点人群，以发展的理念积极应对，提升投教服务的精准度和有效性，切实履行投资者教育保护工作职责，推动辖区投资者保护工作做深做实。

关键词：投资者　投教工作　投资者保护

近年来，上海证监局以保护投资者合法权益为工作核心，全面落实我会投资者保护工作部署，深化辖区投资者教育，优化投资者服务，强化投资者权益救济，稳妥有序推进辖区投资者保护体系建设，多措并举着力提升辖区投资者保护工作水平，依法全面从严打击各类非法证券活动，全力维护好市场运行秩序，为投资者营造健康有序的市场环境。

一、投教服务重点人群精准"画像"

投资者是资本市场的行为主体，其结构和行为直接影响着证券市场的稳定性、有

* 上海证监局投保处处长。
** 上海证监局投保处主任科员。

效性和流动性;投资者是投资者教育的对象,是投资者教育保护工作所必须考量的"基本面",直接关系投资者教育的有效开展、投资者权益保护的持续落实。

总体上看,以"散户""小户"为代表的自然人投资者是我国证券市场交易的主要群体,即是我们投教服务的主要对象。近年来,辖区以中小投资者为主的投资者群体特征呈现出一些新的特点,首先,"新户"新入市投资者呈年轻化趋势,教育程度和知识水平提高,权利意识增强,但较为缺乏金融投资经验,易受网络信息影响;其次,"老户"包含存量客户、老年户,一定程度上还存在非理性投资行为,特别是老年户风险防范意识低,易成为非法证券活动的受害者。投资者群体中的"新户""老户"是投教服务的重点人群。

(一)自然人投资者数量占绝大多数

根据中国证券登记结算有限公司统计数据,2018年10月末,投资者数量达到14,460万,其中自然人14,425万,个人投资者占绝大多数,占比高达99.76%。2017年全年新增投资者1587.26万,其中自然人1583.79万,2017年年末自然人投资者占比为99.73%;2018年1~10月自然人投资者逐月新增约106万户。投资者新开户数量增速较前几年有所放缓,但自然人投资者比重持续增加。

受经济发展程度影响,上海地区自然人投资者数量众多的特征尤为明显。据辖区经营机构统计,截至2018年4月末,辖区证券账户数(包括A股、B股)总计6069.81万,其中自然人账户6058.46万,占比99.81%,高于同期全国平均水平(99.74%)。辖区自然人账户数占全国自然人投资者账户总量的43.87%,占比超过2/5。

自然人投资者群体数量占绝大多数,但人均持有市值比重低。从沪市股票投资者持股市值分布①来看,沪市2017年期末持股账户中99.78%为自然人投资者,其中55.28%的账户持有市值均低于10万元,合计持有市值1.23%;92.62%的自然人投资者账户持有市值均低于100万元,合计持有市值7.11%。若剔除持股市值100万元以上的专业个人投资者及个人大股东因素,自然人投资者人持有市值比重维持在较低水平,体现出自然人投资者账户"小而散"的特点。

(二)投资者呈年轻化趋势且教育水平提高

在互联网金融的时代背景下,年轻人尤其是毕业不久及在校大学生群体的投资

---

① 参见上海证券交易所统计年鉴2018卷统计数据。

理财意识正在不断增强，据上交所统计年鉴 2016 卷显示，30 岁以下投资者占比 37.64%，30～40 岁占比 31.47%，50 岁以上投资者仅占 11.85%，年轻投资者已成为市场的主要参与者。2017 年新入市投资者中，30 岁以下占比 55.8%，超过新增加总数的一半。“新户”的年轻化趋势明显。

近三年，由于受“新户”投资者受教育程度较高的影响，自然人投资者群体的教育水平有较大提升。以沪市 2016 年数据为例，自然人投资者学历为大专及以上的占比 52.17%，超过半数，且中专以下学历的投资者比例从 2012 年的 28% 降至 23.59%，大学本科以上学历的投资者总比例从 2012 年的 19.9% 提高至 25.3%。2017 年新入市投资者，高中以上学历的自然人投资者占比近六成，其中半数以上具有本科以上学历。

“新户”投资者年轻化呈现出以下特点：一是知识水平相对较高，对新事物的接受能力相对较强，获取信息主要渠道为网络、公众号和自媒体，易受网络信息影响等。二是因为年轻，投资知识和经验相对较少，投资策略易变，投资过程中思考可能不深入，往往未掌握足够的证券知识便急于投资，投资风格较为激进，风险意识不强。由于我国证券投资国民教育普及率仍然较低，投资者的受教育程度与投资知识水平未必匹配。

（三）投资者非理性投资行为仍不容忽视

“老户”中投资年限较长的投资者往往具有经验主义、惯性思维，投资习惯和投资理念未根本性改变；部分年纪较大的投资者群体中的投资者教育覆盖面窄和投资者风险承受能力低的“两低”现状依然存在。2018 年 5 月，阎庆民副主席在上海专门召开投资者座谈会，与投资者面对面交流，投资者表示随着投教力度的加大，投教基地等设施的建立，投资者的心态在慢慢转变，投资理念在逐步成熟。同时，我们从近期一些金融风险事件中可以看出，投资者非理性投资行为仍然不容忽视。从辖区信访投诉处理实践工作分析，反映与市场经营机构在展业合规性、两融业务、适当性管理等方面存在矛盾利益纠纷的、参与非法证券期货活动受损严重要求赔偿的以中老年投资者为主。部分投资年限较长的投资者相对有经验，有时过于相信自己的判断能力，高估自己成功的机会，资金投入较大，交易频繁，基于过往投资经验和惯性思维，跟风炒作意识强烈，偏好“炒短、炒小、炒新”，缺少理性投资、价值投资和长期投资理念。还有部分投资者年纪较大，通常没有精力与能力学习新的投资知识，投资信息不对称，同时风险承受能力较低，而防范风险的意识和能力却较弱，容易受到非法证券活动营销手段的诱惑,成为金融诈骗的受害者。

二、新时代投教工作面临的精准度和有效性挑战

当前,正是以新的历史方位推进全面深化改革的重要阶段,随着多层次资本市场的改革发展,稳中有变的经济形势下,金融风险不断集聚、逐步暴露,新时代对资本市场建设提出了新任务、新要求,投资者教育服务工作也面临着进一步提高精准度和有效性的挑战,服务数量众多的投资者,强化中小投资者教育,培育成熟的投资者树立理性投资理念,完善投资者保护机制,是当前十分迫切紧要的任务。结合辖区投资者特点和“画像”分析,新挑战主要表现在以下几方面。

(一)金融科技创新拓展了投教新需求

伴随着互联网大数据、云计算等高科技在金融领域的深入应用,开放式的平台服务覆盖更多投资者,各种新媒体不断崛起,最新消息会通过各种渠道在第一时间推送,投资者获取投资信息渠道发生变化,传统媒体作用弱化。传统的纸质类投教产品难以满足投资者、特别是年轻投资者的投教需求,提供专业的投教产品、开展形式多样的投教活动是投教工作的新需求。一方面,金融交易与互联网技术广泛融合、智能投顾的发展推广,要求投教服务内容更加专业,将复杂的金融投资知识和风险揭示向非专业个人投资者阐述清楚极具挑战。另一方面,借助高科技,创新投教形式,以动画视频、网络直播等寓教于乐的方式,普及投资理念,培养投资风险意识,更容易为投资者特别是青年投资者所接受,让投资者教育由过去被动式的灌输知识,变成投资者主动搜索、主动传播,体现用科技手段为投资者服务的理念。

(二)市场创新发展赋予了投教新内容

资本市场的创新发展极大丰富了自然人投资者的投资理财方式,也激发了大众的投资理财意识,投资者数量大幅增加。而不同投资品种、不同市场层次的投资工具其复杂程度和风险特征千差万别,投资者的投资知识和经验、财务状况和风险承受能力也不尽相同,加之结构化、衍生化金融产品层出不穷,致使投资者教育工作面临着进一步提高多元化和精准度的挑战。比如,辖区2018年以来证券业务活动投诉举报的焦点聚焦于新业务、新产品,有关私募基金产品到期不能兑付、非法个股期权交易亏损等有关投诉举报急剧增加。此外,现有的混业经营、分业监管在客观上增加了投资者教育的难度。

(三)投资者维权意识增强体现了投教新使命

随着投资者教育工作的不断推进,近年来投资者的维权意识逐渐增强。投资者在其经济利益受到侵害或服务需求得不到满足时对市场经营主体进行投诉举报的意识强烈,辖区信访量的增长反映出市场矛盾纠纷数量的增长。2018 年以来,辖区针对私募基金、投资咨询公司、非法证券期货业务的信访同比增长一倍以上,部分缠访、重复信访形势严峻。在信访处理中我们发现,有些投资者的维权行为源于不清楚证券业务及交易规则,或者投资风险认识不到位,投资者往往对如何维权、行权的相关教育接受度高,而容易忽视事前的投资风险识别、自身承受能力评估等的教育普及,这侧面反映出投资者教育的不足。因此,投资者教育工作的全面到位与否亦会影响到后续的信访工作量和信访风险的及时有效化解。

(四)强化经营机构主体责任丰富了投教新功能

证券经营机构是投资者进入市场的媒介,是资本市场联系广大投资者的重要桥梁和纽带,是资本市场稳定的“第一道防线”,我国个人投资者数量巨大,应充分发挥机构最为贴近和了解投资者的优势,在有关证券市场监管工作和监管要求的投教宣传,提升投资者理性投资理念和风险防范意识方面,发挥主力军和主阵地作用。而证券经营机构的逐利性和投资者教育的公益性的矛盾天然存在,部分机构对投教工作未予以足够重视,投资者教育的积极性和主动性不高,财力物力人力投入不足,经营机构的投资者服务往往偏于客户管理,疏于投教服务,相关工作人员的工作水平和专业能力亦直接影响到投教工作成效。我们派出机构投教部门需要不断完善投教工作机制建设,促进激励约束与效果评估机制发挥作用,推进投教工作纵向延伸,进一步激活经营机构投教潜在力量,保障有力的资源支持投教工作持续性开展,充分发挥市场主体投教服务功能,扩大投教宣传的影响力和覆盖面。

三、上海辖区投资者教育保护工作的主要做法和实践特色

近年来,上海证监局优化投教工作规程,不断开拓思路,创新方法、主动作为,在证监会部署领导下,坚持以保护投资者特别是中小投资者的合法权益为工作的落脚点和出发点,以“一切为了投资者”的服务理念积极应对新形势,切实履行投资者教育保护工作职责,主要工作开展和实践特色如下:

(一)密切联系投资者,构建多元多层次信访处理机制

1. 优化制度体系建设,充分协作联动,全面提升投资者诉求处理工作的法治化规

范化水平。为进一步强化投资者保护工作,上海证监局自2016年起专门设立投资者保护工作处,负责牵头组织开展辖区投资者保护和教育、信访投诉处理和纠纷调解,以及打击非法证券期货基金活动等工作。除投保处承担牵头职能外,各业务处室设立对口投保条线固定联系人,形成上海证监局投资者保护工作组织保障。

作为信访工作牵头处室,持续优化完善局内信访投诉工作制度,充分发挥局内业务监管处室的协同作用,分工协作紧密联动,依法分类有序处理投资者诉求,明确信访、投诉、举报的概念与内涵、受理标准与程序、办理要求与时限等,提高投诉处理的及时性和有效性,将依法保护投资者权益的要求贯穿于日常监管工作的过程中。

2. 实行领导干部接访制度,扎实推进定点联系投资者工作。2017年年初起,上海证监局施行领导干部轮值参与信访接待工作的制度,进一步丰富了辖区投资者保护工作制度体系和实践创新。一方面,领导干部亲临一线倾听投资者诉求,为投资者解决难题,体现为民情怀。信访接待成为上海证监局联系投资者的定点联络方式,是落实"以人民为中心"发展思想的重要举措。另一方面,通过深入了解资本市场一线情况,提升投资者诉求处理专业化水平和监管工作针对性,全局干部的投资者保护工作能力亦进一步加强,信访接待成为上海证监局培养锻炼干部、提升监管能力的重要平台。

3. 推动辖区行业协会与经营机构全面参与投资者保护工作。定期召开辖区行业协会和局内各处室负责人会议,全力提升保护投资者合法权益的工作协同力度。积极发挥辖区4家行业自律组织作用,指导其全面参与投资者保护工作,承担12386热线的协调处置工作。压实经营机构投诉处理主体责任,通过组织开展经营机构签署《投诉处理承诺书》活动,督促经营机构完善投诉处理和客户服务内生性约束机制,强化社会责任意识、妥善化解矛盾纠纷。

4. 推动成立辖区证券期货调解组织,优化纠纷多元化解机制。2017年3月,上海证监局与上海市高级人民法院共同签署《关于建立证券、基金、期货业纠纷诉调对接工作机制的合作备忘录》,建立诉调对接工作机制。同时,指导上海市证券、基金、期货同业公会发起成立联合人民调解委员会,构建形成了上海辖区多元多层次的纠纷化解机构,为矛盾纠纷当事人提供更加便捷和低成本的纠纷化解途径。2018年7月,指导证券同业公会、联合人民调解委员会在华信资管产品纠纷调解中充分发挥作用,探索建立远程调解工作机制,合计为683名投资者完成调解,标的金额约71,734万元,调解完成率达99.13%。

（二）不断探索实践，拓展投教宣传新方式新渠道

1. 创新特色俱进，着力打造多元化投教精品。近年来，上海证监局树立服务投资者差异化需求的投教理念，结合资本市场“散户”“小户”为主的特点，以市场重点、热点为核心设计投教产品，努力提升投教服务精准度。以动画视频、网络直播等方式，借助高科技和网络社交平台，扩大投教受众面，提升投资者接受度和获得感。2017年，为突破传统宣教方式在吸引力、覆盖面等方面的局限，上海局以适当性新规实施为契机，精心筹划、制作推出 4 集适当性管理系列动漫投教产品，形象生动地阐释适当性管理的核心要义，并首次尝试“互联网＋”宣教形式，将动漫视频通过微信社交平台等互联网渠道进行宣传推广，累计播放次数达到 13 万余次，有效助力适当性管理全面施行。

2. 借助财经媒体，主动宣传扩大投教影响。上海证监局持续重视资本市场新闻舆论引导，借助媒体积极宣传监管成效及开展投教工作。主动在中证报、上证报、证券时报、新民晚报等多家媒体上刊登投资者保护工作及投教内容，并被凤凰网、UC 头条、东方财富网等媒体广泛转载，有效增强投教影响力。2018 年 3 月，上海证监局以“315 国际消费者权益日”为契机，联合第一财经电视频道、上海市公安局经侦总队及辖区证券同业公会，录制播出“防范非法证券活动”投资者保护专题电视节目，将识别非法证券活动的“四个辨识”及相关证券投资知识面向社会公众普及，引导广大投资者正确认识资本市场，理性投资，取得良好宣传效果。此外，持续通过第一财经电视媒体滚动播出投资警示词条，提示非法证券期货活动风险。

3. 推动投教基地建设，发挥投教主力军功能。推动辖区 2 家国家级和 7 家省级投教基地的持续建设与运营，充分发挥投教主力军的功能，多渠道地开展投资者教育工作。积极引导投教基地通过组织知识竞赛、开展培训交流、发布维权案例、投放高铁广告等形式，发挥投教宣传中的积极作用。2018 年 5 月，联合国泰君安证券投教基地举办投资者教育主题交流分享活动，上海地区各证券公司相关部门负责人 40 余人参与交流工作体会、共享有益经验，推动辖区投资者教育工作的创新有效开展。

4. 探索开展证券期货国民教育试点工作。近年来，上海辖区在协助推动投资者教育纳入国民教育体系方面做了大量探索和实践。从 2008 年起，上海证监局推动编写中小学理财教育系列教材，2013 年教材面市并进入上海市部分中小学试点作为拓展课程。上海证监局持续加强与辖区行业协会、区金融局、教育部门沟通联系，协调推动辖区投资者教育纳入国民教育体系，不断扩展实践区域和学校。此外，推动辖区

投教基地积极实践,面向中学生、大学生开展投资者教育进校园活动,2018年,推动辖区投教基地与东昌中学等6所中学、复旦大学等7所大学建立合作,进入校园普及金融理财知识,开展课外实践活动,提供参观听课和互动交流机会,并编写教学辅导书《走进金融博物馆》《学做投资》等,指导学校金融实验室建设运作。

(三)全面依法从严监管,营造健康有序的市场环境

1.营造健康市场环境,提升市场透明度。上海证监局在切实履行好保护投资者尤其是中小投资者合法权益的同时,高度重视辖区市场环境的营造。指导辖区行业协会专设“投资者保护专栏”,全面公示辖区持牌机构名录和地址信息、证券营销及咨询从业人员名册、销售的金融产品目录等,引导投资者去持牌机构找合规人员投资合规产品。要求辖区经营机构诚信执业,提升辖区机构运营透明度,优化辖区的市场环境。此外,发挥好证监局网站宣传功能,及时更新“投资者保护”栏目,重点聚焦网络非法荐股,结合今年涉非活动新特点、新手法,发布“个股期权风险警示问答”“防范非法集资宣传材料”“非法证券期货典型案例警示”等,积极开展网上投教园地的日常宣传,为投资者进行风险揭示,加强防非警示宣传。

2.与地方政府合作,加强风险防范警示教育。按照“打防并举、预防为主”的原则,上海证监局积极联合地方政府相关部门、证券同业公会、投教基地等多家单位,面向社会群众,组织开展防非警示宣传教育活动。2017年与浦东新区金融办联合开展防范非法金融活动进高校、进社区讲座活动,帮助莘莘学子和广大居民提高风险防范与识别能力;2018年上海证监局与市金融办联名编制、宣传《金融投资防骗手册》以及《警惕高利诱惑　远离非法集资》三集公益宣传片等;2018年下半年集中组织开展辖区防范非法证券投资咨询专项活动,采用不同形式举办宣传教育进社区活动。联合闵行区金融办,在大型社区闵行区梅龙镇举办“远离非法集资　共筑金融风险防火墙”为主题的专题讲座;在中老年投资者集中的黄浦区中华路豫园街道,现场设置咨询台、悬挂宣传横幅、摆放宣传海报、发放上海证监局编制的《防范非法证券投资咨询宣传手册》,引导中老年居民投资者认清非法证券活动本质,防范非法证券欺诈风险,进一步提升防非识非能力,切实维护证券市场正常秩序和投资者合法权益。

3.坚持全面依法从严监管,查处典型非法证券期货活动。加大稽查执法和行政处罚力度,建设从业人员违法违规的诚信档案。持续加大非法证券活动打击力度,积极推进刑衔接,强化与经侦部门的沟通与协作,推动案件快处快判,净化证券市场环境。2017年以来办结打非案件110件,移送、通报公安机关非法证券期货活动相关

犯罪线索7件,其中包括将某财经黑嘴涉嫌非法经营犯罪案件线索依法移送上海经侦;协助司法机关查处全国首例新三板市场非法经营证券业务案;对以赠送原始股期权为名的非法传销案件移送公安和工商部门并作出处罚,对非法证券期货活动起到了有效震慑作用。

4. 联合地方政府,形成防控整治非法证券期货活动监管合力。持续加强与地方政府相关部门合作,联合开展非法证券期货活动的查处工作和非法交易场所的清理整顿工作,全方位压缩非法证券活动生存空间。一方面依托上海市打非工作机制,定期编发《上海地区打击非法证券期货活动工作简报》,通报市打非领导小组各成员及市、区两级打非办共50余家单位,密切与成员单位合作与交流,引导相关部门高效落实重点风险企业排查、清理工作,形成打非合力;另一方面,与市场监管部门、通信管理部门建立信息通报机制,达成有效协作。定期将涉嫌借助互联网站、移动客户端等从事非法证券期货活动的主体和情况通报市通管局予以规范清理,有效遏制了涉非信息的网络传播。将失联涉非企业、涉嫌虚假违法广告的企业通报至市、区市场监管部门依法处理,加强线下整治,有效压缩了涉非主体生存空间。

四、进一步精准服务中小投资者的工作思考

下一步,上海证监局将深入贯彻落实党的十九大精神,始终将保护投资者合法权益作为根本使命,不断丰富投资者教育展现形式,提升服务不同类型投资者的精准度和有效性,持续夯实投教工作迈上新台阶,探索开创投资者保护工作新局面。

(一)整合投教资源,协同各方群策群力做好投教工作

我们投教的服务对象是广大的中小投资者,自然人投资者群体数量占绝大多数,上海地区自然人投资者数量众多的特征尤为明显,投资者教育工作任务艰巨,投教工作不能靠单打独斗,证监局投教部门定位应集参与者、组织者、联络员为一体,承上启下,深刻领会国务院、证监会关于投资者权益保护的理念精神,持续推动健全投资者权益保护机制,具体落实促进提高中小投资者风险防范意识和投资水平。首先,与会系统、证券交易所、行业自律组织和地方政府相关部门加强沟通交流,借鉴有益经验、统筹资源共享、促进长效合作,形成投保合力军。其次,积极利用上海建设国际金融中心的地域优势,引导、发挥辖区证券期货经营机构集聚优势,促进参与积极性,激活市场经营机构潜在投教力量,为开展投资者教育工作提供有力支持,营造良好投教宣

传氛围。最后,进一步做好辖区投教基地的持续建设和指导管理工作。督促引导投教基地积极提供公益性教育服务,切实发挥投资者教育主力军、主阵地的作用。所谓“用众人之力,则无不胜也”,通过以上举措,努力构建多部门联动、各方广泛参与的投教工作局面,发挥合力,共同做好投资者教育服务工作。

(二)创新投教方式,精准服务投资者的差异化需求

近年来辖区以中小投资者为主的投资者群体呈现一些新的特点,投资者群体的“新”“老”两端是我们投教服务的重点对象,在监管实践中我们发现这两类投资者显现出截然不同的特征,随之派生出不同的投资者教育保护需求。对于年轻投资者的保护和教育,侧重点在于提供多元化、专业性、易获取的投教产品,使他们增长投资知识水平,提高信息处理能力,全面提升风险意识。而针对年纪较长的投资者群体的保护侧重点在于加强风险警示教育,使投资者了解非理性投资行为可能产生的不良后果,学会如何获取正确、权威的信息,如何辨别虚假信息,提高识别非法证券活动的能力,树立理性投资理念。作为投教服务的践行者,我们应不断拓展思路,深耕“投资者至上”的投教服务。首先,在投教内容的设计安排上,充分结合市场重点、热点和投资者关切问题,提高投教专业性和针对性,提升投教服务的精准力度,切实促进投资者提高风险防范意识和自我保护能力。其次,在投教产品的表现形式上,不断与时俱进,探索创新投教服务方式,进一步提升投教服务的智能化水平。除传统海报、宣传折页、案例汇编等纸质投教产品外,积极尝试包括动漫、微电影、精品课程等在内的各类产品形式。结合投资者分布特征和互联网发展趋势,充分发挥网络宣传优势,实现线上线下一体化宣传。探索引进投教智能化设备,广泛使用社交媒介、公众号、财经媒体等渠道,扩大投教受众面,提升投资者接受度、认同度和获得感。

(三)引导与教育并重,切实保障投资者合法权益

现阶段,市场中集聚的流动性风险、债券违约风险、非法金融活动引发的涉众型投资受损类风险频发,损害投资者利益和金融市场秩序,投资者反映有关纠纷矛盾的诉求激增。我们在日常处理投资者诉求过程中,应将矛盾纠纷化解与风险警示教育有机结合,双管齐下,做实做好投资者联系工作,引导投资者树立理性投资理念。首先,坚持法治思维,严格依法分类处理信访诉求。进一步健全基础性制度建设,完善信访处理机制和流程,严格履行监管职责,严厉打击违法违规行为,切实保护投资者合法权益。其次,进一步拓展矛盾纠纷多元化解渠道,健全投资者权益保护机制,持续推动完善诉调对接工作机制。2018 年 10 月,上海金融法院诉调对接中心成立,进

一步完善了金融纠纷多元化解的制度设计，将有效发挥诉讼与非诉讼相衔接的矛盾纠纷解决职能。下一步，上海证监局将进一步强化调解组织、市场机构以及司法系统等单位和部门的协调配合力度，加大对调解组织和调解工作的宣传，扩大影响力，积极推动调解组织与人民法院的有效对接并依法、规范开展调解工作，有效通过调解渠道化解矛盾纠纷。再次，引导投资者全面知权、理性维权、依法维权，结合信访案例加强投资者教育。信访接待中，特别是大规模的群访接访时，耐心做好宣讲、疏导、解释等服务性工作，通过信访事件引导投资者清醒认识投资风险，提高风险防范意识。结合日常投诉举报、信访接待过程中发现、汇集的焦点和热点，及时总结投资者行权维权方面的典型案例，形成案例警示，为投资者进行风险揭示。最后，持续加大对新型非法证券期货活动的跟踪分析和调查力度，对涉众面广、社会危害大、爆发速度快的涉非案件进行专项研究和整治，集中开展专项风险警示宣传活动，不断拓展防非宣传阵地，深入社区，面向中小散户、新客户、中老年客户强化宣传，营造良好的资本市场生态环境。

中国金融衍生品国民教育探索与实践

——"中金所杯"全国大学生金融知识大赛

石家强[*]　唐　姝[**]　刘一丁[***]

摘　要：金融衍生品市场是多层次资本市场建设的重要内容，其健康发展离不开广泛的合格投资者群体。金融衍生品市场投资者教育不仅可以提高市场参与者的素质，也是我国资本市场发展过程中加强投资者保护的重要措施。自20世纪30年代起，美国及发达国家便开始了在经济及投资理财方面开展国民教育的探索实践并取得了良好效果。近年来，我国监管及教育部门也开始借鉴国外经验在部分地区尝试性地在中小学阶段安排初级投资理财知识教育试点。借鉴以上经验，中国金融期货交易所在金融国民教育方面积极探索和实践，近几年来以大学生知识竞赛的形式探索出一条金融衍生品国民教育之路，并取得了积极成效。未来，拟进一步提高大赛级别，并依托大赛平台探索联合期货公司等市场机构与高校开展学分课程、专题讲座、基础研究、仿真交易、师资培训等合作，进一步深化金融衍生品国民教育。

关键词：金融衍生品　国民教育　人才培育　投资者保护

金融衍生品是我国多层次资本市场体系不可或缺的一部分，在我国资本市场发展过程中，投资者保护工作是极其重要的内容，投资者教育则是投资者保护的重要措施之一。长期以来，我国各监管层及市场组织者在投资者教育方面积极探索和实践，做了大量工作并取得了重要成效。

在我国整个教育体系中，国民教育是我国教育体系的重要组成部分。通常国民

---

* 中国金融期货交易所市场与投资者教育部总监。
** 中国金融期货交易所市场与投资者教育部高级经理。
*** 中国金融期货交易所市场与投资者教育部助理经理。

教育系列是指纳入国家教育计划的教育系列,由国家教育部主管。从教育的体制和架构而言,国民教育有学前教育、初等教育、中等教育、高等教育四个阶段,包括了小学、中学、各类中等专业学校及技工学校、普通高等学校及成人学校等。国民教育在增加国民认知,提高国民素质和智力水平方面发挥了不可替代的作用。在个人正式走向社会参与社会实践之前,通过国民教育各个阶段的知识储备和训练可以为未来发展建立比较完善的知识体系和架构,奠定良好的发展基础。

发达国家为提高国民素质早已在经济和投资理财国民教育方面进行了长期的积极探索和实践,为促进本国经济发展起到了重要作用。近年来,国内资本市场监管和教育部门也借鉴国外经验启动了相关的投资者教育国民教育实践活动,开展了试点工作,例如在中小学课程中安排初级的投资理财相关知识的教学。我国金融衍生品市场发展起步较晚,发展还不够成熟,市场参与者结构特殊且素质参差不齐,而根据国外成熟市场的经验,具备广泛的合格投资者群体是金融衍生品市场健康发展的重要前提。鉴于国民教育的普及性、持续性、启蒙性,我国可以借鉴国外衍生品市场发展及国内外经济和投资理财国民教育的实践经验,结合我国国情,在金融衍生品投资者国民教育方面进行积极探索。

一、国内外经济及投资理财国民教育的启示

(一)国外经济及投资理财国民教育发展情况

很多发达国家都设有中小学理财教育课程,截至目前全世界已有50多个国家将金融教育纳入国民基础教育。美国的学者和教育部门最早开展了关于投资理财国民教育的理论研究和实践,投资理财国民教育可以提高青少年的财商,健全青少年的人格,促进青少年全面发展。美国的国民投资理财教育实践在20世纪30年代就已萌芽,到目前已发展到非常成熟的阶段,具有较强示范意义,多数国家的国民投资理财教育都借鉴美国成熟经验将金融理财教育纳入国民教育中,如英国在2013年新课程设置中将金融理财教育变成英格兰各中小学必修课;俄罗斯也在五个地区中小学试点开展理财课程,并拟列入《普通教育教学大纲》。

美国的经济及投资理财国民教育总体可分为萌芽、发展、成熟三个阶段。

1. 萌芽阶段(20世纪30年代到60年代)

美国国民投资理财教育萌芽于20世纪30年代,1929年的股市大崩盘使很多人

破产,促使人们开始重视财产安全和理财能力的重要性并开始关注理财教育,其中,保险行业的理财专员职业逐步得到社会的认可和好评。

随着社会的快速发展,人们普遍需要提高各种技能适应社会,理财能力就是其中之一。美国的投资理财教育与政府的推动密切相关。1944年,美国教育政策委员会在青年必需的教育中提道"所有的青年必须了解如何明智地购买商品以及善于使用各种服务型行业,必须理解消费者得到的益处和购买商品行为所带来的经济后果",理财教育的积极性进一步得到社会认可,实际上此时美国的国民投资理财教育内涵已经延伸到了对经济学知识和素养的教育。美国教育行政部门开始逐步重视中小学理财教育并推行相关的理财教育政策。1949年,美国联邦政府设立了经济学教育联合会,即现在美国经济学教育委员会的前身,在推进美国经济素养教育方面做了大量工作。此后,各州也相继成立了州经济学教育委员会,根据各州实际开展一系列青少年经济学教育工作。部分美国学校也开始设置理财课程,但此阶段学校理财教育还未大范围普及。

2. 发展阶段(20世纪60年代到90年代)

在这个时期,开始出现专门负责理财教育的组织机构及相关政策,有利促进了美国青少年理财教育发展。1961年,国家经济教育特别工作组针对美国中学经济教育的落后状况,发表了改进中学经济学教育的报告,提出了当时著名的"十二点建议",对美国中小学经济学教育产生重大影响。1969年,美国创立了首家理财团体机构,接着在1972年美国创立了经济素养教育机构,并创立了理财师认证计划。1977年,经济学教育联合会出版《经济学教学大纲》,取代"十二点建议"成为新的美国中小学经济学教育的新的纲领文件。

在此阶段,整个社会在理财意识方面有了进一步提高。20世纪80年代初,美国学者罗伯特·清崎的《富爸爸穷爸爸》提出了财商概念,其他理财教育的书籍也陆续出版,如尼尔·古德费雷《钱不是长在树上的》等,进一步推动了社会对理财教育的重视。政府也出台了一些教育报告,强调理财教育的重要性,如里根政府发布的教育报告《国家处在危机之中》,强调了和理财教育有关的内容。有了政府工作报告的支撑,理财教育发展有了更可靠的保障。学校正式教育方面也取得了重要突破。在此期间,美国绝大多数州都陆续在学校课堂正式开设理财教育课程,同时,家庭层面的理财教育也逐渐被重视起来。

3. 成熟阶段(20世纪90年代以来)

从90年代开始,美国出现了青少年理财教育方面的立法。1994年,《联邦中小学教育法案修正案》正式将理财教育纳入学生课程安排。1997 年,《储蓄教育法案》要求相关部门就提高社会理财能力作为重要议题开展讨论。2001 年布什政府通过《青少年发展法案》,再次提及理财教育的重要性,强调将理财教育渗透到基础教育当中。

1995 年,美国经济学教育委员会出版了《基本经济学概念大纲:范围和顺序指导》,将美国从幼儿园到高中的经济学教学概念进行了梳理,为学校教师进行经济学教学提供了重要参考。学校理财教育内容越来越丰富,课程模式越来越多样化,理财教育方式越来越科学。相关理财组织和机构对学校理财教育提供了大力支持。联邦及各州经济教育委员会在此阶段发起了大量理财教育活动。2003 年,美联储也发起了"学习金钱知识"的全国性理财教育活动。

美国联邦政府在 2003 年颁布《金融扫盲与教育促进条例》,明确提出把面向国民的金融消费者教育正式纳入国家法案。一些州已通过立法,将金融教育列为从启蒙教育至大学教育的 12 年学校教育必修课程。截至 2015 年,美国近一半的州都将某种形式的个人理财课程作为高中课程的一部分。美国消费者金融保护局(B)在 2015 年 4 月 7 日发布的《推进 K-12 金融教育:对政策制定者的指导》报告显示,美国开展的 K-12(幼儿园至高中)金融教育模式在增强学生的金融知识水平、帮助学生形成良好的金融消费习惯方面产生了积极的影响。

在此期间,家庭理财教育越来越普遍和成熟,实践性越来越强。相关专家学者开始对理财教育展开专门研究,对青少年投资理财教育的内容和理财教育模式进行了科学设计,理财教育政策也在不断完善和修改中走向成熟。至此,美国的理财教育逐步形成了政府、学校、家庭、社会相互协调的模式,步入成熟阶段。

(二)国内投资理财国民教育相关情况和实践

长期以来,我国缺乏证券期货市场投资者保护的相关法律和政策支持,2013 年 12 月 25 日,国务院办公厅发布了《国务院办公厅关于进一步加强资本市场中小投资者合法权益保护工作的意见》(国办发〔2013〕110 号),明确了保护中小投资者的九点内容,将中小投资者保护上升到新的高度,为投资者保护工作指明了方向。其中,在第八项意见"强化中小投资者教育"中明确提出,"加大普及证券期货知识力度。将投资者教育逐步纳入国民教育体系,有条件的地区可以先行试点"。这与 2010 年 10 月 24 日国务院办公厅发布的《国务院办公厅关于开展国家教育体制改革试点的通知》中明确的"全面推进素质教育"要求完全契合,将国民投资理财教育纳入国民教育体系也为教育体制改革提供了难得的机遇。借鉴国外经验,开展国民投资理财教育是培育投资者理财和风险意识、保护中小投资者权益的重要措施。我国证券监管部门一直以来重视投资者保护工作,将投资者教育定位为投资者保护的核心工作,并在国民投资理财国民教育方面进行了重要推动和实践。

1. 广州市投资理财国民教育实践

2015 年 9 月,在广东省证监局和广东省教育厅的联合推动下,广州 36 所中小学正式试点开设"金融理财知识"课程,参加学生近 1 万人。广州成为国内首个将金融理财知识教育纳入国民教育地方课程体系中的试点地区。为确保教材质量,广东证监局邀请高校金融专家担任教材主编,聘请专业画面设计团队,广泛听取原银监会、原保监会、金融局等各方意见和建议,保证教材既内容翔实又浅显易懂。同时为确保教学工作顺利进行,广东证监局组织试点学校 80 余位教师进行了集中培训,并认真研讨中小学金融理财知识课程教学模式。

2. 上海市投资理财国民教育实践

上海虽然未正式试点将金融理财纳入中小学课程,但早自 2011 年以来上海地区的不少中小学校就已开展金融理财教育进课堂的尝试。例如,浦东新区第二中心小学最早开设了面向二至五年级的理财课,不同年级的理财课内容不同,学生可以选修,以此来培养学生的理财意识和能力。静安区培明中学将思想品德课、数学课和班会课中的理财内容进行整合,对学生进行专门的理财教育,教授学生记账、算账、存取款、利率计算等理财技能。上海财经大学附属中学在高中阶段学生中开设了系统的专业金融课程,高一年级把金融课程安排为必修课,在全体学生中普及金融知识,高二、高三则开设拓展型和研究型的金融课程。

上海地区证监局与教育等相关部门紧密合作,尝试推进中小学理财教育读本编写工作,目前,针对中小学的的拓展型课程教材《金融与理财》已出版并在浦东新区部分学校试点,上海证券同业公会等行业协会编写的《理财教育读本》也已进入课堂试点,受到学生和家长的好评。

3. 相关协会和组织的投资理财国民教育实践

国民投资理财教育除了以纳入国民教育体系的方式开展外,还可以通过大众媒体方式进行宣传和普及。自 2016 年开始,证监会投保局在全国广泛建设投资者教育基地,首批授牌了 13 家国家级证券期货投资者教育基地,中金所期货期权学院名列其中。截至 2018 年年底,两批次共授牌 29 家。

2012 年 10 月 26 日,由中国证券业协会和中国银河证券联合制作的 30 集投资者教育系列动画片《来福学投资》首播仪式在人民网举行，并从 10 月 29 日起在中央电视台财经频道播出。2018 年 5 ~ 9 月，中国中小投资者服务中心联合中央电视财经频道联合推出《股东来了》投资者权益知识竞赛，累计吸引 80 余万投资者参与。2018 年 11 ~ 12 月，中金所联合中国证券业协会、中国期货业协会、中国上市公司协会和中国基金业协会联合推出“全国投资者证券期货知识竞答”活动，累计吸引 30 余万投资者参与。这些活动有效推动了民间金融国民教育的发展，促进了投资者整体素质的提升，是“将投资者教育纳入国民教育体系”的有益探索。

（三）国内外经济及投资理财国民教育的启示

国内外在经济和投资理财领域开展的国民教育实践给我们深刻的启示：一是广泛开展国民投资理财教育，培养国民经济和理财素养，能够提高投资者投资理财能力和风险意识，可以为市场培育广泛的理性合格投资者，是建设健康成熟金融市场、实现金融强国的重要基础工程。二是将投资理财教育纳入国民教育体系符合“全面推进素质教育”的宗旨，也是推进教育体制改革的重要契机。随着我国证券期货市场的发展，证券期货已经成为我国家庭和居民的基本经济活动，借助国内大力开展国民投资理财教育的时机，将证券期货理财知识纳入各级国民教育体系，推进证券期货市场投资者教育工作。三是推动广泛的金融投资等方面的国民教育离不开政府教育、监管部门及社会的广泛参与和推动。国民教育是一个大的社会工程，必须依靠政府相关部门坚定不移的强力支持，才能保证国民教育的顺利开展。

二、中国金融衍生品国民教育创新和实践

中国金融期货交易所（以下简称中金所）是唯一一家经国务院同意，由中国证监会批准，专门从事金融期货、期权等金融衍生品交易的交易所。中金所作为我国金融衍生品市场发展的组织者和前沿阵地，一直以来都将投资者教育作为交易所工作的重中之重，自 2010 年股指期货上市以来，针对市场投资者采取了多种多样的投教方式，包括与会员公司合作开展投资者培训，开发线上投资者教育平台，联合高校举办针对金融机构高管的金融衍生品管理课程及针对高校学生的金融知识大赛和金融国民教育高校万里行等活动。

根据几年来的投资者教育工作经验总结和国内外投资理财国民教育发展的理论及实践的启示，中金所在金融衍生品国民教育方面也进行了积极探索和实践。中金

所充分认识到在我国金融衍生品发展起步晚不成熟的大环境下,金融衍生品教育要从学校抓起,从学生抓起,对市场高素质的合格投资者潜在群体进行提前教育,为市场培育合格的中坚力量,广泛宣传金融衍生品投资的正确理念。2014年,中金所积极大胆地开展了金融衍生品国民教育实践创新,联合中国期货业协会共同启动了"中金所杯"全国大学生金融知识大赛,并取得了良好成效和社会效应,受到学生、学校、市场机构、媒体等社会各界的广泛好评。

(一)立足人才培养

金融衍生品市场是完善中国资本市场体系建设的重要一环。近几年,中国的金融衍生品市场有了一定程度的发展,但与成熟金融发达国家相比,仍处于起步阶段。金融衍生品市场的平稳健康发展离不开人才的培养,对处于起步阶段的中国金融衍生品市场尤其如此。在目前刚刚起步的发展阶段,金融衍生品行业在理论及实践方面的人才匮乏,这已成为行业发展的主要"瓶颈"之一。同普通的投资理财教育相比,衍生品市场的投资和风险管理知识体系相对比较复杂,难度比较大,因此在推动金融衍生品国民教育时,从国民教育系列中的高等教育阶段开展普及教育是比较恰当的选择。

为推动整个行业的人才培育和长远发展,中金所联合中国期货业协会,自2014年开始,共同推出了"中金所杯"全国大学生金融知识大赛,主要目的有三个:一是借助"中金所杯"激发大学生群体了解金融衍生品行业和学习金融衍生品知识的热情,为整个资本市场发展培育后备人才队伍;二是借助"中金所杯"与高等院校开展合作,推进金融衍生品相关专业的学科建设、师资培训及人才培养规划;三是借助"中金所杯"在社会公众中宣传普及金融衍生品知识和理念,推进金融国民教育体系建设,更好地保护投资者合法权益。

(二)扩大影响范围

"中金所杯"大学生金融知识大赛针对对象为中国大陆及以外地区满足条件的普通高校全日制在校大学生,无专业限制或学历要求,专科、本科、硕士/博士研究生均可报名参赛。自2014年以来,"中金所杯"已经成功举办了六届,参赛范围已覆盖中国大陆及港澳台、北美、欧洲等地区,参赛高校达1120所,累计参赛学生约18.3万人次。

近年来,随着中国资本市场快速发展,大量中国留学生赴国外留学学习国外先进金融市场知识,对于我国金融衍生品市场的发展具有积极意义。"中金所杯"参赛者不仅限于国内高校大学生,更向国外留学生开放,吸引留学生积极参与到国内衍生品市场和资本市场建设中来。随着几届大赛活动的顺利举办，“中金所杯”已经引起社会各界的广泛关注，并成为中金所投资者教育工作的重要品牌，实现了践行社会责任、普及金融知识、培育行业人才等活动初衷。

表 1　历届“中金所杯”参赛情况

届　数	参赛人数(人)	覆盖地区	获奖人数(人)
第一届	30,744	中国大陆	465
第二届	35,046	中国大陆及港澳台、北美	452
第三届	22,743	中国大陆及港澳台、北美、欧洲	484
第四届	26,649	中国大陆及港澳台、北美、欧洲	924
第五届	31,700	中国大陆及港澳台、北美、欧洲	974
第六届	36,752	中国大陆及港澳台、北美、欧洲、新马泰	1012

（三）促进知识普及

“中金所杯”知识竞赛内容试题涵盖广泛，不仅包括金融基础、股指、利率、外汇等现货市场知识以及对应的衍生品市场知识，还包含了场外和结构化衍生品知识部分。试题内容和形式主要考查学生对金融及衍生品市场相关概念、理论、机制的掌握程度以及在衍生品市场进行投资和风险管理的实务操作能力。

大赛启动后，中金所联合各期货公司采取点对点的方式，走进校园开展大赛宣讲，举办知识讲座，激发学生学习金融及衍生品知识的热情和积极性。参赛学生还通过校园网、微信群、QQ 群等社交媒体，积极交流学习心得，互相答疑解惑，形成了良好的学习氛围。同时，中金所还在新华网、新浪网、搜狐网、和讯网等门户网站设立大赛专区，上传大量的知识资料，帮助社会公众学习和了解金融及衍生品知识，真正做到金融及衍生品知识的普及。

表 2　期货公司走进高校开展培训情况

届　数	期货公司数(家)	高校数(所)	场次(次)
第一届	44	40	109
第二届	74	140	195
第三届	90	195	220
第四届	82	165	278
第五届	76	242	329
第六届	79	244	353

(四)显现积极效应

从六届大赛的实施结果看,“中金所杯”逐渐显现了四个方面的积极效应:

1. 竞赛组织专业,突出公平规范,彰显社会责任

竞赛的两家主办方为中国金融期货交易所和中国期货业协会,前者是我国唯一的由国务院同意、中国证监会批准专门从事金融衍生品交易的交易所,承担着金融衍生品交易的一线组织和监管职责;后者为中国证监会下属的期货行业自律组织,发挥着维护期货市场秩序,保护投资者利益等重要作用。两者都是具有政府色彩的非营利性组织。

中金所坚持“社会责任至上”的经营理念,“中金所杯”是践行这一理念的重要平台之一。借助“中金所杯”的推广与实施,达到推动校企合作、优化人才培养、普及金融知识、服务行业发展等目标。为确保“中金所杯”的赛事组织规范,竞赛结果公平,竞赛主办方在命题、组卷、考试等各环节均进行细致安排,设计了专家团队命题、签订保密协议、随机安排试卷、严格考试纪律等相关制度。

2. 参赛高校众多,专业分布广泛,普及效果明显

从参赛高校的数量看,前六届竞赛分别为 630 所、860 所、1040 所、1109 所、1100 所、1120 所,呈现逐渐增加、渐趋平稳的态势。从高校分类看,“211”“985”等重点高校的参与程度明显较高。在全部“211”和“985”高校中,除 3 所医科大学及国防科技大学外全部参赛;42 所双一流大学中,除国防科技大学外,其他 41 所高校全部参加大赛;67 所专业类财经高校全部参赛。

从参赛学生的专业分布看,经济、金融类专业占据一定优势,累计占比约 80%;同时,也有来自数学、物理等理学学科,力学、计算机等工学学科以及法学、文学等其他学科的学生,累计占比约 20%。

3. 高等院校认可,市场机构欢迎,社会影响积极

目前,“中金所杯”也得到越来越多高校的认可和市场机构的关注。根据对获奖学生反馈情况的统计,2018 年,超过 110 所高校主动将学生在“中金所杯”的获奖情况与其评奖评优、保研加分、学分认定等事项挂钩,大赛获奖证书的含金量得到了高等院校的普遍认可。此外,还有部分高校提出了由竞赛主办方走进校园举办课外讲座、专家讲坛等邀请。

部分期货公司还借助在历届“中金所杯”中与对接高校不断加深的联系与交流,进一步与高校签订了学生课外实习基地、联合研究等长期战略合作协议,为高校学生

提供理论联系实务的锻炼平台。同时,市场机构对获奖学生的关注度也在逐年提升,部分市场机构在招聘时明确优先考虑"中金所杯"获奖学生。

4. 奖励机制丰厚,实习机会众多,平台功能显著

对获奖学生,主办方中金所将提供丰厚奖金奖励,并邀请部分获奖学生参加暑期夏令营,以实践育人为宗旨,用学习参观的形式,让同学们更清晰地领略了金融市场全景图,更直观地了解了各类金融机构的特点,也助其获得了更广阔的职业视野。此外,中金所还与证券、基金、期货、私募等市场机构联系沟通,每年为获奖学生提供约1000个实习岗位,以此实现中金所、高校、会员期货公司、金融机构联动,形成了完善的衍生品人才培养体系和机制。"中金所杯"作为在校大学生学习和接触金融投资实务的平台,有效促进了在校大学生对金融衍生品知识的学习和实践。

三、依托"中金所杯"进一步推进金融衍生品国民教育创新

从境外成熟市场经验看,伴随着市场竞争的加剧,市场分工也在不断趋于精细,市场经营机构更多地专注于盈利机会挖掘和公司自身发展,基础理论研究、行业后备人才培养、投资者教育、国民教育等具有社会公益性质的业务,更多地转由高校承担。"中金所杯"全国大学生金融知识大赛在金融衍生品国民教育方面进行了积极探索,已在业界、高校和学生中形成良好口碑。在总结国内外经济及投资理财国民教育和现有六届大赛经验的基础上,未来我们将探索更多形式以深化金融衍生品国民教育实践。

一是在提升竞赛活动"组织专业性、过程规范性、结果公平性"的基础上进一步提高大赛级别,争取获得教育主管部门的支持和认可。国外经验表明,推动广泛的金融投资等方面的国民教育离不开政府教育、监管部门及社会的广泛参与和推动。在历届竞赛颁奖总结大会以及在与学生、高校、机构的日常交流中,越来越多的学生提出,希望"中金所杯"能够持续举办,并更紧密地与学业、就业挂钩;越来越多的高校也建议,希望"中金所杯"能够得到教育主管部门的授权或认可,以便在校级层面开展覆盖更多院系和专业的学科建设活动。

二是探索与高校、市场机构联合开设实务类课程及仿真交易模拟,丰富人才培养模式。在"中金所杯"大赛举办的过程中,中金所、期货公司、高校三方建立起了良好的联系。2018年,综合交易所监管及产品设计经验、市场机构实战经验、高校理论经

验三方资源,中金所与东北财经大学合作推出了针对金融硕士的必修学分课程;与江西财经大学合作推出了针对全校本科生的学分选修课程。未来将进一步扩大合作高校范围;同时,将积极推动把中金所仿真交易系统接入高校课堂或实验室,增强学生理论知识与实践经验的结合。此外,拟由交易所支持,推动期货公司、市场机构与当地高校开展合作,建立大学生课外实习实践基地,促进大学生学以致用。

三是提供数据、人才、经费等支持,与部分高校联合开展金融衍生品领域的基础研究、教材编写及师资培训。未来,中金所将支持和联合高等院校,积极开展金融及衍生品功能作用、风险防控等方面的基础性研究。同时,针对金融衍生品及资本市场后备人才的培育,以及金融及衍生品国民教育及投资者教育的需要,中金所将探索与高校联合编写相关教材,开展师资培训,推进金融衍生品行业人才培养和国民教育不断走向深入。

立足互联网战略　开启投资者教育新模式

——中国银河证券投教工作互联网化初探

吉　薇[*]　杨　华[**]

摘　要：证券经营机构作为资本市场的重要中介机构，应该承担起投资者权益保护的责任和义务。本文结合我国投资者保护实际、新媒体信息传播特点及中国银河证券投资者教育工作实践，对中国银河证券投资者教育工作的互联网化进行综合分析。中国银河证券结合公司战略和互联网优势，对投资者教育工作进行全方位转型，努力探索"互联网＋投教"新模式，进一步拓宽投资者教育工作思路；以互联网投教基地为核心，通过对宣传体系、宣传产品、宣传活动三方面的模式创新，打造银河特色投教品牌，增强投教宣传影响力和覆盖面，让"理性投资　从我做起"的理念深入人心，扎牢投资者权益的"保护网"。

关键词：投资者教育　互联网化

一、引　言

我国资本市场是亿万投资者共同参与的市场，目前我国证券市场投资者数量超过1.4亿，其中99.76%为个人投资者，①可以说，中小投资者占绝大多数。资本市场服务供给侧结构性改革、服务实体经济功能作用的发挥，离不开广大中小投资者的理性参与、价值投资。要充分发挥好资本市场直接融资功能作用，必须维护好广大中小投资者的积极性，保护好广大中小投资者的合法权益。

---

* 中国银河证券股份有限公司投教与适当性管理团队负责人。

** 中国银河证券股份有限公司投教管理岗。

① 资料来源于中国结算官网：http://www.chinaclear.cn/zdjs/xmzkb/center_mzkb.shtml，最后访问日期：2018年9月21日。

随着多层次资本市场的快速发展,金融产品种类日渐丰富、产品结构日趋复杂,中小投资者的风险识别和自我保护能力相对较弱,合法权益受到损害的现象时有发生,矛盾纠纷数量也呈不断上升的趋势。需要通过有效的制度安排和保障措施确保投资者的知情权、收益权、参与权以及求偿权真正落到实处。从这个意义上讲,全面保护好投资者的合法权益是资本市场的公平之源、信心之源,也是资本市场的效率之源、发展之源。

党中央、国务院高度重视投资者权益保护工作。习近平总书记多次强调要做好投资者权益保护工作,他指出要"加强市场监管,保护投资者权益","尽快形成融资功能完备、基础制度扎实、市场监管有效、投资者合法权益得到充分保护的股票市场"。李克强总理专门强调各有关部门要履行职责、守土有责,保护好金融消费者和投资者合法权益。中国证监会主席刘士余也反复提出:要把保护投资者合法权益放在更加重要的位置。长期以来,各地监管机构、证券交易所、行业自律组织始终把投资者保护放在各项监管工作的重中之重。证券经营机构作为资本市场的重要中介机构,更应该承担起投资者权益保护的责任和义务。

中国银河证券股份有限公司(以下简称中国银河证券或公司),作为行业内客户规模大、网点数量多的大型国有金融机构,在回归证券行业本源,服务实体经济的同时,积极践行尊重和保护投资者权益的社会责任,扎实认真做好投资者教育及投资者权益保护的各项具体工作。通过健全投资者适当性管理、加大打击非法集资的力度、防范非法证券活动、强化中小投资者教育等扎实有效的工作,务实推进投资者保护。同时,中国银河证券结合公司战略和互联网优势,对投资者教育工作进行全方位转型,努力探索"互联网+投教"新模式,努力将投资者教育及投资者权益保护工作提高到一个新水平。

二、多措并举,夯实投资者教育工作基础

中国银河证券秉承"客户至上"的经营理念和"创造价值,增长财富"的企业使命,注重投资者教育与服务工作,不断提高客户服务质量,把投资者教育作为保护投资者合法权益、促进资本市场健康发展的重要工作来抓,本着贴近市场、贴近大众、深入浅出、注重效果的原则,持续做好投资者教育工作。

(一)建立健全投资者教育工作制度与组织体系

为引导投资者树立正确的投资理念,增强投资者风险防范意识,保护投资者合法

权益，中国银河证券制定了投资者教育服务管理办法，将投资者教育工作作为公司客户服务工作的核心内容之一，明确职责分工，建立了“公司投教工作小组集中统筹—总部各部门协调配合—分支机构落实执行”的三级管理模式，确保公司各项投资者教育工作的有序开展。

在投资者教育工作队伍建设方面，公司建立了投教联系人沟通机制，不断完善投资者教育工作规范化管理。总部设置投教管理专岗，负责投资者教育工作日常管理和落实监管部门投资者教育活动要求；分支机构指定专人，负责分支机构投资者教育及投资者权益保护工作的日常开展和联络工作。同时，为进一步提高公司投资者教育工作联络的有效性和及时性，公司通过投教联络微信群集中发布投资者教育工作内容、工作要求，分享投资者教育工作动态、最新成果，以及提供投资者教育工作相关咨询、交流等，通过多种方式激发投教联系人工作积极性，从“让我们做”转变为“我们要做”，全面引导各分支机构通过各类投资者宣传教育，切实保护中小投资者合法权益。

（二）制定年度投资者教育工作计划，持续开展投资者教育

2013 年以来，中国银河证券每年制定年度投资者教育活动方案，按照监管政策精神，结合年度投资者教育和投资者权益保护的工作重点，巧立年度投资者教育活动主题，面向投资者有计划地开展各项投资者教育活动。

历年年度投资者教育活动主题包括：2013 年——“慧眼行动”，多维度剖析金融诈骗特征，引导投资者“慧眼识金”“慧眼识人”“慧眼识己”，认清投资风险，谨防金融诈骗；2014 年——“保护我的投资”、2015 年——“保护投资　有你有我”，连续贯彻落实国务院《关于进一步加强资本市场中小投资者合法权益保护工作的意见》，通过系列投资者教育宣传活动，帮助投资者提升风险防范意识和自我保护能力；2016 年——“理性投资　保卫财富”，引导投资者树立理性投资意识，关注自身权益保护，避免投资错误、管理投资风险；2017 年——“落实适当性管理　保护投资者权益”，结合《证券期货投资者适当性管理办法》发布实施，使投资者全面了解适当性制度，知晓自身在适当性管理中的权利和义务，帮助投资者自觉增强风险意识、法律意识和维权意识；2018 年——“明晰投资风险　保护合法权益”，立足公司互联网投资者教育基地，全面推进线上、线下多样化投资者教育宣传方式，提高投资者风险防范意识，切实保护投资者的合法权益。

通过制定并开展年度主题投资者教育活动，将各类投资者教育活动进行有机整

合,使投资者教育和保护工作的开展更具针对性、系统性和可操作性。通过各项活动开展,进一步帮助投资者树立理性投资意识,提高风险识别与防范能力,更好地保护投资者合法权益。

(三)组织多元专题投资者宣传教育,积极投身公益活动

结合年度投资者教育工作计划,中国银河证券根据监管机构、证券交易所及自律组织的各项投资者教育工作要求,通过多种方式、多种渠道组织开展多项专题投资者宣传教育活动,引导投资者积极参与相关活动,广泛地开展互动式的投资者教育工作,提高投资者权益保护意识。专题宣传主要包括:“3·15投资者权益保护宣传”“打击非法集资”“打击非法证券活动”等投资者保护类;“投资者适当性管理”“上市公司股东及董监高减持新规”“地方债”等政策法规及业务知识普及类;“多元纠纷调解机制”“引导理性维权”等权益维护类等。

此外,中国银河证券还积极履行企业公民社会责任,协办参与投资者教育公益活动。两次协办并参与由中国证券业协会主办的“远离非法证券活动,传递正能量”打非宣传月启动仪式暨健康跑活动,切实帮助投资者提高对非法证券活动的辨识能力和防范意识;同时,中国银河证券积极联合多方力量,形成投资者教育工作合力,与多家机构共同承办由地方监管部门主办的“理性投资　守护财富”投资者权益保护系列公益活动等,切实将投资者教育和保护工作落到实处。

三、创新求变,探索“互联网+投教”新模式

证券行业的存量市场竞争愈加激烈,行业同质化严重,转型势在必行,证券经营机构业务发展寻求突破。随着IT技术升级和互联网的广泛应用,移动互联网成了证券经营机构寻求差异化竞争的重要渠道和平台。

在互联网金融带来的巨大机遇与挑战并存的形势下,证券公司互联网金融业务发展路径的目标从提供通道服务到提供财富综合管理,核心要素在于战略、平台、渠道、产品及服务,在为客户提供专业化综合金融服务的同时,更需要做好投资者合法权益保护。因此,将投资者教育及服务纳入各业务环节中,通过多层次、多形式为投资者提供全方位服务与保护。

2017年,中国银河证券以建设互联网投资者教育基地为契机,积极探索“互联网+”时代下投资者教育工作的转型思路。逐步推进品牌化投资者教育服务、进一步

加强与投资者互动交流、全面提升投资者投教新体验。

一方面,公司经营管理模式的全面转型为投资者教育互联网化奠定基础。党的十九大之后,中国银河证券坚持新发展理念,按照习近平总书记提出的金融要面向居民投资者和面向企业服务的要求,正确处理发展中的重大关系,适时提出了“双轮驱动、协同发展”转型战略,将“财富管理”“投资银行”作为公司转型发展的两个轮子,强化全方位协同机制,为客户提供综合财富管理服务,支持实体经济,服务企业融资。面对互联网企业的跨界竞争对证券业生态系统的改变,积极布局金融科技,推进证券业务互联网化,是实现公司战略的核心。在互联网金融战略下,中国银河证券以新版智能 APP 为载体,用专业为投资者赋能,同时牵手阿里云,在数据智能体系建设、互联网金融服务创新、智能客户服务体系建设等方面开展深入合作,提升公司服务能力和业务价值,提升用户体验。互联网化为实现公司战略提供跑道和桥梁,而公司经营管理模式的全面转型,也是公司投资者教育工作互联网化的基础。

另一方面,新媒体盛行下信息传播的新特点推动投资者教育工作向互联网化发展。随着移动互联网技术的不断发展,新媒体不断涌现,信息传播呈现碎片化、图片化等新特点,用户获取信息的方式发生了巨大变化,用户不再青睐传统的信息传播路径,更习惯用碎片化的时间去获取碎片化的信息。新媒体平台上的大众传播越来越多地需要依赖人际传播网络来实现,每一个个体的人际关系网络(用社会学的视角来看,就是社会网络)变成了大众传播的“基础设施”的一部分,并以自然淘汰机制对信息流动起着重要作用。① 这种变化同样适用于投资者教育宣传内容的传播,传统的面授、发放传单等宣传方式面临挑战。那么,如何将投资者教育宣传内容有效传递给更多的投资者,让投资者乐于接受呢?我们认为,就是要顺势而为,在投资者教育宣传内容的传播上,更加注重运用娱乐化、碎片化的方式,寓教于乐,同投资者开展广泛地沟通和交流。

因此,中国银河证券投资者教育工作方式向“互联网 + 投教”新模式转型,并重新确定了公司投资者教育工作的宣传定位,即互联网流量思维、用户思维和社会化思维。首先,互联网思维的就是要重视流量、重视客户体验,以流量思维构建投资者教育宣传矩阵,打造投资者宣传教育新模式;其次,顺应新媒体信息传播的“碎片化”特点,适应用户上网方式的转变,以用户思维了解用户所思所需,优化投资者教育宣传

---

① 彭兰:《碎片化社会背景下的碎片化传播及其价值实现》,载《今传媒》2011 年第 10 期。

内容与形式,实现投资者教育宣传内容及产品的互联网化;最后,加强线上线下投资者教育活动的交互融合,利用社会化思维以"网"的形式搭建公司与投资者、投资者与投资者之间的多维互动,使沟通和交流更加便捷,提高投资者接受宣传教育的用户体验。

四、立足基地,打造银河特色投资者教育宣传品牌

为做好投资者教育服务和保护工作,2017年公司建设完成中国银河证券投资者教育基地(网址:edu. chinastock. com. cn,以下简称中国银河证券投教基地),并被中国证监会授牌为"全国证券期货投资者教育基地"。中国银河证券投教基地,是面向社会公众开展投教宣传的互联网平台,具有公益性、专业性、互动性的宣传特色,采用"互联网+投教"形式,为投资者提供海量投教产品、一站式风险提示、免费视频课程、互动模拟游戏等,寓教于乐,引导投资者识别风险、理性投资。2018年在公司"双轮驱动、协同发展"的战略指引下,充分利用互联网优势,在宣传体系、宣传产品、宣传活动三方面体现"互联网+投教"新模式,打造银河特色投资者教育宣传品牌。

(一)打造立体化投资者教育宣传体系

为最大化覆盖投资者,公司建立了以中国银河证券投教基地为核心的立体化宣传体系(见图1),即以投教基地网站为基础、以自媒体平台为抓手、以线下营业网点及公司统一客服热线为补充,形成立体化、全方位的投资者教育宣传矩阵体系。

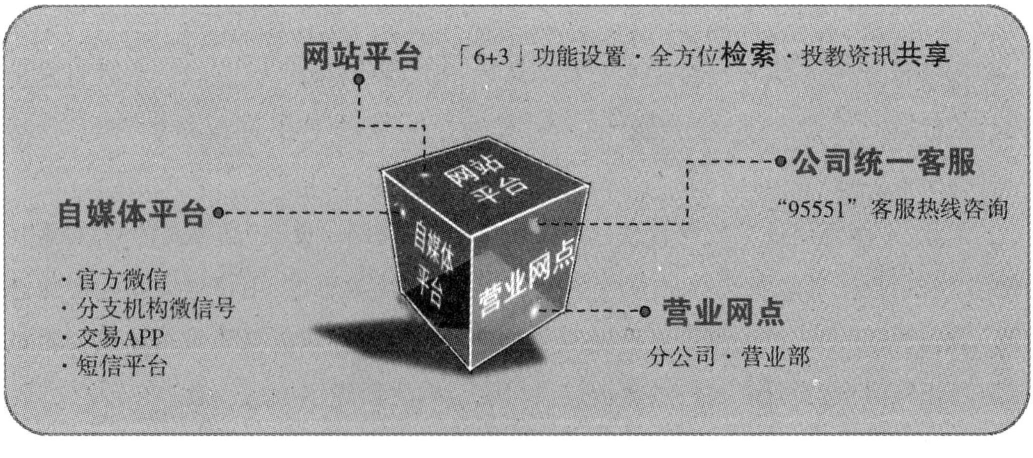

图1　中国银河证券立体化投资者教育宣传体系

中国银河证券以投教基地网站为平台,设置"互动交流""基础知识""专项业务"

“政策法规”“投资者权益”“风险揭示”六大功能模块，同时兼具“原创作品展示”“互动交流体验”“投教资讯共享”三大特色专区，实现了产品展示、信息检索、互动交流、资讯共享等功能；以官方微信、交易APP、公司短信平台等自媒体平台作为扩大服务渠道，发布专业的多样化投教产品，在进一步为广大投资者提供服务的同时，增强与投资者的交流互动；依托线下遍布全国的营业网点和公司统一客服热线作为补充，在满足投资者咨询需求的同时，生动有趣的传播投资知识，将投资者教育内容最大化覆盖投资者。

（二）创新投资者教育产品形式

在投资者教育产品方面，中国银河证券从投资者角度出发，引入趣味投资者教育互动游戏，制作走心原创投资者教育视频、图文，寓教于乐，提升了投资者的参与度和认可度，实现了从传统纸质投教产品向电子产品转变，通过多种渠道进行发布，充分体现产品的娱乐性、创新性、多样性。

1. 坚持原创。中国银河证券对于投放的投资者教育产品，尤其是原创产品有较高的制作要求和标准，贵精不贵多。坚持原创、把控品质，通过原创策划，把与投资者相关的法规条文、投资风险等展示出来，提高客户的接受程度。目前原创制作的投资者教育产品主要包括“投资大观园”“从零开始学投资”等系列微信图文、漫画、主题海报，“风险话你知”“银河说”等系列原创视频等，同时结合投资者调查问卷，随时了解投资者的接受程度和满意度。

2. 恪守专业。资本市场瞬息万变，如果投资者对规则认识不到位，可能会面临资产的损失。因此，中国银河证券根据新业务、新产品上线、新政策法规发布等时间点，在第一时间通过专业化解读、普及与宣导，制作了“上交所交易规则改变　今日起收盘前三分钟可挂单不可撤单”“三只股票都要退市　快提高你的风险意识”等投资者教育产品，深受投资者的认可和好评。

3. 多元互动。中国银河证券投资者教育的另一特色是通过娱乐化、游戏化的投资者教育产品增强与投资者间的互动，提高投资者的参与度和获得感，寓教于乐。“天天K线，轻松猜涨跌”互动游戏，基于A股历史数据，通过快速模拟K线走势，让投资者体验真实的股市投资风险；“银河答题王”竞答游戏，精选3万道题目，涵盖证券、经济、历史、文化、生物、地理、娱乐等多个领域，通过答题竞猜冲顶瓜分红包的形式，让投资者在轻松娱乐中掌握投资者教育相关知识。

在信息爆炸的时代，酒香也怕巷子深。优秀的投资者教育宣传内容，还需要以多元化的形式,配以恰当的宣传推广,才能达到寓教于乐、事半功倍的效果。

(三)加强投资者教育活动线上线下融合

在投资者教育活动组织推广方面,中国银河证券也充分体现线上、线下相融合,从单一面授向多元化互动交流转变。通过开展知识竞答活动、满意度调查活动、游戏及视频微信推广以及线下专项活动的线上宣传等,以“活动—奖励—互动—引流”的方式,提高投资者关注、参与投资者教育活动的积极性,切实将投资者保护和宣传教育落到实处。充分利用互联网渠道扩大投资者受众范围,增强投资者参与度,积极完善与投资者的互动交流,通过网站留言板、微信留言区、调查问卷、投票、游戏等环节,改变投资者教育等同说教的刻板印象,做到有输出、有反馈,从而真正达到投资者教育的正向宣导效果。

五、不断完善,与投资者共同成长

投资者教育和保护作为一项长期性、基础性和常规性的重要工作,任重而道远。中国银河证券积极践行尊重和保护投资者权益的社会责任,将做好投资者教育和保护工作作为一项促进市场健康发展的重要工作进行落实。中国银河证券也将把投资者教育和保护工作作为公司经营管理不可分割的一部分,长期不懈地坚持下去。

第一,从投资者需求出发,继续推进“互联网+投教”战略,将投资者教育产品制作、活动宣传、引流推广及工作流程与互联网紧密结合,进一步提升投资者体验,增强与投资者的多元互动交流,向智能化、便捷化、协同化、趣味化投资者教育方向继续努力。

第二,立足中国银河证券投教基地,做实网站平台,通过优化网站功能布局和页面设计等,提高网站及平台延展的直接推广与宣传,打造全面、专业、便利的投资者教育服务平台,让投资者教育变得轻松。

第三,加强与监管部门、证券交易所、自律组织及其他证券经营机构的互联互通,博采众长,在坚持发布中国银河证券原创投资者教育产品的同时,积极分享业内优秀投资者教育资源,举办跨区域、跨行业投资者教育活动,形成投资者教育合力,共同做好投资者权益保护工作。

第四,务实推进投资者教育工作规范化管理和队伍建设,不断加强投资者教育工作力度,用专业能力和勤奋实干获得投资者对投教工作者的满意和支持,切实提高广大投资者的理性投资意识。

“道虽迩,不行不至;事虽小,不为不成。”每一项事业,无论大小,都是靠脚踏实地、一点一滴干出来的。中国银河证券将坚守初心、不负光阴,在立足“互联网 + 投教”的工作定位下,进一步拓宽投资者教育工作思路,用心为投资者服务、用专业为投资者赋能,通过互联网将投资者关注的投资者教育资讯、投资者教育产品推送至网络平台,增强投资者宣传教育的影响力和覆盖面,以提升投资者的理性投资理念、风险防范意识和在资本市场的获得感,让“理性投资　从我做起”的理念深入人心,扎牢投资者权益的“保护网”。

进一步完善和落实“示范诉讼+委托调解”机制之我见

熊锦秋*

摘　要:2018年11月有关部门联合发布《关于全面推进证券期货纠纷多元化解机制建设的意见》,其中第13条提出的“示范诉讼+委托调解”机制,可能成为解决证券期货群体纠纷的金钥匙。为进一步完善和落实“示范诉讼+委托调解”机制,本文提出若干建议,包括要打造好示范诉讼案件的标杆判例、增强示范诉讼后适用调解方式的强制性、推动证券调解组织实行统一管理等。

关键词:意见　证券期货群体纠纷　示范诉讼　调解

2018年11月最高人民法院和证监会联合发布《关于全面推进证券期货纠纷多元化解机制建设的意见》(以下简称《意见》),在试点基础上决定在全国联合开展证券期货纠纷多元化解机制建设工作。笔者认为,这将为A股健康发展打下坚实基础,也将为投资者解除最大后顾之忧。

一、证券期货纠纷多元化解机制浅析

解决纠纷的途径,包括诉讼、仲裁、调解等机制。诉讼有不少弊端,包括诉讼程序复杂、效率低,诉讼双方需为此付出极大的精力来应付,诉讼费用高昂,纠纷双方撕破脸打官司难免由此心存芥蒂、影响和谐,可以说普通投资者对诉讼缺少“消费”能力,“无论审判能够怎样完美地实现正义,如果付出的代价过于昂贵,则人们往往只能放

* 秦皇岛市委研究室经济科科长、财经专栏作者。

弃通过审判来实现正义的希望”①。

在市场经济发达国家，仲裁是一种较高效的争议解决方式，90% 以上的纠纷通过仲裁解决。仲裁具有契约性、自律性、民间性、私密性和准司法性等独特优势，仲裁员往往是由一批高素质的证券从业人员、经济或法律专家来担任，仲裁实行一裁终局，除有违法情形被法院否定其效力外，直接具有强制执行力。当然，正因为一裁终局，假若仲裁不公，也使处于弱势地位的投资人失去了再次救济的机会。另外，与诉讼相比，仲裁虽然费用较低，但毕竟需要向仲裁员、书记员、庭审秘书等支付报酬，我国证券期货市场小额投资者占绝大多数，由于其投资或利益损失不大，多数并不愿意掏钱付诸仲裁。

调解机制有不少优点。调解是在第三方主持下，以国家法律、法规、规章和政策以及社会公德为依据，对纠纷双方进行斡旋、劝说，促进互相谅解，多方协商，自愿达成协议、消除纷争的活动。调解极为简单方便，无须遵循严格的法定程序，当事人可以在比较和谐而非对抗性的氛围中充分协商、寻求共识，达成双方都能接受的协议；调解经济成本低，一般居中调解第三方不收调解费用。不过，调解协议是双方当事人解决纠纷的合意，需要当事人自愿遵守和履行，一旦当事人反悔或另行起诉则协议自然失效。

二、对《意见》的评析

建设证券期货纠纷多元化解机制，是畅通投资者诉求表达和权利救济渠道、夯实资本市场基础制度和保护投资者合法权益的重要举措。《意见》提出在全国联合开展证券期货纠纷多元化解机制建设工作，包括“工作目标”“工作原则”“工作内容”“工作要求”四部分，共 25 条。

（一）《意见》极为看重调解机制的作用

显然，诉讼作为化解纠纷的终极机制，无须在《意见》中作出规定。除了诉讼，纠纷的多元化解机制主要就剩下仲裁和调解，然而《意见》通篇内容几乎没有提到仲裁机制，主要规范的是调解机制的建设，《意见》将建设多元化解机制的突破口选择在建设调解机制上面，这或许是由于仲裁机制过于高大上、不接地气；比如，“提起证券仲

① ［日］棚濑孝雄：《纠纷的解决与审判制度》，王亚新译，中国政法大学出版社 1994 年版，第 266 页。

裁限制条件多,证券仲裁协议难以达成,证券仲裁规则、仲裁程序不完善,证券仲裁员缺乏”等,①且可能需要投资者承担一定费用。而调解机制由于具有程序便利、投资者无须金钱成本、有利于社会和谐等优势,得到相关部门的青睐。

《意见》极力引导当事人采取调解方式解决纠纷。比如,第12条规定,经双方当事人同意,(人民法院)采取立案前委派、立案后委托、诉中邀请等方式,引导当事人通过调解组织解决纠纷。如此诉调对接机制,可引导当事人选择调解而非诉讼方式解决纠纷。

(二)《意见》增强了调解机制的实用性

中小投资者要解决纠纷,最怕的是损失补偿还没有拿回、却先要承担金钱费用成本,为此《意见》第8条规定,“调解组织受理中小投资者的纠纷调解申请,不收取费用”,这打消了投资者通过调解方式解决纠纷的最大顾虑。中小投资者的第二个担忧,是调解协议不具有强制执行力,即便达成协议若对方反悔也可能前功尽弃,为此《意见》第11条规定,当事人可以申请有管辖权的人民法院确认其(调解协议)效力,一旦被法院确认有效,即具有强制执行力,若一方拒绝履行调解协议,对方当事人可申请法院强制执行。

(三)《意见》提出的“示范诉讼+委托调解”机制为解决证券期货群体性纠纷打开了一扇大门

《意见》第13条规定,证监机构在清理处置大规模群体性纠纷的过程中,可将涉及投资者权利保护的相关事宜委托调解组织进行集中调解。对虚假陈述、内幕交易、操纵市场等违法行为引发的民事赔偿群体性纠纷,需要人民法院通过司法判决宣示法律规则、统一法律适用的,受诉人民法院可选取在事实认定、法律适用上具有代表性的若干个案作为示范案件,先行审理并及时作出判决;通过示范判决所确立的事实认定和法律适用标准,引导其他当事人通过证券期货纠纷多元化解机制解决纠纷。此即为“示范诉讼+委托调解”机制。

“示范诉讼+委托调解”机制的重要意义在于,首先,它可能让所有利益受损投资者都得到补偿。示范案件由法院判决之后,其他适格中小投资者只需向调解组织提出调解申请且无须支付任何调解费用,就可能与相关主体达成调解协议、获得一定补偿。此前虚假陈述案例中,只有投资者发起诉讼,才可能得到赔偿,而打官司的金钱、

① 杨东、毛智琪:《日本证券业金融ADR的新发展及启示》,载《证券市场导报》2013年第7期。

精力、时间成本是中小投资者耗不起的，由此，多数虚假陈述案例中，绝大多数适格投资者其实放弃了自己的索赔权利。

其次，第13条预示着未来内幕交易、操纵市场的民事赔偿纠纷，也可能得到有效解决。此前内幕交易、操纵市场这两类民事纠纷被法院立案的都极为少见，更遑论投资者得到资金补偿；而第13条将内幕交易、操纵市场群体性纠纷与虚假陈述群体性纠纷并列，统一适用“示范诉讼＋委托调解”机制，预示未来阻碍内幕交易、操纵市场民事赔偿纠纷解决的诸多法律问题或将得以突破。

三、进一步完善“示范诉讼＋委托调解”机制的建议

如果“示范诉讼＋委托调解”机制能建设到位、能妥善解决证券期货群体纠纷，这将是A股发展史上值得称道的浓墨重彩一笔、具有极其深远的历史意义。由此，一方面投资者对违法违规无须过度担忧恐惧，将极大增强入场投资信心，另一方面对违法违规者更是一种潜在的巨大威慑，一旦被查实市场操纵等违法违规，除承担行政罚款外，还得承担成千上万股民的民事索赔，很有可能由此倾家荡产。不过，要实现这种愿景，或许还需解决以下一些实际问题。

（一）要打造好示范诉讼案件的标杆判例

2003年“德国电信案”成为资本市场示范诉讼相关法律颁布的导火线，为此德国专门出台《投资人示范诉讼法》，其中规定由州高等法院择定示范诉讼原告进行示范诉讼，并做成示范裁判。示范判决对于示范原告、被告之外的所有利害关系人（被通知参与示范诉讼程序之人）均具有相当于既判力的拘束力，而无论这一裁判对其有利与否，也无论是主文范围，还是裁定理由中事实上或法律上的判断部分。①

A股市场大可借鉴德国做法，同时根据中国国情来择定示范诉讼案件。证券期货市场具有高度专业性，相关法律规则可谓汗牛充栋，一个不可忽视的现实是，我国多数地方法院缺乏证券期货方面专业审判人才，而上海、北京、深圳等地法院这方面专业人才相对要多一些，2018年8月上海金融法院（全国首家）正式挂牌成立，笔者建议，应充分发挥专业法院、专业审判人才的作用，可规定示范诉讼案件必须由上海金融法院，以及未来将成立的其他金融法院或证券法院来审理，要防止糊涂官判糊涂

① 郑妮：《证券投资人保护之诉讼机制研究——以德国投资人示范诉讼为例》，载《中国商法年刊》2011年第00期。

案。现行《民事诉讼法》将绝大多数案件管辖权归由被告住所地法院,2003年《关于审理证券市场因虚假陈述引发的民事赔偿案件的若干规定》也基本遵循这个地域管辖制度,这些法律规则极不合理,由此让被告在审判中凭空拥有地缘、人脉优势,容易导致司法地方保护现象,这些法律条文理应尽快修改完善;也就是说,即便异地上市公司大股东等违法违规,也应由上海等地专业法院来审判。

要选择好示范诉讼案件,其中关键是要选择好示范原告。如果投服中心所持100股也因违法违规案件而利益受损,自然投服中心是绝佳的示范原告备选对象。当然有时投服中心并不在利益受损股东之列,一般而言,投资者利益受损程度越大,其发起诉讼并胜诉的意愿越强烈,这其实就是比较理想的示范原告,当然,为此也需排除示范原告与被告之间可能存在的血缘、人脉、利益等关联;另外还要考虑示范原告是否有参与诉讼的时间、精力,是否掌握一定的法律知识,这对打造一个典型公正的示范诉讼非常重要。显然,如果示范诉讼案例中原被告有密谋串通行为,其诉讼结果对他人则无约束力。

示范诉讼判决的内容,除认定被告违法违规事实以及法律适用,其中或许还有一条极为重要,那就是还应就适格赔偿对象作出明确界定。因为既然被告违法违规事实得以认定,哪些范围投资者的利益受到损害当然也可由此明确,这是水到渠成的事情。德国的示范诉讼机制,是为其他后续诉讼案件处理作出示范判决,而我们的"示范诉讼+委托调解"机制稍有不同,是要通过示范判决,来为下一步群体纠纷的调解,树立赔偿尺度、赔偿范围等方面的标杆。

示范诉讼原告的费用负担问题也应解决好。德国的示范诉讼案件规定了诉讼费用的分摊机制,在我国,虚假陈述案件原告起诉时需要向法院预交诉讼费,如果原告胜诉还好,按《诉讼费用交纳办法》诉讼费由败诉方负担,但如果提起诉讼的原告投资者败诉,费用都由原告独自承担,那谁也不愿意当示范诉讼的原告,更愿意"搭便车"。为此笔者建议,可成立"示范诉讼公益基金",基金由投服中心等部门管理,基金的资金来源,为示范诉讼胜诉后获得赔偿的原告,以及通过调解方式得到赔偿的广大投资者,缴纳比例为所获赔偿额的1%;有了这个基金,今后法院选定某个示范诉讼案件之后,原告提起诉讼上缴的诉讼费用,先由投服中心从"示范诉讼公益基金"中拿钱代缴,胜诉后所得诉讼费用返还基金,若败诉所支费用则作为公益基金的列支。

应解决市场操纵、内幕交易的立案等问题。《证券法》规定市场操纵、内幕交易行为人需要承担民事赔偿责任,然而不少地方法院依然对内幕交易与操纵市场导致的民事损害赔偿案件采取消极甚至不予立案的态度,理由就是最高人民法院的相关司法解释没有出台,而最高人民法院迟迟不能出台司法解释的主要原因在于等待地方法院的判例积累。[①] 如果市场操纵等示范诉讼案件都不能立案,没有诉讼方式作为终极后盾,违法违规者参与调解的主动性更无从谈起。制定司法解释的一个主要目的,是为了统一裁判尺度,保障法律的正确实施,但如果没有司法解释地方法院就不立案,那么即便最高人民法院出台司法解释,也是缺乏司法实践基础,可能过于抽象或不接地气;其实,法官适用法律就是对法律进行解释的过程,因此,在目前情况下,上海等地具有金融专业人才的地方法院要勇于开展市场操纵、内幕交易等案例的立案、审判实践,在此基础上最高人民法院也应尽快出台市场操纵和内幕交易民事赔偿司法解释。

(二)要增强示范诉讼后适用调解方式的强制性

群体性纠纷具有共通的事实问题或法律问题,示范诉讼判决后,群体性纠纷参照示范诉讼的判决,通过调解组织调解,可以得到大批量解决。但目前调解需要在双方自愿前提之下才能进行,由于多数受害投资者不会提起诉讼、而违法违规者又可能不会主动参与调解,由此广大投资者的损失仍难追回。

2009 年日本在证券业引入金融申诉专员制度,设立证券和金融商品斡旋咨询中心(Financial Instruments Mediation Assistanle Center,FINMAC)。该咨询中心对于金融商品交易业者、注册金融机关等的相关业务,接受顾客的咨询、处理投诉,并以斡旋方式解决纠纷。[②] FINMAC 对金融机构课以单方面的强制性义务,其一,对金融机构附加了金融消费者申请斡旋后不得拒绝利用斡旋程序解决纠纷的义务,且有义务及时提出答辩书。其二,规定了金融机构履行提交有关证据资料的义务。其三,证券及金融商品斡旋咨询中心有权监督金融业经营者是否履行和解协议,对不履行义务者将向社会公告。其四,对金融机构附加了必须每年依据规定的标准缴纳“程序负担金”义务,否则将不能利用该中心的制度解决纠纷。[③]

可以借鉴日本的经验,中国证监会可指定证券期货调解组织,负责证券期货群体纠纷调解工作。同时可以规定,只要投资者向证券期货调解组织提出调解申请,调解对手方为上市公司、持股 5% 以上大股东、董监高、中国证券业协会会员、中国期货业

---

① 刘俊海:《还投资者权利——股市最后的机会》,载《投资者报》2003 年第 2 期。

② 杨东、毛智琪:《日本证券业金融 ADR 的新发展及启示》,载《证券市场导报》2013 年第 7 期。

③ 参见陶建国、王迎春《日本证券及金融商品斡旋咨询中心的纠纷解决制度及其启示》,载《南方金融》2011 年第 9 期。

协会会员的,都应承诺接受该调解组织的调解;投资者若提出向法院申请确认调解协议效力的,调解对手方也应无条件配合。只有投资者可以单方面选择拒绝接受调解协议、转而选择包括诉讼在内的其他方式来解决该纠纷,调解对手方等应该承诺履行调解协议。对于不配合调解工作的调解对手方,监管部门可以采取差异化监管举措予以从严监管,在从业资质审批等方面也予以一定限制约束。

我国证券期货市场危害最大的无疑是市场操纵以及内幕交易,但此类违法违规主体主要是一些二级市场庄家、游资大户,他们可能并不属于上述主体,由此上述约束制度对他们无效。这方面可以考虑,若此类违法违规主体不配合通过调解方式解决投资者群体纠纷,那么在行政处罚、刑事处罚时将加大处罚力度、适用顶格处罚(应优先解决民事责任),同时可实施市场禁入、列入失信黑名单等措施,让其职业生涯就此终止,或因一处失信而处处受限。

(三)推动证券调解组织实行统一管理

此前,全国有8家证券期货调解组织参与纠纷多元化解机制试点,包括投服中心、投保基金公司、中国证券业协会三家全国性行业协会、深广津三地调解机构;这其中有的组织相互之间有关联关系,有的自成体系。其中较有影响力的,一是投服中心,投服中心受证监会直接管理,投服中心运维管理的"中国投资者网"建设有证券期货纠纷在线解决平台,且拟设立全国纠纷调解中心,各辖区证监局纷纷与中证中小投服务中心签署备忘协议,推动本辖区内的证券纠纷调解工作,该调解渠道被一些学者纳入"行政调解"范畴。二是证券业协会,《证券法》第176条赋予证券业协会对会员之间、会员与客户之间证券业务纠纷进行调解的权力和职责(其法定调解领域较为局限),协会成立有证券纠纷调解中心,官网设有"证券纠纷调解在线申请"专区,同时与地方证券业协会建立协作机制,实行"统一协调,属地解决"制度。

证券期货调解组织过于凌乱,既不利于统一管理,也不利于投资者寻求支持与服务。这方面可参照英国经验,英国金融监管局于1999年设立了金融调查员服务公司(FOS),将原来由多个法定或自愿的机构提供的投诉处理服务和调查员服务整合成一个解决各种金融纠纷的综合性机构,于2001年12月1日根据《金融服务与市场法》中的第17方案获得正式授权,其管辖范围足以涵盖几乎金融行业所有类型纠纷,具有广泛性、统一性。[①]

---

① 张广慧:《中外证券纠纷调解制度研究》,载中国证券协会编:《创新与发展　中国证券业2012年论文集》,中国财政经济出版社2013年版,第1085页。

建议是否可以考虑整合我国证券期货行业各类调解组织,便于统一管理、防止重复建设,同时也方便投资者寻找调解组织的支持与服务。为此,可成立或授权一个组织统一负责我国证券期货纠纷调解工作。《意见》第17条提出依托投服中心的"中国投资者网"建设证券期货纠纷在线解决平台,足见监管部门相当重视发挥投服中心的调解职能。此前证监会答复政协提案时提出要推动建设全国性调解机构,而投服中心也曾称拟设立全国纠纷调解中心,笔者建议,不妨明确将投服中心作为统一负责我国证券期货纠纷调解工作的机构。全国性证券期货纠纷调解组织的主要职能,就是统一规划建设各行业、各地的证券期货调解组织,制定统一的调解服务标准,统一管理各地专职调解员,接受证监机构调解大规模群体性纠纷的委托,并将调解工作分配给各地调解组织和调解员。

I 案例探析

INVESTOR

投资者与上市公司虚假陈述赔偿纠纷案例(一)

参与单位:上海市第一中级人民法院　上海证监局
中证中小投资者服务中心有限责任公司

一、案情介绍

C上市公司因披露的公司年报隐瞒重大关联交易,构成虚假陈述侵权行为,受到证监会行政处罚。根据最高人民法院《关于审理证券市场因虚假陈述引发的民事赔偿案件的若干规定》,投资者在C公司虚假陈述行为实施日至揭露日之间购买C公司证券,在虚假陈述行为揭露日或更正日及以后,因卖出该证券发生亏损,或者因持续持有该证券而产生亏损的,可以向C公司索赔。此后100多名投资者以C公司构成证券虚假陈述侵权行为为由向上海市一中院提起诉讼,要求公司赔偿股价下跌给投资者造成的损失。法院立案后将案件委托给中证中小投资者服务中心进行调解。

在上海证监局的指导协调下,调解员对案情进行了深入研究,与双方当事人进行了细致沟通。调解员认为,本案争议点集中在虚假陈述侵权行为造成损失的计算方法和系统性风险的扣除上。现行规定没有对损失具体计算方法进行明确,实践中在计算相关股票的买入均价时,有先进先出法、加权平均法、移动加权平均法等方式,调解员通过收集整理司法判例与实务资料,对各种计算方法的优劣进行归纳比较,对双方当事人各自坚持采用的方法进行一一核算;同时,以"佛山照明案""万福生科案"等案例中系统风险比例的计算方法为参考,对本案中系统性风险因素的扣除比例进行了测算。由于投资者对虚假陈述行为法律关系较为陌生,调解员耐心解释相关法规和判例情况,使投资者充分认识到股市投资行为本身的风险和股票市场的系统风险,提醒投资者充分权衡通过诉讼方式解决纠纷的较高时间和精力成本,并综合考虑C公司的偿债能力和发展需要,形成对所获赔偿的合理期望值。在上述工作基础上,调解员提出了调解方案。最终,100 多名投资者和 C 公司正式签署调解协议,双方对调解结果均表示满意。

二、典型意义

此案的成功调解,对于上市公司虚假陈述纠纷化解具有积极示范作用。一是便捷高效化解矛盾。虚假陈述纠纷涉及投资者多、地域分布广、社会影响大,若处置不当极易引起上市公司股价波动等不良效应,影响公司发展和投资者切身利益。此前该类纠纷都以诉讼方式解决,但举证较难、诉讼周期长,双方耗时耗力。通过专业调解,有助于实现投资者权益救济和维护市场稳定、公司发展之间的平衡,实现“案结事了人和”的多赢局面。二是有效节约司法资源。此案之后,陆续有多家法院和相关调解组织建立诉调对接机制,委托、委派多起纠纷案件给调解组织受理,有利于快速定纷止争,极大节约了司法资源,帮助投资者低成本维权。

投资者与上市公司虚假陈述赔偿纠纷案例(二)

参与单位:南京市中级人民法院　江苏证监局
中证中小投资者服务中心有限责任公司

一、案 情 介 绍

2015 年 11 月,证监会对 H 上市公司(以下简称 H 公司)立案调查,并下发《行政处罚及市场禁入事先告知书》,认定该公司构成《证券法》第 193 条规定的未按照规定披露信息和误导性陈述行为,拟对其进行行政处罚。2017 年 4 月,多名投资者以 H 公司构成虚假陈述违法行为为由,向南京市中级人民法院(以下简称南京中院)提起诉讼,要求 H 公司赔偿其投资损失。南京中院受理了该批案件,并委托中证中小投资者服务中心(以下简称投资者服务中心)进行调解。

在江苏证监局的指导协调下,调解员细致了解了案件情况,与双方当事人积极进行了沟通。一方面告知 H 公司,由于其已收到证监会《行政处罚及市场禁入事先告知书》且已召开听证会,违法事实基本确定;同时,指出诉讼与调解是两种纠纷解决的方式,各有特点,前者具有强制性、公开性,程序严谨而复杂,后者是在中立第三方参与下的双方合意行为,更加快速及时,具有保密性和灵活性,从而提醒公司权衡不同方式的利弊,鼓励其主动赔偿,以达到更好地化解矛盾纠纷的结果。另一方面告知投资者,上市公司虚假陈述诉讼一般而言周期较长,在这种情况下,如能通过调解方式与公司达成和解,投资者可以提前拿到赔偿,节约大量时间和精力成本。在主审法官主持和调解员组织的数轮磋商和斡旋下,2017 年 5 月,双方于法院现场达成和解协议,由上市公司支付和解赔偿金,和解后投资者撤回对上市公司的起诉。该案成为资本市场上市公司虚假陈述赔偿案件中首例行政处罚前达成民事调解协议的案例。

二、典型意义

本案中,南京中院根据立案登记制改革要求,在证监会对H公司尚未做出行政处罚决定的情况下,受理了投资者诉H公司虚假陈述纠纷一案,保障了当事人的诉权。在监管部门指导下,投资者服务中心与南京中院紧密沟通、协调联动,积极发挥调解柔性解决纠纷的优势,督促公司主动与投资者和解,维护公司的公众形象,取得了双赢的效果。

本案的调解机制具有开创性,对于虚假陈述民事赔偿纠纷及时有效解决、降低投资者维权成本等具有示范作用,也为积极推进人民法院案件受理制度和证券民事赔偿案件行政前置程序改革提供了成功的实践探索。

投资者与期货公司交易系统故障纠纷案例

参与单位：厦门证监局　中证中小投资者服务中心有限责任公司

一、案 情 介 绍

投资者 Z 于 2017 年在 D 期货公司开立期货账户。2018 年 3 月，Z 在进行期货合约交易时，因交易系统故障发现不能平仓，最终导致资金损失，遂与 D 公司发生纠纷，要求公司赔偿其损失。

在厦门证监局指导协调下，中证中小投资者服务中心调解员对该纠纷进行了调解。首先，在对双方争议焦点事实进行逐一核实后，调解员认为，在系统是否存在故障的问题上，按照谁主张谁举证的原则，投资者因未及时妥善保留相应证据，承担比较大的责任；而 D 公司客服人员在解答投资者问题时的表述同样存在瑕疵。其次，针对 D 公司提出的交易系统为期货交易所提供，客户网络对接的也是交易所的接口，客户损失责任不应由公司承担的辩解，调解员参考类似案件的法院判决，对相关责任分配问题进行了耐心细致的分析，指出交易系统是公司提供给投资者用于传达交易指令的工具，因此公司对投资者负有通知、协助、保护等合同附随义务，应当尽到善意勤勉的责任。

通过调解员系统的法律规定讲解和实践案例分析，D 公司表示意识到了自身问题所在，但对投资者主张的损失金额仍存在疑义。经调解员耐心协调，双方对损失金额基本达成共识，D 公司通过退还投资者账户部分留存手续费的形式，对投资者进行了补偿，纠纷得到圆满解决。

二、典 型 意 义

现今通过电脑、手机进行证券期货交易，已成为中小投资者的主要交易方式，交易系统故障引起的纠纷也已成为纠纷调解工作中一类重要案件类型。此类案件交易金额一般不大,但调解难度不小,主要因为系统故障发生时,投资者无法准确判断故障发生的原因,往往笼统认为是机构方的问题,情绪比较激动,且投资者证据保存意识不强,很少能提供证明故障发生的有力证据,导致调解的基础材料缺乏。

本案的成功调解,为后续类似案件处理提供了借鉴。在责任分配上,借鉴司法判例的做法,由于投资者相对处于弱势地位,在证据保存上确实存在困难,可考虑向投资者做适当倾斜。在赔偿形式上,因多数系统故障类案件涉及金额不大,考虑到机构财务制度等限制,机构在承担相应责任的基础上,可灵活运用多种方式对投资者进行补偿,更有利于调解协议的达成。同时,本案例也提示投资者,在遇到类似情况时,应当提高证据保存意识,从而更好地维护自身权益。

公证提存化解投资者与证券公司理财产品业务纠纷案例

参与单位：内蒙古证监局　中证中小投资者服务中心有限责任公司

一、案 情 介 绍

2016 年 5 月，投资者 W 经他人介绍认识了 H 证券公司营业部业务经理 Z。W 在 Z 的陪同下，前往其任职的营业部开立资金账户时，营业部负责人告知 W，Z 是该营业部明星投资经理，有任何投资需求，可直接找 Z。随后，W 分 3 次将大额资金打入 Z 个人账户，委托其帮助购买理财产品。2018 年 1 月，投资者 W 发现 Z 并未将资金用于购买理财产品，而是购买股票，且亏损严重，W 要求证券公司营业部赔偿损失。双方向中证中小投资者服务中心（以下简称投资者服务中心）提出调解申请。

在调解员介入本案纠纷前，W 和证券公司营业部就赔偿问题多次协商未果，W 对其逐渐失去信任，情绪激动，调解难度极大。为重新建立双方之间的信任基础，投资者服务中心创新性地提出采用资金提存公证方式调解纠纷。即由证券公司在公证机关专户中存入一定数额资金，一旦双方达成调解协议，并且 Z 履行了调解协议约定义务，公证机关可直接将提存资金交付给 Z。如此调解的主动权就掌握在投资者 Z 的手中，有效安抚了 Z 的情绪，双方的调解过程更加顺利，纠纷争议得以圆满解决。

二、典 型 意 义

本案是资本市场纠纷调解中首次使用资金提存公证手段促成调解的案例。在投资者与市场经营机构产生纠纷后，双方逐渐丧失信任基础，调解过程中投资者往往要求先拿到赔偿，才愿意履行约定的义务；而机构方则担心向投资者给付相关金额后，投资者如不履行调解协议,自身缺乏有效制约手段。在这种互不信任的情况下,调解工作很难继续开展。投资者服务中心基于个案的具体情况,针对性地提出资金提存公证方式,对于促成双方和解起到极大的推动作用。

一是办理资金提存公证事先需要双方共同签订资金提存协议书。在资金提存协议签订过程中,双方协商一致、形成共识,使得正式调解前,彼此信任关系逐步建立,为后续调解营造良好氛围。

二是提存方通过事先存入一定金额资金的方式向投资者表达解决问题的诚意,让投资者得到心理慰藉,一定程度缓解双方紧张对立局面。

三是公证提存资金是调解协议执行的有效保障。资金提存后,在公证机关监督下,提存方无法反悔,只要完成调解协议规定义务,投资者即可安全便捷地获得提存资金,有利于保护本案中投资者合法权益。

首例适用小额速调机制纠纷案例

参与单位：北京证监局　中证中小投资者服务中心有限责任公司

一、案情介绍

2014 年 3 月，投资者 W 购买了 F 证券公司“某集合资产管理计划”产品，公司在宣传该产品时明确表示“不直接投资二级市场”。2014 年 5 月，沪深交易所出台交易新规，管理人需增大二级市场投资。2015 年 8 月，该产品发放投资红利后，W 又追加了投资。同年 11 月，该基金净值亏损，W 认为 F 公司在投资者不知情的情况下自行决定增大二级市场投资，严重违背之前承诺，要求 F 公司赔偿其损失。F 公司认为，其投资二级市场是因交易新规所致，W 后来已知晓该情况仍追加投资，因此在计算 W 损失时应将其获利金额合并计算；但 W 认为，其投资收益是合理获利，在计算自身损失数额时应予剔除。双方各执一词，纠纷久拖未决，W 遂向中证中小投资者服务中心（以下简称投资者服务中心）申请启动调解程序。

在北京证监局指导协调下，调解员对双方争议点进行了系统的法律分析。首先，在责任判定上，根据《民事诉讼法》和《最高人民法院关于民事诉讼证据的若干规定》，F 公司因监管部门出台新规而变更投资策略，属于法律规定的可变更合同理由，但并不能免除其应当履行的告知义务，而 F 公司没有通知 W 该情况，其行为存在瑕疵；同时，W 事实上已知晓该产品投资于二级市场却仍追加投资，也有一定责任。因此，参照以往司法判例并结合公平原则，认定 F 公司和 W 分别承担 70% 和 30% 的过错责任。其次，在损失数额计算上，调解员根据最高人民法院相关审判指导意见中提出的损益相抵原则，认为 W 的投资收益在计算其损失时应当合并计算。最后，调解员提出将 W 的总损失金额扣除投资收益，再乘以 70% 的过错责任比例，即为 F 公司赔偿金额的调解方案。W 表示认可该方案，因北京辖区经营机构均签署了适用小额速调机制的合作备忘录,该方案自动对F公司发生效力,双方签署调解协议并现场履行。

二、典型意义

本案是证券期货市场首例适用小额速调机制的调解案例。实践中,许多金额不大、案情简单的调解纠纷久拖未决,既占用调解资源,又耗费双方时间精力。基于此,投资者服务中心借鉴国际经验,创新实行了倾斜保护中小投资者的小额速调机制,即针对诉求金额较少(实践中主要为5000元以下,个别地方5万元以下)的证券期货纠纷,市场机构通过自律承诺、自愿加入、签署合作协议等方式,作出配合调解工作的承诺:一是只要投资者提出申请,机构积极配合调解工作;二是调解协议只需投资者同意,机构无条件接受并自觉履行;三是如投资者不同意调解结果,则调解协议对争议双方均无约束力,投资者可寻求其他救济途径。

小额速调机制为纠纷解决和投资者快速获得赔偿提供了新的路径,提高了调解效率,对行政救济、司法救济等投资者维权途径起到有益补充作用。目前,该机制已在18个省(市)成功试点推广,实践中已有多起成功案例。

域外视野

INVESTOR

上市公司股份回购制度

——理论目标与制度比较

曾　斌*

摘　要：自2018年10月《公司法》关于股份回购的修订通过，在很大程度上改革了我国的股份回购制度，尤其是对上市公司而言可以说带来了一项重大的政策变革。本文通过对研究文献的梳理，分析了关于上市公司股份回购的政策目标，着重探讨了股份回购对于短期和长期股价影响、替代分红以及公司长期价值提升等影响；通过对美国、日本、德国以及我国台湾地区等市场的回购制度分析，从股份回购的基本规范、库存股取得事由、股份回购后的处理以及股份回购的违规处置四个方面进行了比较；最后结合我国股份回购制度的演进，对股份回购新规中的相关问题进行了分析，期望能对下一步股份回购制度的完善提供一定的借鉴。

关键词：股份回购　制度比较　上市公司　库存股

股份回购制度作为一项资本市场基本制度，在不同的国家有其不同的制度背景，其中以美国市场最具代表性，无论是在2001年“9·11”事件以后还是在2008年金融危机爆发，回购制度都在美国市场扮演了非常重要的“救火”作用，但实际上，除了对市场的提振之外，在挽救金融、股市危机之后，世界各国对于股份回购制度采取了普遍接纳的态度，各国纷纷修改《公司法》鼓励公司进行股份回购，引入了库存股等相关概念。股份回购制度的目标逐步定位为优化治理结构、稳定股价、实施并购重组、避免危机的基础性制度安排。

我国境内股份回购制度经历了从“原则禁止，例外允许”(1994年之前)，到“一律

---

* 法学博士，深圳证券交易所综合研究所研究员、公司治理研究中心副主任。

本文仅代表个人观点，与所在单位无关。

禁止”(1994年至2005年),再到“原则禁止,例外允许”(2005年以后)的变迁。在《公司法》“例外允许”的基础之上,证监会分别于2005年、2008年发布《上市公司回购社会公众股份管理办法(试行)》与《关于上市公司以集中竞价交易方式回购股份的补充规定》,2008年以后上市公司回购数量逐年增长,到2017年上市公司回购金额合计约826亿元。

2018年10月26日,全国人大常委会通过《公司法》修正案,进一步扩大了股份回购的适用范围,简化股份回购的决策程序,明确库存股制度,延长公司持有回购股份的期限。此次《公司法》修订得到市场积极响应,自新规发布以来已有321家公司发布股份回购预案,158家公司实施回购160笔,回购金额达134亿元,截至11月末2018年共有609家上市公司实施完成回购864笔,回购金额342亿元,创历史新高。

虽然我国股份回购在制度上实现了质的突破,但仍存在着法律基础单薄、取得事由狭窄、规范尚显粗糙等问题,对于股份回购可能产生的内幕交易和市场操纵等负面影响缺乏有效规制。进一步细化和完善我国股份回购制度,保护上市公司、中小投资者合法权益,将是未来我国股份回购发展的重要方向。因此,有必要充分了解我国股份回购的市场运行情况,梳理境外股份回购相关制度安排,总结相关经验,从中寻找有益借鉴。

本文从上市公司回购政策目标的理论分析着手,梳理关于上市公司回购制度的研究文献,探讨对上市公司回购的短期和长期影响、股份回购对市场以及不同利益主体的影响,以及与之相关的基本法律和经济问题。

一、股份回购政策目标的理论探讨

自20世纪80年代以来,美国上市公司出现了大举回购自身股票的现象且规模逐步增大,各国关于股份回购的立法态度不断发生变迁,股份回购持续受到关注,特别是1997年后,美国上市公司的回购规模首次超过了现金分红,并在后续的20年时间里面持续的成为上市公司分配的主要手段。

从现有文献看,关于上市公司股份回购的研究主要集中在股份回购动因、经济影响以及境外市场股份回购相关规定的梳理和借鉴。在总结大量域外案例的基础上,学者们对股份回购动因提出了提高每股收益、信号传递、降低代理成本、替代分红、增强流动性、收购防御等理论[①]，针对这一系列回购动因的研究，结论大体一致；此外对于回购股票能否增进市场的流动性，研究结论却存在分歧；同时，“针对欧盟市场的研究发现流动性越大的股票越可能被回购，这或许表明增强市场流动性未必是公司回购股票的动因”。[②]

1. 回购对公司股价的影响

股份回购往往被用来增强投资者信心、稳定股价和提振估值，在不同市场，回购出现的时机大不一样。例如，在我国 A 股市场和香港市场多在市场走低阶段开始集中回购，但是美国股市则多在“顺周期”发生回购，即在股价、估值还有主要估值走势稳中上升的时候。在不同国家和地区，股份回购所产生的影响也大不相同。

首先考察股份回购对于股价的短期影响。通常在有关股份回购的公告披露后，公司的股价会出现明显上涨的情况。根据信号传递理论，“股票回购向市场投资者传递公司股价被低估的信号，增强投资者对公司的未来发展前景的信息，短期内有利于股价提升”。[③] 徐国栋、迟铭奎通过实证分析，证明了股票回购短期内对公司股价带来超常收益。[④] 何瑛、黄洁、李娇等也认为我国股份回购存在正向短期市场效应。[⑤]

2. 股份回购对长期价值的影响

相对于短期股价的一致看法，研究文献关于股份回购对公司的长期价值影响结论存在一定争论。林奇认为“回购在释放短期的好处之后，不能对上市企业和持有该公司股票的投资者带来长期稳定的回报，所以不具有长期的正向效应”。[⑥] 陈(Chan)和伊肯伯里(Ikenberry)等认为，“公司管理层会利用股票回购操纵股价，因此不会提升公司的长期价值和发展水平”。[⑦] 而徐国栋、迟铭奎等认为“股票回购促进上市公

---

① 张巍：《上市公司股票回购的功能考察与制度反思——以美国经验为核心的研究》，黄红元、卢文道主编：《证券法苑》(第 22 卷)，法律出版社 2017 年版，第 87 ~ 110 页。

② 同上。

③ 参见何瑛、李娇、黄洁：《上市公司股份回购的内在特质、经济后果与管理反应》，载《经济与管理研究》2014 年第 11 期；石涛：《股份回购的市场效应和财务效应——基于华海药业、九芝堂和天音控股的案例研究》，载《财务与会计(理财版)》2011 年第 4 期；林奇：《基于上市公司股利政策改革下的投资者保护——现金分红与股票回购的选择》，载《河北经贸大学学报》2013 年第 4 期。

④ 徐国栋、迟铭奎：《股票回购与公司价值——理论与实证分析》，载《管理科学》2003 年第 4 期。

⑤ 何瑛、李娇、黄洁：《上市公司股份回购的内在特质、经济后果与管理反应》，载《经济与管理研究》，2014 年第 11 期。

⑥ 林奇：《基于上市公司股利政策改革下的投资者保护——现金分红与股票回购的选择》，载《河北经贸大学学报》2013 第 4 期。

⑦ Konan Chan, David L. Ikenberry, Inmoo Lee, “Do Managers time the market? Evidence from open Market share repurchases”, *Journal of Banking & Finance*, 2007, (9)

司治理结构的有效运转,同时充分发挥‘财务杠杆’的作用,有利于提升公司的市场价值”。[①] 从实证研究的角度看,在不同国家不同地区,回购对长期超期超额收益的影响也不一样。[②] 苏(Su)和林(Lin)的研究表明在中国台湾地区市场,股份回购短期的正向市场效应并不会延续。[③] 石涛发现“回购仅对暂时稳定股价具有一定作用,并不能期望其可以根本改变股价走势。”[④]何瑛、黄洁、李娇发现我国2005~2013年回购的公司普遍规模较大,发展程度较高,股票回购可能是为了以寻找新的成长契机为目的,但是回购后的盈利水平、经营效率和获现能力并无明显变化。[⑤]

3. 股份回购对企业研发的影响

部分研究认为股份回购可能会挤占企业的研发和再投入资金,对公司研发投入的影响成为研究的一个重要领域。部分研究认为股票回购将影响企业创新,由于回购股票将不断挤占其他投资的空间,对公司的长期成长带来负面效应。同时,他们还认为股票回购来自维权股东的压力,此外,高管薪酬和每股收益及股价挂钩,而股票回购可以提升这两项指标。因此,股票回购主要是为了实现股东财富的短期增长,其代价是减少资本支出和研发投入。部分研究发现股份回购的企业在公告之后的资本支出、研发支出以及现金持有量普遍呈现出明显下降。[⑥] 举例来说,2005年以来,IBM已斥资1250亿美元来回购股票,并发放了320亿美元红利,超过了同期1110亿美元的资本支出和研发投入。制药公司辉瑞在过去2006年到2016年10年中间为回购和分红投入了1390亿美元,而研发开支和资本支出分别为820亿美元和180亿美元。已有研究并没有对股票回购与研发投入的关系进行实证研究,已有数据也只是从统计分析的角度进行比较研究,未来需要进行更深入的分析研究。

---

① 张巍:《上市公司股票回购的功能考察与制度反思——以美国经验为核心的研究》,黄红元、卢文道主编:《证券法苑》(第22卷),法律出版社2017年版,第87~110页。

② See Ikenberry D, Lakonishok J, Vermaelen T, “Market underreaction to open market share repurchases”, *Journal of Financial Economics*, 1995, 39(39): 181–208. Jagannathan M, Stephens C P, Weisbach M S, “Financial flexibility and the choice between dividends and stock repurchases”, *Journal of Financial Economics*, 2000, 57(3): 355–384.

③ Su N H, Lin C J. The Impact of Open-Market Share Repurchases on Long-Term Stock Returns: Evidence from the Taiwanese Market, *Emerging Markets Finance & Trade*, 2012, 48(sup 2): 200–229.

④ 石涛:《股份回购的市场效应和财务效应——基于华海药业、九芝堂和天音控股的案例研究》,载《财务与会计(理财版)》2011年第4期。

⑤ 参见何瑛、李娇、黄洁:《上市公司股份回购的内在特质、经济后果与管理反应》,载《经济与管理研究》2014年第11期;石涛:《股份回购的市场效应和财务效应——基于华海药业、九芝堂和天音控股的案例研究》,载《财务与会计(理财版)》2011年第4期;林奇:《基于上市公司股利政策改革下的投资者保护——现金分红与股票回购的选择》,载《河北经贸大学学报》2013年第4期。

⑥ 同上。

4. 股份回购对其他公司分配行为的影响

相对于现金分红,股票回购对公司企业价值的影响尚无定论。相比其他股利支付方式如公积金转增股本、送红股、配股,公开市场回购股票和现金红利产生了真实的现金流支出。普遍的共识是当蓝筹股股票价值被低估时,认为回购优于现金分红。1997 年至今,股票回购在美国已成为公司向股东支付现金的最普遍方式,同时股票回购的规模也已超过了现金股利。林奇认为,“如果上市公司股利支付政策的长期稳定被市场投资者认为公司未来收益稳定、发展前景良好。而动荡、缺乏持续性的股利支付政策则相反,被认为是公司的发展前景不明朗”。[①]

朱德胜提出“股票回购使流通在外的股票数量减少,每股收益提高,市盈率降低,从而推动股价上升或维持在合理价格。对投资者来说,与现金股利相比,股票回购不仅可以减轻税负,而且具有更大的灵活性”。[②] 对于公司管理层来说,股票回购有利于长期的股利政策目标,避免了公司派发过高的现金股利对公司未来产生派现压力。已有研究普遍认为在股价被低估时,回购优于现金分红,但相对于其他股利政策,股票回购对公司长期价值的影响并没有深入研究。

二、各主要市场股份回购制度特点与比较

发达国家和地区在股份回购方面主要有两种立法模式,一是“原则”上允许的美国模式,二是德国、法国、英国等国家以及中国香港特区所持的“原则禁止,例外允许”的德国模式。“德国模式的这种‘例外’主要解释为:公司为消除股份、公司合并、配合异议股东的购买请求权、为实施职工持股计划、为建立股票期权制度等,并且这种基于例外原则而所取得的本公司股份,原则上都规定了处分期限”。[③]

从境外制度和实践看,上市公司回购制度基本框架主要可以归结为回购规范、库存股取得事由、股票回购后的处理以及违法操作的法律规制四个方面。

(一)回购规范

各国或地区一般都将库存股制度的重点放在对回购行为的规制,其规制对象一般包括资金来源、数量限制、回购操作规则等方面。回购行为实际包括公开市场回

① 徐国栋、迟铭奎:《股票回购与公司价值——理论与实证分析》,载《管理科学》2003 年第 4 期。
② 朱德胜:《基于股权结构的公司现金股利政策研究》,中国财政经济出版社 2009 年版,第 59 页。
③ 吴永恒:《库藏股制度研究》,武汉大学法学院 2004 年硕士学位论文,第 11 页。

购、固定价格邀约回购、荷兰式拍卖和私下协议回购,考虑到通过各主要市场采用的回购方式通常是公开市场回购,我们主要以公开市场回购相关法律规定作为研究的重点。

在美国,对回购行为的规范,主要包括各州与联邦立法两个层次,各州的公司首先按其所在州的法律执行,如果是上市公司则须遵守联邦的证券交易法相关规定。对回购的资金来源,均要求来自公司可分配盈余,“如《美国示范公司法》将公司股份回购视为一种分配方式,因此,股份回购需要遵循公司利润分配统一标准的规定,《特拉华州公司法》则规定在公司资本已经受损(亏损)或可能造成资本受损的情形下不得回购股份”。[①] 在回购方式上,美国法律并未明文规定具体方式,实际操作中主要包括公开市场回购、固定价格要约回购、荷兰式拍卖、私下协议回购等。对于采取公开市场回购方式的,需要符合安全港规则,即美国证券交易委员会1982年发布的10b－18规则。

在德国,其立法对股份回购的规制比较严格,除对回购的最高额度进行限制外,还规定了严格的回购操作程序。在资金来源上,德国股份公司法规定,在多数情况下,公司必须在不减少基本资本、不减少依法或依章程规定不得分配给股东的公积金,并能提取自己股票的公积金时,才能取得自己股份。即资金来源限于可分配盈余。

在日本,资金来源上,公司取得自身股份的多数情况下,资金必须在可分配盈余额度内。在回购方式上,包括公开市场回购、市场外公开收购(要约回购)及由特定股东取得。针对公开市场回购,日本东京证券交易所证券交易规则中对采取这一方式的价格、数量、时间、方式等都做了严格限制,与美国的安全港规则类似。

具体可以将各国的回购规范总结为以下几个方面:

一是回购资金来源方面,考虑到利用公司资金回购库存股,无论回购的资金来源如何,事实上都存在向股东返还出资的嫌疑,基本上各成熟市场均立法将购买库存股的财源限定为可分配盈余资金。

二是具体的回购程序和规范上,若选择采用公开方式回购,必须履行相应的程序,以美国“10b－18规则”为例,[②]委托交易方式方面只能委托一个经纪商实施回购;

---

① 詹李茵:《库藏股法律制度研究》,宁波大学法学院2010年硕士学位论文,第11页。

② SEC, Purchases of Certain Equity Securities by the Issuer and Others, [Release Nos. 33－8335; 34－48766; IC－26252; File No. S7－50－02], Accessed December 12, https://www.sec.gov/rules/final/33－8335.htm,该文阐述了美国回购制度中的安全港制度。

回购报价不得超过当天最高报价和最后报价两者中的最高价;回购数量方面,各公司每个交易日回购的数量不得超过过去4周日均交易量的25%;回购时间也有约束,股份回购不得在股市开盘后和收盘前的30分钟内进行;信息披露方面要求在回购前披露包括经授权的回购金额、回购股份总额、回购计划的终止时间等内容,同时需要定期披露回购股份总量、平均每股收购价、未来将要回购的最大股份数或最高金额等内容。日本市场在回购时间方面则要求,公司不得以高出前一交易日收盘价的价格收购本公司股份,在每个交易日收盘前30分钟内及每个财政年度结束前1周内不得进行回购。[①]

三是回购数量,在这一点上,德国、英国和我国台湾地区都有相应的特别规定,例如德、英方面要求公司回购所持有的库存股不能超过其总股本的10%[②],对于公司违法购回的股票,要求必须在一年内转让。即使公司按照法律合法的库存股,但在持有期间超过了10%的总股本,超过部分也应在回购的3年内转让;我国台湾地区相关市场规定则规定"公司买回股份之数量比例,不得超过该公司已发行股份总数百分之十,收买股份之总金额,不得逾保留盈余加发行股份溢价及已实现之资本公积之金额"。[③]

(二)库存股取得事由

在是否放开库存股取得事由的问题上,多数国家或地区走过了一个从原则禁止到原则允许的道路"因此,目前相当数量国家或地区仍然对库存股的取得事由采取了列举法定事由加授权自主决定的立法模式,表现出库存股立法的过渡性特征"。

在美国,其对公司获得自身股票的方式没有限制,主要的方式包括回购、回赎、接受赠予、信托、质押等。对于回购这种取得库存股最常用的方式,美国法上一般都将回购的决定权赋予董事会,如《美国示范公司法》《特拉华州公司法》等都规定股份回购由董事会授权,由经营判断原则加以保护。对公司取得库存股份之事由没有限制,但通过一些案例,确立了"不当目的条款",要求公司必须出于善意,不得将维持董事对公司的控制权作为唯一目的而买回股份。

在德国,法律规定的库存股取得事由基本满足了公司在运作中可能出现的诸多

---

① Jaemin Kim, Nikhil Varaiya and Ralf Schremper, "Survey on Open Market Repurchase Regulations: Cross-country Examination of the Ten Largest Stock Markets", San Diego State University Center for International Business Education and Research Working Paper Series, p. 6.

② 德国《股份公司法》(2010年版)第71条,英国《公司法2006》第725条。

③ 中国台湾地区"证券交易法"第28-2条。

需求,如避免公司遭受严重损害、为公司或关联企业实施员工持股、依法对局外股东进行补偿、无偿取得或信托取得、概括继受、减少资本等,金融机构经股东大会决议可在资本5%之内取得自身股份。此外允许在一定条件下将自身股份收为质物,并将其视为股份回购行为。除这些法定事由外,股东大会可以授权董事会在不超过18个月的期限内回购不超过10%的股份,但前提是不得以买卖公司股份为目的。

在我国台湾地区,库存股的解禁是在金融危机背景之下促成,因此显示出一定的救市目的。除为实施员工持股计划、配合股权转换、抵偿清算或破产股东债务、满足异议股东收买请求而取得自身股份外,规定公司董事会还可以决定为了维护公司信用及股东权益而买回股份。

对比不难发现,上述国家和地区一般都允许公司股东大会或董事会在一定条件下自主决定库存股的取得,反映出对公司经营自主权的尊重。在立法列举的取得事由中,减少注册资本、实施员工持股计划、满足异议股东的回购请求是最为常见的项目。同时,从保护公司的独立性出发,各样本多将间接取得库存股的行为视为公司对自身股份的取得,进而对其持有份额或表决权予以限制或禁止。

(三)股票回购后的处理

在美国,对回购后所形成的股票,《美国示范公司法》规定不得持有,应将其注销,称为"授权而尚未发行的股份"。"而《特拉华州公司法》和《纽约州公司法》等则规定可以持有,并于将来再次出售或作其他用途,成为库存股。在德国,为实施员工持股而回购的股票须在1年内转让给职工。其他回购的股票可以注销或持有,并可作为新股参与发行。在我国台湾地区,为抵偿股东所欠债务及应异议股东请求而回购的股票,应当在6个月内按市价售出,期满未售出的,应将其视为公司未发行股份,办理变更登记。为配合股权转换及员工持股计划而回购的股票,应于3年内转让,逾期未转让的,应视为公司未发行股份,办理变更登记。为维护公司信用和股东权益所回购的股份,应在6个月内办理变更登记。"①

在日本,法律对回购后股票的处理规定相对而言最详细,主要规定在《日本公司法》(2005年版)、《日本商法》(2011年版)。"公司可对库存股予以注销。如果公司章程可以规定不经类似新股发行手续而通过市场交易出售自己股份时,对应收购请求权而取得的及通过合并分割以及受让全部营业等方式取得的库存股,可以通过市

---

① 王开杰:《基于财务角度的上市公司库藏股制度研究》,湖南大学会计学院2009年硕士学位论文,第13页。

场交易予以出售。同时,章程还可以对出售的库存股份数量予以限制。库存股可以遵照新股发行的规定作为新股参与配股。在处理库存股份给付金钱以外的财产时,遵照新股发行同样的规定。股份公司在附强制转换条件的股份转换之后持有与应发行股份等额的自己股份时,可以不发行股份而将自己股份进行转移,即可以将库存股作股份转换之用。”①

(四)回购违法操作的法律规制

各国或地区基本按照一般的民法、公司法原则设定了造成公司损失的董事等相关责任人员对公司的赔偿责任,也要求非善意股东承担相应责任。对违反回购及库存股处理规则,损害公司利益、扰乱证券市场秩序的行为,还设定了相应的行政或刑事责任。具体来说,美国《特拉华州公司法》规定了有关董事会违反规定回购股份时,应就买回金额全部负连带赔偿责任;英国《公司法》(2006 年版)则规定若一个公司的股份回购或处置库存股行为违法违规,该公司以及该公司相关负责人都会受到处罚,包括起诉和罚金;德国《股份公司法》则规定违反有关回购或库存股的行为会受到最高处五万欧元罚款;在日本的《商法》中则规定,“违法买回自己股份的公司董事处于 5 年以下有期徒刑,或处于 200 万日元以下罚金的刑事责任。民事上,董事也应负因违法所产生的损害赔偿责任,对买回自己股份后未依法定程序处理的,处以 100 万日元以下的行政罚款”。②

三、我国上市公司股份回购制度的变革

(一)我国上市公司股份回购的制度演进

1. 法规缺乏、绝对禁止阶段(1994 年 7 月《公司法》通过前)

正如前文提到,我国资本市场对公司回购制度经历了一个相对漫长复杂的演变过程。在 1993 年《公司法》制定通过(1993 年《公司法》制定,1994 年 7 月 1 日正式实施)前缺乏对股份回购的基本规范。1992 年《股份有限公司规范意见》第 32 条规定:“公司非因减少资本等特殊情况,不得收购本公司股票,亦不得库存本公司已发行股票。特殊情况需收购、库存本公司已发行股票,须报请体改部门、人民银行专门批准后方可进行。”这是可以查找到最早的关于公司回购的制度,到 1993 年 4 月,《股票发

① 王开杰:《基于财务角度的上市公司库藏股制度研究》,湖南大学会计学院 2009 年硕士学位论文,第 13 页。
② 李晓春:《论新公司法库藏股制度之缺陷及立法完善》,载《政治与法律》2008 年第 3 期。

行与交易管理暂行条例》第41条中也提到了关于股份回购的制度,但是仍然给予了严格的限制,该条文规定“未依照国家有关规定经过批准,股份有限公司不得购回其发行在外的股票”。

2. 逐渐规范阶段(1994年7月~2005年6月)

随着1994年《公司法》的正式颁布,对公司的股份回购进行了明确的规定,第149条规定:“公司不得收购本公司的股票,但为减少公司资本而注销股份或者与持有本公司股票的其他公司合并时除外。公司依照前款规定收购本公司的股票后,必须在十日内注销该部分股份,依照法律、行政法规办理变更登记,并公告。”这是当时的基础性法律规定,可以说基本上没有对公司回购提供任何的空间,也不存在库存股制度。到1997年12月,为了规范上市公司的组织和行为,完善上市公司治理,维护股东和债权人的合法权益,中国证监会发布了《上市公司章程指引》,该指引除规定股份回购适用的范围和回购股份注销的相关程序外,还明确规定了股份回购的方式包括发出要约和公开交易。但是在这一阶段可以说仍然是对股份回购的严格限制时期。

3. 回购功能基本确立阶段(2005年6月~2018年10月)

2005年6月,随着股权分置改革的推行并深入开展,中国证监会颁布了《上市公司回购社会公众股份管理办法(试行)》(以下简称《回购办法》),对公司股份回购作出了新的规定,允许上市公司回购社会公众股。《回购办法》还对上市公司进行回购的条件、方式、价格等作出具体规定,明确了相关的回购程序和披露要求。2006年1月,全面修订的新版《公司法》正式施行,第143条规定了股份回购的四种情形,并且允许将回购股份奖励公司员工,“在某种程度上可以说引入了库存股制度,为上市公司管理层推行股权激励机制奠定了法律基础,标志我国股份回购制度迈出了一大步”。①

2008年10月,证监会出台了公司回购的新规定,发布了《关于上市公司以集中竞价交易方式回购股份的补充规定》,该补充规定取消了与回购相关的行政许可,简化相关程序,进一步的促进上市公司回购。

4. 相对放开、鼓励回购的阶段(2018年10月以后)

2018年10月,全国人大常委会批准了《公司法》的修订,主要包括了三个方面:

---

① 朱载军:《我国股份回购制度演进分析》,载《当代经济》2016年第5期。

一是拓宽了允许股份回购的情形；二是确立了库存股制度，将处置时间延长到3年；三是将决策程序从股东大会放宽到董事会。2018年11月，证监会、财政部和国资委三部委联合发布了贯彻落实新修订的《公司法》，支持鼓励股份回购的相关配套文件。[①] 沪深交易所也随后发布了有关上市公司股份回购细则征求意见稿，进一步明确了回购资金来源、简化实施程序、引导治理安排，鼓励各类上市公司实施股权激励或员工持股计划，强化激励约束。

（二）关于我国上市公司股份回购制度改革的思考

1. 拓宽股份回购情形对A股市场的实际影响分析

结合本文分析，各主要市场对于回购股份的事由，大多采用的是“原则允许、例外禁止”的模式，此次股份回购新规对于回购股份的事由方面新增了可以根据“上市公司为维护公司价值进行回购的股份”进行回购，对于这一条款，沪深交易所的回购细则实际上提供了一些具体规定。但是通过分析过去的回购案例，笔者认为这更多起到的是一种全面鼓励的作用。

笔者回顾了在新规出台前的回购案例，发现在新规出台前，除了《公司法》规定的几种回购情形外，已经有上市公司以市值管理的名义实施了股份回购行为。例如均胜电子在2018年5月发布了有关回购公司股票的决定，公告的事由[②]主要是为了实现分红替代和市值管理，但是这在新规前并不属于股份回购的法定事由。又例如，2018年7月，美的集团也发布了股份回购的计划[③]，其回购的目的也是维护公司形象和市值管理的角度。从回购事由来看，证明在公司法未修改前，实际上市场和监管机构对于这一类的事由是允许其进行的。当然，在新规下，上市公司的回购会进入一个常态化的阶段。

2. 下放股份回购决策主体的不同背景

新规修订的第二个重要方面是关于股份回购的决策主体，从过去单独由股东大

---

① 三部委联合发布了《关于支持上市公司回购股份的意见》、证监会发布了《关于认真学习贯彻〈全国人民代表大会常务委员会关于修改《中华人民共和国公司法》的决定〉的通知》。

② 均胜电子公告事由“考虑到公司具有现金分红能力，但因客观原因使2017年度现金分红水平较低，为有效维护广大投资者利益，增强投资者对公司未来发展前景的信心，提升对公司的价值认可，公司拟依据中国证监会和上海证券交易所的相关规定，使用不低于人民币18亿元，不超过人民币22亿元自有资金以集中竞价交易方式回购部分股份，回购的股份将予以注销，公司注册资本将相应减少”。

③ 美的集团公告事由“基于对公司未来发展前景的信心和对公司价值的高度认可，在综合考虑公司近期股票二级市场表现，并结合公司经营情况、主营业务发展前景、公司财务状况以及未来的盈利能力等的基础上，为使股价与公司价值匹配，维护公司市场形象，增强投资者信心，维护投资者利益，综合考虑公司财务状况、未来发展战略的实施以及合理估值水平等因素，公司决定拟以自有资金回购公司股份”。

会决定,下放到董事会进行决策。从某种程度上说,这种模式的转变,可加快股份回购的决策效率,提高股份回购的效果。过去我们进行股份回购,相对而言事由较狭窄,因为缺乏库存股制度,大多数的股份回购伴随着股份注销,引发注册资本减少,就需要动用股东大会的特别表决,确实需要较复杂的决策程序。参考境外市场将股份回购决策交由董事会决定,的确能更好地体现股份回购对现金分红的替代作用,能更好地将公司的盈余资金用于上市公司回购实现"再分配"。但是,从我国资本市场的股权结构来看,相对而言仍然属于股权集中的状态,董事会往往是由大股东控制,这种大股东与董事会绑定的情况比较突出,将股份回购决定权下放到董事会,是否会存在着相关决定和信息主要由公司大股东和管理层掌握的情况?是否潜在一定的利益冲突和利益的不均衡性?这是值得我们关注的,特别是在允许采用多渠道融资来进行回购的情况下,就可能存在内部人利用回购侵害其他股东利益的情形,值得关注。

3. 库存股制度对A股未来的影响

新规修订后将回购后对股份处理的时间放宽至3年,实质上确立了库存股制度。针对库存股制度,它的法律属性应该是什么?笔者认为,它与一般的股份有较为明确的区别,它首先并不是公司的资产,同时在其作为库存股期间是不具有股份所代表的相应股东权利的,而且作为库存股,一定是短暂存在最终是需要通过授予、注销或者再次发行等方式予以处置的,它不能是一个长期的产物。有了这几点认识,对于库存股制度建立后,笔者认为最需要关注的是在处置时候对于上市公司全体股东的保护问题,因为过去对于库存股存续时间短,处置方式就是注销,但是新规已经明确了回购股份的处置可以通过再次卖出的方式实现,这里笔者认为"再次卖出"实际应当指的是这批库存股份的再次发行(增发)。如果采取这种处置方式,意味着大股东和董事会有较大的自由裁量空间,由此带来的对其他股东的保护问题,对库存股的处置可能引发的内幕交易、市场操纵行为,值得我们进一步关注。

四、结论与建议

本文结合理论前沿以及境内外市场有关回购制度的实践,对我国股份回购制度进行了回顾与分析。随着2018年10月我国《公司法》关于股份回购制度的修订,可以说A股市场已经在短期确立了鼓励回购的政策导向,并且确立了库存股制度,从国际比较来看,这一变革趋势与各主要市场对回购制度的"原则允许,例外禁止"的总体原则是一致的,也与A股市场近两年来相对疲软的股价表现有直接的政策针对性。在今后的配套制度方面,应当进一步关注因为股份回购引发的内幕交易和市场操纵的监控;与此同时从回购的监管重点方面,应当进一步加强对回购资金的来源的披露和问询工作;同时,应当加强对投资者的教育工作,使投资者能够正确认识到回购对市场和公司的影响。

中国持股权益披露制度：法律移植与比较研究

王　超[*]

摘　要：美国披露规则被移植到中国，并没有解决违规举牌等投资者保护问题。已有学术研究集中在法律解释角度，对于披露规则的理论和实践难题没有提供令人满意的解决方案。本文系统比较了中国和美国、日本、韩国、新加坡、中国香港和台湾地区的披露规则。本文提出一系列国情因素来解释中国的制度特点，例如国家战略、股权结构、利益集团等，并在此基础上提出了完善建议。

关键词：投资者保护　持股权益披露　慢走规则　法律移植　比较法

一、引　言

20世纪90年代，发源于美国的上市公司持股权益披露规则（以下简称披露规则）被移植到中国，以规范上市公司股份大额持有者的股票交易活动和保护投资者知情权。但这一规则在中国的执行却并不是一帆风顺的。自从规则成文化以来，市场上发生了大量披露违规行为。例如，2015年许多大额持有人大量秘密减持了上市公司股份从而导致了股市大崩盘。2016年许多保险公司在秘密积累某些上市公司价值被低估的股票后，对这些公司发起了敌意收购。[①] 移植披露规则并没有真正解决中国

---

* 香港中文大学法学院博士研究生。

作者感谢香港中文大学法学院黄辉教授、大卫·C. 唐纳德（David C. Donald）教授和英属哥伦比亚大学法学院林李文（Lin Li-Wen）教授的悉心指导和反馈建议，也感谢法社会学协会2018年多伦多年会的参会学者给出的修改建议，尤其是杜伦大学法学院马蒂亚斯·M. 西姆斯（Mathias M. Siems）教授的反馈。

① 2016年被称为保险资金收购年。参见陈华敏：《险资举牌引发的权益披露问题分析》，载《证券市场导报》2017年第3期。相关案例包括上海新梅案等，参见陈功：《违反大额持股披露制度法律思考》，载《合作经济与科技》2017年第6期。

的违规举牌等问题。

已有学术研究主要集中在披露规则的理论分析或法律解释角度。有学者建议类推适用内幕交易规则来惩罚违规人,[①]或者修改《证券法》披露规则。[②] 现有研究对于中国移植披露规则的理论和实践难题没有提供令人满意的解决方案。本文将通过比较法方法,系统分析和比较中国和美国模式(包括美国、日本、韩国、新加坡、中国香港特区和中国台湾地区)的披露规则。

二、中国披露规则的法律移植

(一)中国移植规则

披露规则最早被 1993 年《股票发行与交易管理暂行条例》(以下简称《股票条例》)移植到中国,随后被 1999 年和 2006 年的《中华人民共和国证券法》(以下简称《证券法》)、2002 年《上市公司股东持股变动信息披露管理办法》(以下简称《披露办法》)和 2006 年《上市公司收购管理办法》(以下简称《收购办法》)继承。1993 年《股票条例》第 47 条是中国披露规则的最早表述,适用于各类证券交易。投资者持有上市公司 5% 以上股份的,应当在 3 日内向上市公司、证交所、证监会提交书面报告和披露。持有超过 5% 股票的投资者如果决定增加或减少其持股比例达到 2% 或以上,应遵循同以上相同的报告程序。2% 的披露区间由 1999 年《证券法》改为 5%,之后的立法一直保持着 5% 规定。在披露期间直到披露后的 2 天,投资者不可以继续交易目标公司股票,包括直接或间接购买或出售此类股票(慢走规则)。

现行规则主要包含在 2006 年修订的《证券法》和《收购办法》中。2006 年《证券法》第 86 条规定,投资者通过场内交易持有目标公司股份达 5% 成为大额持有人时,应在 3 日内向证监会、证交所和目标公司披露,并在披露期限内不得买卖目标公司的股票(慢走规则)。大额持有人所持该公司股份比例每增加或者减少 5%,也应当进行披露,并且在披露期间内和披露后 2 日内不得买卖该公司股票(慢走规则)。

根据中国法院的裁判文书说理,慢走规则有很多优点,它有利于监管机构、交易所和上市公司及时了解上市公司股权变更情况,防止内幕交易或操纵市场,保护投资

---

① 参见陈洁:《违规大规模增减持股票行为的定性及惩处机制的完善》,载《法学》2016 年第 9 期;李振涛:《我国上市公司大额持股变动的法律责任探析》,载《法律适用》2016 年第 1 期。

② 参见吴建忠:《上市公司权益披露规则与“慢走规则”法律适用——从〈证券法〉第 86 条和〈上市公司收购管理办法〉谈起》,载《证券市场导报》2013 年第 1 期。

者知情权和投资决策权。[①] 但慢走规则也降低了投资者积累股票的速度,使目标公司管理者有更多时间采取收购防御措施,阻碍公司控制权市场的形成和繁荣;推动股价上涨,投资者将面临飙升的交易成本,对股票市场的流动性构成威胁。

违反披露规则的法律后果是《证券法》第193条。违法行为人将被责令改正[②]和警告,并处以30万元至60万元的罚款。除了第193条外,违反披露规则还面临《证券法》第204条规定的法律后果,即违反慢走规则的处罚。[③] 任何限制转让的股票,不得在限定期限内买卖。[④] 违反规定的,应当责令改正[⑤],给予警告,处以不超过交易证券等值的罚款。[⑥]《证券法》第204条的处罚比第193条要严厉得多,原因在于前者规定的交易证券等值罚款远远大于后者规定的60万元罚款,且前者的责令改正比后者更严厉。[⑦]

2006年《收购办法》规定了场内交易、[⑧]协议转让[⑨]和其他方式[⑩]三种证券交易方式,填补了《证券法》只规制场内交易的漏洞。《收购办法》减轻了协议转让交易的披露负担:协议转让的慢走规则变得更宽松,锁定期仅限于披露窗口期间;当事人只需要一次而不需要多次披露交易,使投资者转让大宗股份变得更加方便和高效。《收购办法》完善了监督措施和剥夺表决权的规定。第75条、第76条规定,投资人不履行义务的,证监会责令投资者改正,采取包括监管谈话、警告函、责令暂停或停止收购的监管措施。改正前,投资人不得行使股份的表决权。

2018年,上海和深圳证券交易所推出新的披露规则征求意见稿,将披露区间从5%降低到1%。[⑪] 这一改革倡议必将使中国的披露规则更加严格。

---

① 参见上海市第一中级人民法院民事判决书(2015)沪一中民六(商)初字第66号,上海兴盛实业发展(集团)有限公司诉王斌忠。

② 《证券法》第193条的责令改正是指监管者责令违法者补充提交披露报告。

③ 学者批评第193条处罚太轻,处罚手段过于有限,罚款数额过低。参见吴飞飞:《违规举牌相关争点回应与规制路径探寻》,载《证券市场导报》2017年第9期。

④ 《证券法》第38条。

⑤ 《证券法》第204条的责令改正是指监管者责令违法者出卖或者购回非法购买或出售的公司股票。参见徐聪:《违反慢走规则买卖股票若干争议法律问题研究》,载《法律适用》2015年第12期。

⑥ 《证券法》第204条。

⑦ 目标公司管理层往往倾向于《证券法》第204条的责令改正,但很多学者反对。参见陈功:《违反大额持股披露制度法律思考》,载《合作经济与科技》2017年第6期;姚瑶:《公司收购中违反大额持股申报义务的法律责任——基于"上海新梅案"的分析例证》,载《河北法学》2017年第2期。

⑧ 《收购办法》第13条。

⑨ 《收购办法》第14条。

⑩ 《收购办法》第15条。其他方式主要包括行政划转、法院裁决或其他。

⑪ 上交所2018年《上市公司收购及股份权益变动信息披露业务指引(征求意见稿)》第6条;深交所2018年《深圳证券交易所上市公司收购及股份权益变动信息披露业务指引(征求意见稿)》第8条。

(二)收益成本分析

关于披露规则的作用,学者和实务人士很难达成共识。一般来说,披露规则的收益包括:第一,投资者保护。披露规则的目的是保护目标股东免受潜在的公司劫掠者的侵害。[①] 实证研究发现股权披露与少数股东保护之间存在正相关关系。[②] 一旦企业掠夺者出现,目标管理者将能够有足够的时间采取防御措施。目标公司的股东可以抓住大额持有人带来的投资机会。在美国,1934 年《证券交易法》第 13(d)条披露规则的立法目的之一是提醒市场注意到每一次大规模的证券迅速积累。大量证券的秘密积累被认为对市场参与者不公平。[③] 第二,市场透明度。披露规则是一种市场警告制度,为市场和目标上市公司提供了收购可能发生的预警。[④] 为了实现透明市场的目标,世界范围内有很多增加透明度的法律发展运动。英国金融服务管理局在 2007 年提议修改其披露规则,增加了外部投资者的披露要求。[⑤] 经合组织的《公司治理原则》规定,投资者有权了解企业的所有权结构,一旦某些阈值被通过,主要股东和可能影响或控制公司的其他数据就应该被披露。[⑥] 中国证券市场自诞生以来,信息不对称和市场欺诈问题较突出。中国资本市场应进一步提高透明度和管理质量。实施披露规则有助于解决资本市场中存在的一些问题,例如,杠杆收购。[⑦]

披露规则的成本包括:第一,交易成本。披露规则增加了投资人的成本和风险,降低了收购人的预期收益。[⑧] 如果收购人被要求过早披露其持股状况,收购成本将变得更为昂贵,因为市场将抬高股价。披露规则必须通过选择适当的披露阈值和披露窗口,在股东保护和公司控制权的可竞争性之间做出权衡。[⑨] 第二,公司治理。过于

---

① Hui(Robin)Huang,"China's Takeover Law:A Comparative Analysis and Proposals for Reform",*Social Science Electronic Publishing*,2005.

② Schouten Michael C and Mathias M. Siems,"The Evolution of Ownership Disclosure Rules Across Countries",*Journal of Corporate Law Studies* 10.2,2010,p.483.

③ Adam O. Emmerich,et al.,"Fair Markets and Fair Disclosure:Some Thoughts on the Law and Economics of Blockholder Disclosure,and the Use and Abuse of Shareholder Power",*Social Science Electronic Publishing*,2012.

④ Hui(Robin)Huang,"China's Takeover Law:A Comparative Analysis and Proposals for Reform",*Social Science Electronic Publishing*,2005.

⑤ Michael C. Schouten and Mathias M. Siems,"The Evolution of Ownership Disclosure Rules Across Countries",*Journal of Corporate Law Studies* 10.2,2010,p.483.

⑥ 经合组织 2015 年《公司治理原则》第 5 章。

⑦ 上交所 2018 年《上市公司收购及股份权益变动信息披露业务指引(征求意见稿)》。

⑧ James D. Cox,Robert Hillman and Donald C. Langevoort,*Security Regulation*,*Cases and Materials*,Wolters Kluwer,2013,p.992.

⑨ Hui(Robin)Huang,"China's Takeover Law:A Comparative Analysis and Proposals for Reform",*Social Science Electronic Publishing*,2005.

严格的披露规则会阻碍大额持有人将资源投入对现任公司管理层的监督中,损害投资者和降低效率。如果披露规则将减少收购数量,就应该重新审视其保护投资者的正当理由。① 过严的披露规则可以减少对大额持有者的回报,从而减少外部投资者大额持有上市公司股票的发生率和规模,以及对监督管理层和参与公司治理的投资。② 实证研究表明保护小股东免受大股东侵害在大额持有人较多的国家中表现更显著。③ 大额持有人持股比例越大,他们在监督和参与公司治理方面的投资动机就越强。④ 大额持有人可以通过使管理层更负责任,从而降低代理成本和减少管理松弛,增强公司治理水平,增加新兴经济体的企业价值。⑤ 第三,法律规避。投资人有很多种方式可以规避披露规则,不将真正的持股状况告知于公众。例如,美国的许多投资者签订 TRS 合同,目的就是逃避报告要求,在《威廉姆斯法案》下的合法行为和非法行为之间打擦边球。⑥

三、披露规则的比较法考察

(一)美国原生披露规则

起源于美国的披露规则是中国披露规则的移植模仿对象。美国《证券交易法》规定,任何人在获得超过 5% 的股权证券后,应在 10 日内向证交会披露。⑦ 在披露期间,投资者可以继续买入目标公司股票。大额持有人持股比例增加或减少达到 1% 的变动也应上报。披露内容包括外部投资者的背景和身份等。⑧ 披露规则作为一种预

---

① James D. Cox, Robert Hillman and Donald C. Langevoort, *Security Regulation*, *Cases and Materials*, Wolters Kluwer, 2013, p. 992.

② Lucian A. Bebchuk and Robert J. Jackson, "The Law and Economics of Blockholder Disclosure", *Harvard Business Law Review* Vol. 2 No. 1, 2011, p. 60.

③ Priya P. Lele, and Mathias M. Siems, "Diversity in Shareholder Protection in Common Law Countries", *Cesifo Dice Report* 5. 1, 2007, pp. 3 – 9; Mathias M. Siems, "Shareholder Protection around the World (Leximetric II)", *Delaware Journal of Corporate Law*, Vol. 33, Issue 1, 2008, pp. 111 – 148.

④ Lucian A. Bebchuk and Robert J. Jackson, "The Law and Economics of Blockholder Disclosure", *Harvard Business Law Review* Vol. 2 No. 1, 2011, p. 60.

⑤ Lins, Karl V., "Equity Ownership and Firm Value in Emerging Markets", *Journal of Financial & Quantitative Analysis* 38. 1, 2003, pp. 159 – 184.

⑥ Bertaccini Daniel, "To Disclose or Not to Disclose? CSX Corp. Total Return Swaps, and Their Implications for Schedule 13D Filing Purposes", *Social Science Electronic Publishing*, 2009.

⑦ 美国 1934 年《证券交易法》第 13(d)(1)条。

⑧ 同上。

警机制是为了通知目标公司股东和管理层发生控制权转移的可能性,[1]通常会提高发行人股票价格,促使管理层采取防御措施,并提醒其他潜在收购人。[2]

对于披露违规行为如何对目标上市公司和中小股东给予救济?第一,美国法院允许发行人起诉披露违规者来获得公平救济。典型案例是朴次茅斯广场公司诉股东保护委员会案(Portsmouth Square Inc. v. Shareholders Protective Comm.)[3],但法院没有将损害赔偿视为适当的补救措施。第二,关于对违反者的剥夺表决权请求,法院拒绝发出禁止被告人5年内行使投票权的禁令,而只是责令违法行为人进行纠正披露,以及提供短时间的冷却期。冷却期预计将使市场内化被披露的信息。[4] 法院也拒绝发出永久禁止违法行为人从事任何与收购有关活动的禁令。第三,在"美国证交会诉第一城市金融公司案"(SEC v. First City Financial Corp)中,被告与目标公司签订暂停收购协议,将股票重新出售给目标公司,法院责令违规人退还了270万元的利润。第四,美国证交会有权对违反第13(D)条的人施加民事处罚。第五,违规董事的责任。披露违规人的董事和经理如果被发现违反证券欺诈规则,可能被剥夺任职资格。但这是不容易实现的,例如,在美国证交会诉帕特尔案(SEC v. Patel)中,第二巡回法院拒绝剥夺被告的任职资格,采用的标准是"实质不适格"。[5] 第六,暂停证券交易。根据1934年《证券交易法》第12条,证交会可以在10日内暂停证券交易,以实现公共利益和投资者保护。[6]

根据1934年《证券交易法》第13(d)(6)条,披露规则不适用于一系列特殊情形。第一,对1933年《证券法》下以注册声明方式取得的证券发出的任何收购或要约;第二,在过去12个月内,对任何证券的获得不超过该类证券的2%;第三,发行人对自己发行的任何股权证券的取得;第四,在证交会的豁免下,任何不改变或影响发行人的控制权状况的证券收购。

1934年《证券交易法》第13(f)条的规则也授权证交会行使自由裁量权,以豁免

---

① James D. Cox, Robert Hillman and Donald C. Langevoort, *Security Regulation*, *Cases and Materials*, Wolters Kluwer, 2013, p. 992.

② Ibid.

③ Ibid, p. 993.

④ 典型案例是Pharmaceuticals Inc. v. Khan。See James D. Cox, Robert Hillman and Donald C. Langevoort, *Security Regulation*, *Cases and Materials*, Wolters Kluwer, 2013, p. 994.

⑤ James D. Cox, Robert Hillman and Donald C. Langevoort, *Security Regulation*, *Cases and Materials*, Wolters Kluwer, 2013, p. 849.

⑥ 典型案例是SEC v. Sloan。See James D. Cox, Robert Hillman and Donald C. Langevoort, *Security Regulation*, *Cases and Materials*, Wolters Kluwer, 2013, p. 850.

机构投资者的证券交易行为。[①] 证交会豁免的授予必须对于公共利益和投资者保护或维护公平有序市场是必要或适当的。[②]

2012年,一些美国的法律实务人士向证交会提交了一份请愿书,要求将《证券交易法》第13(d)条披露规则的窗口期间从10天缩短至1天。[③] 他们认为既有的披露规则使大额持有人在10天的窗口期间中有能力秘密积累大量股份,这违反了披露规则的法定目的。请愿书有两个主要目标:第一,使披露规则继续以符合《证券交易法》立法目标的方式运作,即提醒市场注意每一次大规模而迅速的股票聚集或积累。第13(d)条反映了美国的立法政策,即目标股东有权获得充分披露的信息。[④] 第二,由于市场条件和实践的变化而产生的法律漏洞不能继续被收购方所利用。他们认为披露规则所依据的交易环境已经改变;激进的投资者利用法律漏洞,在10天窗口期间内迅速秘密积累股票,足以威胁目标公司控制权;其他国家和地区已经采取措施减少大额持有人秘密快速积累股票的风险。[⑤]

拜伯切克(Bebchuk)和杰克逊(Jackson)教授明确反对这一法律改革提议。[⑥] 他们认为在决定是否采纳修法建议之前需要进行经济计量分析。第一,大额持有人有更大的动机将资源投入到监督公司经营管理中,其股票积累可以提高市场效率。收紧披露规则会损害投资者和经济效率。第二,《威廉姆斯法案》起草者没有对股票积累施加僵硬的5%上限,这是一个有意识的选择,而不是法律漏洞。第三,法律改革应该放在更大的背景下进行考察,即现任董事和外部大额持有人之间的最优权力平衡。自从《威廉姆斯法案》通过以来,权力平衡已经明显地有利于现任董事。第四,没有证据表明交易模式和技术的改变使收紧披露规则成为必要。

(二)亚洲移植规则

美国披露规则对新兴和发达经济体有很大影响。除中国内地以外,日本、韩国、新加坡、中国香港和台湾地区都采用了美国模式。

---

① 美国1934年《证券交易法》第13(f)(3)条。

② 美国1934年《证券交易法》第13(f)(5)条。

③ Adam O. Emmerich, et al., "Fair Markets and Fair Disclosure: Some Thoughts on the Law and Economics of Blockholder Disclosure, and the Use and Abuse of Shareholder Power", *Social Science Electronic Publishing*, 2012.

④ Ibid.

⑤ Ibid.

⑥ Lucian A. Bebchuk and Robert J. Jackson, "The Law and Economics of Blockholder Disclosure", *Harvard Business Law Review* Vol. 2 No. 1, 2011, p. 60.

1. 日本

日本在其《金融商品交易法》中规定了披露规则。与美国一样,日本也将披露阈值设为5%,披露间隔为1%。第27-23条规定了大量保有报告书的提交。[①] 投资者持股超过5%即成为大量保有者,应当在5日内向总理提交报告。第27-25条是关于提交变更报告书的规则。[②] 持股增加或减少1%以上的,大量保有者应当在5日内向总理提交变更事项报告。

机构投资者也有特殊规定。第27-26条为特殊的大量保有者提供的特别规定,包括金融商品经营者、银行或任何由内阁府令规定的不谋求对发行人业务活动进行实质性改变的人。[③] 第172-2条规定了可根据第27条规定具体适用的行政罚款。[④] 对未作出真实报告的股东应给予处罚,总理应命令违反者向国库支付相当于一定数额的行政罚款。

2. 韩国

韩国也几乎原样复制了美国的披露规则,将披露阈值设为5%,且披露间隔为1%。韩国2008年《资本市场法》第147(1)条规定,持股比例达到或超过5%的人,应当在5天内向金融服务委员会和韩国交易所提出报告。大额持有人每1%的持股变动也应上报。[⑤] 第150条限制大额持有人对违规持有的股票行使表决权。[⑥] 未及时作出纠正报告或者谎报实质事实或隐瞒重大事实的,在总统法令规定期间内,对超过5%的违规持有股票不得行使表决权。此外,韩国金融服务委员会可在6个月内发出处理该部分违规持有股票的命令。

韩国收购规则也对公开收购目的的大额持有人制定了慢走规则。收购人不得在提交报告后5日内取得发行人的股票或者行使手中持有的股票的表决权。[⑦] 否则,收购人不得对所增加的部分股票行使表决权,金融服务委员会也可发出6个月内处理增加的部分股票的命令。[⑧]

---

① 日本2014年《金融商品交易法》第27-23(1)条。
② 日本2014年《金融商品交易法》第27-25(1)条。
③ 日本2014年《金融商品交易法》第27-26(1)条。
④ 日本2014年《金融商品交易法》第172-2(1)条。
⑤ 韩国2008年《资本市场法》第147(1)条。
⑥ 韩国2008年《资本市场法》第150(1)条。
⑦ 韩国2008年《资本市场法》第150(2)条。
⑧ 韩国2008年《资本市场法》第150(3)条。

3. 中国台湾地区

中国台湾地区的2018年“证券交易法”规定,大额持有人的披露门槛为10%,披露窗口期间在交易后的10日内。[①] 违反规定的,有关部门将给予24万至240万元新台币的罚款。[②] 中国台湾地区披露规则将披露门槛从5%提高到10%,这一做法符合亚洲家族企业高度集中的股权结构背景。美国持股比例为5%的大额持有人可能比拥有10%或更高持股比例的亚洲股东更接近获得所在上市公司的控制权。

4. 中国香港特区

中国香港特区2012年《证券及期货条例》规定,大额持有人的披露门槛为5%,披露窗口为3天。大额持有人持股比例发生百分比(1%)变化的,应当在3日内披露。[③] 证监会可以根据投资者的申请免除其披露义务。[④] 披露违规人一经循公诉程序定罪,可处第6级罚款及2年监禁;一经简易程序定罪,可处第3级罚款及6个月监禁。[⑤]

有关上市公司有权通过通知的方式要求投资者告知其持股信息,调查其有表决权股份的权益归属。[⑥] 如果投资者在接到通知后未能提供信息,则根据公诉程序,他将被判处第6级罚款和2年监禁,或者根据简易程序被判处第3级罚款和6个月监禁。[⑦] 上市公司可以向法院申请命令,对有表决权的股票实行限制,[⑧]任何转让或取消这些股票的行为都是无效的。[⑨]

5. 新加坡

新加坡2006年《公司法》规定,大额持有人[⑩]的披露门槛为5%,披露窗口为2天。[⑪] 大额持有人持股比例[⑫]发生变化的,应当在2个营业日内书面通知上市公司。投资人不再是大额持有人的,应当在2个工作日内书面通知上市公司。[⑬] 2006年《证

---

① 中国台湾地区2018年“证券交易法”第43(1)条。

② 中国台湾地区2018年“证券交易法”第178(1)条。

③ 中国香港特区2012年《证券及期货条例》第310条、第313条、第315条、第325条。

④ 中国香港特区2012年《证券及期货条例》第309条。

⑤ 中国香港特区2012年《证券及期货条例》第328条。

⑥ 中国香港特区2012年《证券及期货条例》第329条。

⑦ 中国香港特区2012年《证券及期货条例》第334条。

⑧ 中国香港特区2012年《证券及期货条例》第366条。

⑨ 中国香港特区2012年《证券及期货条例》第369条。

⑩ 新加坡2006年《公司法》第81(1)条。

⑪ 新加坡2006年《公司法》第82(1)条。

⑫ 新加坡2006年《公司法》第83(3)条。

⑬ 新加坡2006年《公司法》第84条。

券与期货法》也为新加坡的披露规则提供了类似的规定。[①]

违规人一经定罪，可处不超过25万新元的罚款或2年以下监禁（自然人情形）或两者兼罚，如有持续犯罪情形，并处每天不超过25,000新元的罚款。[②] 目标公司也有权通过通知方式要求任何人披露其对有表决权股份的持股权益。[③]

无论违反披露规则的情况是否继续存在，法院可根据行政当局的申请，下令限制违规人的股票权利。违规人将被剥夺持有股票的基本权利，例如，对目标公司股份权益的处分权、对目标公司股份所附的表决权或其他权利，以及从目标公司收取任何股份应付款项的权利。[④] 与韩国法律规定一样，新加坡法院可以发布命令，强制出售违规者持有的全部或部分目标公司股票。[⑤]

（三）中国移植规则特点

表1显示了美国、日本、韩国、新加坡、中国香港特区和中国台湾地区与中国内地披露规则的比较。

表1　几个国家和地区模式的披露规则比较

国家（地区）	阈值	区间	窗口	豁免	慢走规则	表决权排除	行政罚款
美国	5%	1%	10天	有	无	无	有
日本	5%	1%	5天	有	无	无	有
韩国	5%	1%	5天	有	适用于收购人	总统命令规定期限	有
新加坡	5%	1%	2天	无	无	法院命令， 无论是否改正	有
中国香港	5%	1%	3天	有	无	无	有
中国台湾	10%	1%	10天	有	无	无	有
中国内地	5%	5%	3天	无	适用于所有投资人	责令改正前	有

日本、韩国、新加坡和中国香港特区完全照搬了美国的5%披露门槛和1%披露区间。由于国情需要，中国内地将披露区间从1%改为5%，中国台湾地区则将披露门槛从5%改为10%。美国的披露区间时间最长，日韩次之，而中国内地和中国香港

① 新加坡2006年《证券与期货法》第135、136、137条。

② 新加坡2006年《证券与期货法》第137D条。

③ 任何人都应遵守该通知，否则他将受到披露违法者的同样处罚。参见新加坡2006年《证券与期货法》第137F条。

④ 新加坡2006年《证券与期货法》第137E条。

⑤ 新加坡2006年《证券与期货法》第137E(e)条。

特区、新加坡时间最短。中国内地没有其他国家和地区的披露豁免规定。中国内地的慢走规则比韩国适用范围更广,前者适用于一般投资者,后者适用于收购人。所有国家和地区都规定了违规人的行政罚款,中国内地、新加坡和韩国还规定了违规人表决权排除规则,其中新加坡和韩国的规定更严厉,无论违规人是否已经改正,法院和监管机构都可以做出表决权排除裁决。

作为舶来品的披露规则在中国发生了一些变异,其中有些变异使中国披露规则不像美国模式那么严格。例如,与美国模式的1%披露区间相比,中国5%的披露区间较长;①持股5%到20%的投资者只需要发出简易权益变动报告书,减轻了报告负担;中国没有类似美国的违规人卖出非法持有股票所获得利润的归还规则。但从总体来说,由于慢走规则等国情因素的存在,中国的披露规则在行为模式和法律后果上比美国等国家和地区更严格。这与斯考腾(Schouten)和西姆斯(Siems)的理论出现了矛盾。② 第一,与美国等国家和地区相比,中国的3天窗口期更严格。美国关于是否缩短10天期限一直存在争论,③中国一直坚持3天期间的规定。第二,慢走规则的存在。中国慢走规则比韩国更严格。韩国慢走规则只适用于收购方,而中国慢走规则适用于所有证券交易。慢走规则规定了披露规则以外的额外处罚措施,其中包括巨额的行政罚款。第三,表决权排除。与韩国和新加坡不同,中国表决权排除的时间范围是违法行为人做出纠正报告之前。第四,无豁免规则。在中国没有像美国、日本和韩国④一样的系统的披露豁免规则。对证券投资基金的唯一豁免也没有在高级别的正式法律文件中规定。⑤ 我国证券市场上有大量机构投资者,如国家社保基金、证券投资基金和合格境外机构投资者(Qualified Foreign Institutional Investors, QFII)

---

① 历史上1993年《股票条例》规定的披露区间是2%,与美国的披露区间尚且相似。但在1999年《证券法》之后,2%的披露区间被延长到了5%。

② Michael C. Schouten and Mathias M. Siems, "The Evolution of Ownership Disclosure Rules Across Countries", *Journal of Corporate Law Studies* 10.2, 2010, p.483.

③ Lucian A. Bebchuk and Robert J. Jackson, "The Law and Economics of Blockholder Disclosure", *Harvard Business Law Review* Vol.2 No.1, 2011, p.60.

④ 在韩国,总统法令可以改变某些案例中的报告细节,即持有股票的目的不是影响发行人的业务控制权,或涉及专业投资者的案例。参见韩国2008年《资本市场法》第147条。

⑤ 2007年1月,证监会基金监管部门明确规定了证券投资基金的持股权益披露问题。基金管理公司管理的若干基金持有上市公司5%的股权时,基金管理公司有权决定是否应当披露股权总额。参见邱永红:《上市公司并购重组中的法律实务问题研究》,载《证券市场导报》2009年第9期。

等。[①] 它们通常都是被动投资者，虽然在中国已经出现了机构股东积极主义。[②] 有时违规者可能会抱怨他们只是进行了爬行收购，但证监会拒绝了其减轻处罚的要求。第五，详式权益变动报告书。持股比例在20%至30%的投资者应当制定详式权益变动报告书。如果投资者是上市公司最大股东或实际控制人，他应聘请财务顾问出具关于报告中披露内容的核查意见。[③]

四、解释与政策建议

中国与美国的规则分歧对斯考腾（Schouten）和西姆斯（Siems）的比较法理论发出了挑战。他们断言发达国家倾向于拥有比新兴发展中国家更严格的披露规则，且一个国家披露规则的严格程度与公司股权分散程度正相关。[④]

（一）解释

中国作为股权集中的发展中国家，披露规则为什么反而比发达国家更严格？如何解释中国移植的规则如慢走规则和更短披露窗口期？本文认为可以用国家战略、股权结构、文化规范等来进行解释。

第一，中国坚持稳定证券市场的国家战略。中国市场是一个新兴、转轨的市场，市场欺诈行为明显。[⑤] 短披露窗口和严格的慢走规则使监管机构能够及时发现和监控外部投资者对股票的秘密积累。2015年的股灾救市中，证监会加强了对披露规则的执行。第二，中国的股权结构像其他许多亚洲国家一样高度集中，[⑥]即使是在2005年股权分置改革之后。[⑦] 分散的流通股票的价格很容易受到大额持有人突袭交易的

---

① 参见邱永红：《上市公司并购重组中的法律实务问题研究》，载《证券市场导报》2009年第9期。

② Chao Xi, "Institutional Shareholder Activism in China: Law and Practice", Vol. 17 *International Company and Commercial Law Review*, 2006.

③ 《收购办法》第17条。

④ Michael C. Schouten and Mathias M. Siems, "The Evolution of Ownership Disclosure Rules Across Countries", *Journal of Corporate Law Studies* 10.2, 2010, p.483.

⑤ Hui (Robin) Huang, "China's Takeover Law: A Comparative Analysis and Proposals for Reform", *Social Science Electronic Publishing*, 2005.

⑥ 统计数据上，家族企业在亚洲私营部门的分布比欧美地区的更普遍。亚洲历史遗留下来的延伸家庭的重要性仍然存在。See David C. Donald, "Conceiving Corporate Governance for an Asian Environment", *University of Pennsylvania Asian Law Review*, Vol.12, Issue 2, 2016. 我国上市公司的最大股东平均持股比例超过30%，对公司拥有绝对或相对的控制权。See Chen Juan, *Regulating the Takeover of Chinese Listed Companies*, Springer Berlin Heidelberg, 2014, p.9.

⑦ Wen Yeu Wang, and J. Chen, "Bargaining for Compensation in the Shadow of regulatory Giving: The Case of Split Share Structure Reform in China", *Columbia Journal of Asian Law*, 2006.

影响。监管者不希望由于大额持有人的突然袭击而扰乱脆弱的散户,因此设计慢走规则将西式的阶梯披露制度转变为梯级股票取得制度。[①] 第三,作为利益集团的公司管理层往往倾向于利用自己的影响力来保持甚至收紧慢走规则。现任管理层可以游说立法者制定严格的披露规则,及时获得股票积累的信息以防止敌意收购。[②] 第四,中国的机构股东尚不发达。[③] 这使立法者豁免或减轻机构投资者的披露义务变得不那么迫在眉睫。第五,强调社会和谐的中国传统文化规范决定了政府重视股票市场的集中统一监管和保障经济安全。家庭或国家价值网积极地定义大多数公司所有者之间的关系,[④]对实践中的正式法律规则产生很大的影响。在纸面上的法律方面,中国的投资者保护水平有时甚至比一些发达国家更高。[⑤] 但这并不意味着现实就是这样的,中国的执法一直是困难的。[⑥] 立法者或许考虑到规则执行时候的困难,所以以过于严格的方式设计规则。第六,中国在近代系统地移植了德国和日本的民法法系传统。披露规则起源于美国证券市场语境,当移植入中国时必然经历完全不同的法律基础设施和社会网络环境。在这个新的环境中,公司是家庭、国家或政党的载体。[⑦] 第七,中国法院在处理披露规则案件中扮演非常有限的角色,很难替代证监会的功能。这就是为什么中国披露规则不得不对违法者规定更严格的行政处罚条款。中国法院司法仅是披露规则执行的一小部分,且前提是证监会做出了行政处罚决定。一类是散户投资者起诉披露违规者的虚假陈述行为,如2015年"上海仪电案"。[⑧] 另一类是上市公司控股股东要求法院剥夺披露违规者的表决权,例如,2015年"上海兴盛

① 参见郑彧:《上市公司收购法律制度研究:历史、现状、问题及变革》,载黄红元、徐明主编:《证券法苑》(第9卷),法律出版社2013年版,第780~818页。

② Michael C. Schouten and Mathias M. Siems, "The Evolution of Ownership Disclosure Rules Across Countries", *Journal of Corporate Law Studies* 10.2, 2010, p. 483.

③ Chao Xi, "Institutional Shareholder Activism in China: Law and Practice", Vol. 17 *International Company and Commercial Law Review*, 2006.

④ David C. Donald, "Conceiving Corporate Governance for an Asian Environment", *University of Pennsylvania Asian Law Review*, Vol. 12, Issue 2, 2016.

⑤ Priya P. Lele and Mathias M. Siems, "Diversity in Shareholder Protection in Common Law Countries", *Cesifo Dice Report* 5.1, 2007, pp. 3-9.

⑥ 参见季卫东、徐昕:《"执行难"的理论争鸣:公力救济与私力救济之间的竞争与互补》,载《时代法学》2007年第1期。

⑦ David C. Donald, "Conceiving Corporate Governance for an Asian Environment", *University of Pennsylvania Asian Law Review*, Vol. 12, Issue 2, 2016.

⑧ 中国证监会行政处罚决定书[上海仪电控股(集团)有限公司]〔2013〕33号。上海市第一中级人民法院民事判决书(2015)沪一中民六(商)初字第224号,吴某某诉上海仪电(集团)有限公司证券虚假陈述责任纠纷案。

诉王斌忠案”。[1]

（二）政策建议

披露规则的立法原则应该是在目标公司管理层和外部大额持有人之间，[2]以及在投资者保护和公司控制权的可竞争性目标之间进行权衡。[3] 本文不赞成降低披露区间为1%的倡议，[4]建议对披露规制采取相对宽松的态度。[5] 中国大额持有人对上市公司治理的作用本来就很有限，降低披露区间会过分加重其负担。照搬美国的经验会忽视中国股权集中和市场流动性差的国情。为了适应慢走规则，应保持较短披露窗口期，并可以考虑借鉴美国的第13(G)条披露豁免规则来减轻机构投资者的负担。

虽然有学者反对适用《证券法》第204条来惩治违法者，[6]但慢走规则对惩罚和震慑违规人是必要的。目前，单凭《证券法》第193条不足以达到处罚目的。60万元罚款的制裁效果被多年来的通货膨胀所稀释。[7] 罚款制裁远不能阻止资金雄厚的违规人。另外，慢走规则带来的过大行政权会妨碍市场自律机制。[8] 建议适当放宽慢走规则，可以借鉴韩国的规定，使慢走规则只适用于收购方。普遍适用于所有投资者的慢走规则的成本将超过其收益。

中国的责令改正意味着违规人只需要做出补充披露。相比之下，新加坡法院可以强制出售违规人持有的全部或部分股票。[9] 韩国法律也规定，收购人违反慢走规则的，金融服务委员会可发出处理增加部分股票的命令。[10] 本研究认为中国可以借鉴新加坡和韩国的做法，赋予证监会强制处置违规人非法持有股票的权力，阻止其从其错误行为中获益。同时由《证券法》限定责令改正的适用范围，使证监会谨慎行使权力。

---

① 上海市第一中级人民法院民事判决书(2015)沪一中民六(商)初字第66号，上海兴盛实业发展(集团)有限公司诉王斌忠。

② Lucian A. Bebchuk and Robert J. Jackson, "The Law and Economics of Blockholder Disclosure", *Harvard Business Law Review* Vol. 2 No. 1, 2011, p. 60.

③ Hui (Robin) Huang, "The New Takeover Regulation in China: Evolution and Enhancement", *International Lawyer*, Vol. 42, No. 1, 2008, p. 153.

④ 上交所2018年《上市公司收购及股份权益变动信息披露业务指引(征求意见稿)》第6条；深交所2018年《深圳证券交易所上市公司收购及股份权益变动信息披露业务指引(征求意见稿)》第8条。

⑤ 参见叶林：《证券法》，中国人民大学出版社2013年第4版，第257页。

⑥ 参见徐聪：《违反慢走规则买卖股票若干争议法律问题研究》，载《法律适用》2015年第12期；张子学：《完善我国大额持股披露制度的若干问题》，载张育军、徐明主编：《证券法苑》(第5卷)，法律出版社2011年版，第418～466页；李振涛：《我国上市公司大额持股变动的法律责任探析》，载《法律适用》2016年第1期。

⑦ 参见搜狐财经：《央行预计2017年通货膨胀率将达7.5%，别哭！》，载《搜狐》2017年10月25日 https://www.sohu.com/a/200237449_221435，最后访问日期：2018年9月10日。

⑧ 参见缪因知：《政府性证券监管批判及与民事诉讼之权衡》，载《交大法学》2015年第1期。

⑨ 新加坡2006年《证券与期货法》第137E(e)条。

⑩ 韩国2008年《资本市场法》第150(3)条。

中国立法者可以学习新加坡,赋予法院做出表决权排除裁决的自由裁量权,无论违规人是否已改正都可以剥夺其表决权。① 同时法院应谨慎适用这一处罚。原因在于:首先,中国法官在审判公司法纠纷中积累了大量经验。② 对于抽象宽泛的公司法规则,法院可以详细了解争端的事实背景。③ 其次,中国没有美国的间接持有制度,④管理层对于公众持股消息更加灵通。滥用表决权排除规则将使外部投资人处于严重劣势,因此表决权排除规则需谨慎适用。

五、结　　论

美国《证券交易法》的持股权益披露规则最初由1993年的《股票条例》移植到中国。2006年《证券法》继承了披露规则,但仅适用于场内交易。2006年《收购办法》弥补了这一漏洞,使披露规则也适用于协议转让和其他方式。披露规则具有提高投资者保护水平和市场透明度等益处,但也有提高交易成本和降低公司治理水平等弊端。

本文通过比较法考察发现,中国移植的披露规则比美国、日本、韩国、新加坡、中国香港特区和中国台湾地区的披露规则更严格,例如,短披露窗口和慢走规则极大地增加了投资人的交易成本。国际上某些学者假设发达国家具有比发展中国家更严格的披露规则,且披露规则严格程度与一国的公司股权分散程度正相关。而中国的情况说明该假设与实践相异。本文从国家战略、利益团体、股东类型等方面对此进行了解释。

从政策建议的角度,披露规则的立法和修改原则应该是在目标公司董事和外部大额持有人之间取得平衡,兼顾投资者保护和公司控制权的可竞争性这两个目标。具体建议为:对于权益披露,我国现有条件下应当采取相对宽松的态度,因此本文不

---

① 新加坡2006年《证券与期货法》第137E条。

② Shaowei Lin, "Private Enforcement of Chinese Company Law: Shareholder Litigation and Judicial Discretion", *China Legal Science* Vol. 4 Issue 373, 2016, p. 97.

③ Donald C. Clarke, "Law Without Order in Chinese Corporate Governance Institutions", Northuestern Journal of International Law & Business 30, No. 1 (Winter 2010): 130 ~ 200. 在有些领域法院比行政机关更合适进行干预。See Katharina Pistor and Chenggang Xu, "Incomplete Law", *N. Y. U. J. INT'L L. & POL.* 35, 2003, p. 931.

④ 从20世纪70年代初开始,越来越多的股票通过经纪商、银行和中央储蓄机构等中介机构持有。See David C. Donald, "The Rise and Effects of the Indirect Holding System-How Corporate America Ceded its Shareholders to Intermediaries" (September 26, 2007), Accessed August 23, 2018 Available at SSRN: https://ssrn.com/abstract=1017206 or http://dx.doi.org/10.2139/ssrn.1017206, *Social Science Electronic Publishing*, 2007.

赞成证交所降低披露区间为1%的改革倡议;应保持较短披露窗口期和尽快完善披露豁免规则,减轻对机构投资者的发展限制;建议适当放宽慢走规则,学习韩国使其只适用于收购方;可以借鉴新加坡和韩国的做法,赋予证监会责令违规人处置非法持有股票的权力,由《证券法》限定责令改正的适用范围和事项;应学习新加坡赋予法院更大裁量权的经验,无论违规人是否已改正,法院都有权做出表决权排除裁决,并应谨慎适用这一处罚。

征稿启事

中证中小投资者服务中心(以下简称投服中心)是由中国证监会批准设立并直接管理的证券金融类全国性公益机构。《投资者》是投服中心主办、拟向社会公开连续出版的综合性出版物。宗旨是维护投资者权益,为投资者提供保护与服务。

《投资者》以法学领域探究为侧重点,展现国内外投资者权益保护的最新理论与实务动态,内容以境内为主,境外为辅;以实践为主,理论为辅。栏目设置为"政策解读""理论探究""公司治理""市场实务""投教园地""案例探析""域外视窗"等,每辑根据实际情况对栏目适当调整。

《投资者》拟每季度出版一辑,全年出版四辑。

一、征稿范围

涉及法学、经济学及其他领域,与投资者尤其是中小投资者及其权益保护相关的理论和实践性作品。要求未曾公开发表或主体部分未曾公开发表。

二、投稿须知

1. 文章应当论点鲜明、逻辑严谨、可读性强、贴近市场,具有学术深度和实践应用价值,字数在 8000 ~ 10000 字为宜,特别优秀的理论文章字数不限。

2.《投资者》编委会保留对来稿进行文字性和技术性修改的权利。除作者特别说明外,其文章均为个人观点,与其所在单位、职务无关;不代表投服中心观点,文责由作者自负。

3. 来稿请附上作者的姓名、单位或学校、职称或职务、通信地址、邮编、电话、电子邮箱。

4. 请将 Word 文件发送至电子邮箱:tzzbjb@ isc. com. cn。文章应符合国家著作权规定、学术规范及《投资者》编辑体例要求。

5. 来稿一经录用,编委会将及时通知作者;选用后将根据文章质量及字数从优支付稿酬,并奉送样书。《北大法宝法学期刊数据库》全文收入本书。

6. 联系人:汤沸　　电话:021－60290620

地址:上海市浦东新区世纪大道1701号钻石大厦B座11楼中证中小投资者服务中心《投资者》编委会,邮编:200122。

投服中心

《投资者》编委会

2019年2月

编辑体例

一、标题:宋体四号字,加粗,居中。

二、作者:宋体小四号字,居中,并用上标星号(*)作为介绍作者脚注的标志,在脚注中注明作者姓名、工作单位、职务、职称。如有两名作者,第二名作者用两枚上标星号(**),依此类推。

三、摘要、关键词:中文摘要200字以内、关键词3~5个。

四、正文:宋体小四号字,首行缩进,行距1.5倍。区分标题和要点,标题层级依次为"一、……""(一)……""1. ……""(1)……",要点层级依次为"1. ……""(1)……""①……"。一级标题采用小四号字体加粗;二级标题采用黑体小四号字不加粗;三级标题宋体小四号字,不加粗。引用具体法律文件应加书名号,如《证券法》《上市公司重大资产重组管理办法》。法条序号(第×条、第×款、第×项)。时间(世纪、年代、年月日等)。数量金额等用阿拉伯数字,但直接引用原文的从原文。

五、注释:一律采用脚注,全文每页重新编号,注码放标点之后,注码符号为"①②③……"非引用原文者,注释前加"参见";引用资料非原始出处者,注明"转引自";宋体五号字。

注释示例如下:

1. 著作类

(独著作品)费孝通:《乡土中国》,人民出版社2015年版,第134~135页。

(合著作品)范健、王建文:《商法的价值、源流及本体》,中国人民大学出版社2007年版,第10页。

(多人合著作品)左卫民等:《中国基层司法财政变迁实证研究(1949—2008)》,北京大学出版社2015年版,第88页。

(编辑作品)何勤华编:《律学考》,商务印书局2004年版,第65~67页。

(中文译著作品)[英]洛克:《政府论》(上篇),瞿菊农、叶启芳译,商务印书局1982年版,第15~16页。

(台港澳作品)温洪隆:《新译战国策》(下),台北,三民书局2006年版,第18页。

(间接引用文献)参见王泽鉴:《民法学说与判例研究》,北京大学出版社2009年版,第108页。

2. 期刊论文类

(期刊)顾培东:《也论中国法学向何处去》,载《中国法学》2009年第1期。

(论文集)郭道晖:《社会权利与控制社会》,载江平主编:《比较法在中国》(2003年卷),法律出版社2003年版,第51~58页。

(学位论文)雷丽清:《中美内幕交易罪比较研究》,华东政法大学刑法学2012年博士学位论文,第12页。

3. 报纸类

陈甦、陈洁:《投服中心持股行权:理念创新与制度集成》,载《上海证券报》2017年1月4日,第7版。

4. 古籍类

《清实录》卷一四六。

5. 辞书类

《牛津法律大词典》,光明日报出版社1988年版,第99页。

6. 网络类

贺卫方:《在英国法的圣殿里》,载北大法律信息网文献库:http://article.chinalawinfo.com/ArticleFullText.aspx? ArticleId = 77444&listType = 0,最后访问日期:2017年8月5日。

7. 外文著作类

Richard H Thaler, *Misbehaving: The Making of Behavioral Economics*, W. W. Norton & Company, 2015, p. 6.

8. 外文期刊类

Forrest Briscoe and Katherine C. Kellogg, "TheInitial Assignment Effect: Local Employer Practices and Positive Career Outcomes for Work-Family Program Users", *American Sociological Review* 76, 2011, p. 292.

9. **外文案例类**

Greebel v. FTP software, Inc. ,194 F. 3d 185(1st Cir. ,1999).

10. **外文网站类**

Rick A. Fleming, "Enhancing the Demand for IPOs", Accessed July 19, 2017. https://www. sec. gov/news/speech/fleming-enhancing-demand-ipos－050917.

图书在版编目(CIP)数据

投资者. 第5辑 / 郭文英主编. -- 北京 : 法律出版社, 2019
ISBN 978-7-5197-3177-9

Ⅰ. ①投… Ⅱ. ①郭… Ⅲ. ①投资-研究-中国②投资-金融法-研究-中国 Ⅳ. ①F832.48②D922.280.4

中国版本图书馆CIP数据核字(2019)第035665号

投资者(第5辑)
TOUZIZHE(DI-5 JI)

郭文英 主编

策划编辑 陈 妮
责任编辑 陈 妮
装帧设计 李 瞻

出版 法律出版社
总发行 中国法律图书有限公司
经销 新华书店
印刷 固安华明印业有限公司
责任校对 马 丽
责任印制 吕亚莉

编辑统筹 法治与经济出版分社
开本 787毫米×1092毫米 1/16
印张 14
字数 250千
版本 2019年2月第1版
印次 2019年2月第1次印刷

法律出版社/北京市丰台区莲花池西里7号(100073)
网址/www.lawpress.com.cn
投稿邮箱/info@lawpress.com.cn
举报维权邮箱/jbwq@lawpress.com.cn
销售热线/010-83938336
咨询电话/010-63939796

中国法律图书有限公司/北京市丰台区莲花池西里7号(100073)
全国各地中法图分、子公司销售电话:
统一销售客服/400-660-6393
第一法律书店/010-83938334/8335　西安分公司/029-85330678　重庆分公司/023-67453036
上海分公司/021-62071639/1636　深圳分公司/0755-83072995

书号:ISBN 978-7-5197-3177-9
定价:80.00元
(如有缺页或倒装,中国法律图书有限公司负责退换)